KB203169

예술과 기독교신앙 교육

예술과 기독교신앙 교육

2020년 6월 12일 초판 1쇄 인쇄
2020년 6월 19일 초판 1쇄 발행

지은이 | 박종석
펴낸이 | 김영호
펴낸곳 | 도서출판 동연
등 록 | 제1-1383호(1992. 6. 12)
주 소 | 서울시 마포구 월드컵로 163-3
전 화 | (02)335-2630
전 송 | (02)335-2640
이메일 | yh4321@gmail.com
블로그 | https://blog.naver.com/dong-yeon-press

Copyright ⓒ 박종석, 2020

이 책은 저작권법에 따라 보호받는 저작물이므로
무단 전재와 복제를 금합니다.
잘못된 책은 바꾸어드립니다.
책값은 뒤표지에 있습니다.

ISBN 978-89-6447-588-1 93200

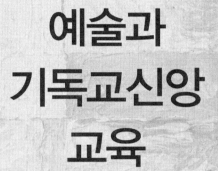

예술과
기독교신앙
교육

박종석 지음

동연

머 리 말

몇 년 전 예술에 관한 책을 한 권 썼다. 저자가 재직하고 있는 학교의 연구업적평가위원회에서는 그 책에 후한 점수를 주지 않았다. 속내는 교육을 하는 사람이 예술에 관해 무엇을 안다고 그런 책을 쓰느냐는 것인 듯했다. 그런데 예술은 아는 것과는 상관없고 그것의 표현과 관계가 있다.

이 나라에서 교육, 그리고 종교에서의 교육도 마찬가지로, 정해진 내용을 날 것으로 전하는 데만 힘을 쏟고 있다. 배우는 내용에 대해 다르게 또는 새롭게 말하고자 해서는 안 된다. 그 결과 교육을 통해 인간의 성숙을 꾀하고자 하는 근본 취지는 무산된다. 그것이 일반 교육이든 종교교육이든 교육 현장에서 새로움의 추구는 도무지 용서받지 못한다.

새로움은 창의성의 열매이고, 창의성은 예술의 다른 말이다. 예술은 나와 너 그리고 세계를 새롭게 볼 수 있도록 하는 창이다. 기존의 나를 바라보게 하고 반성하게 하며, 세계를 바라보며 질문하도록 한다. 수많은 철학자와 과학자가 이질적으로 보이는 예술로부터 영감을 얻어 인간과 인류의 발전에 도움이 되는 새로운 이론들을 창출할 수 있었다. 사실이 이러함에도 불구하고 예술은 여전히 다른 분야와 함께할 수 없는 영역으로 여겨지는 듯하다. 4차 산업혁명을 말하는 시대에 융·복합이 일상어가 된 시대에 하루속히 깨야 할 사고방식이다.

이 책이 다루는 분야는 특정되어 있지 않다. 일반적으로 교육의 주요 행위라고 할 수 있는 교육 방법뿐만 아니라 교수–학습 과정 등과 일반적인 예술의 장르라고 할 수 있는 건축, 미술, 조각, 무용, 음악, 사진, 연극 그리고 영화에 이르는 분야를 모두 망라하고 있다. 그 내용은 현재 행해지고 있는 목회와 교육 활동이 어떻게 예술과 관련되어 효과를 내면서 신앙 성숙에 기여할 수 있는지를 구체적으로 모색한 것이다. 교육과 예술이 만날 수 있는 곳은 여기에서의 경우 이상이 될 것이다. 교육 행위 하나에 대해서도 최소 여덟 가지 예술 장르와의 접속이 가능하기 때문이다. 그와 같은 시도들이 종교교육을 포함한 여러 교육 현장에서 빈번히 일어나기를 바란다.

저자는 이 책에서 다시 한번 '교육하는 사람이 무슨 예술을'이라는 말을 듣고자 한다. 그래서 어느 분야를 막론하고 새로운 접근을 찾고자 하는 사람들에게 교육 분야를 통해 하나의 예시가 되고 싶다. 평소 예술에 관심을 지니고 있었지만 그것을 미처 가르침과 연결 짓지 못하고 있던 독자들은 이 책의 내용을 통해 예술을 교육하는 것이 아닌 예술을 통한 교육의 모양새를 체험할 수 있을 것이다. 무엇보다 가르침의 현장에서 학생과 더불어 하는 교육을 추구하는 분들에게는 이 책이 학생과 함께 예술을 향유하며 배우는 교육의 장을 마련해 줄 수도 있을 것이다. 나아가 초월적 신비까지 품을 수 있는 예술이라는 소중한 신앙의 자원들을 활용하고자 하는 교회 목회자와 교육자에게 참고가 될 것이다.

　이 책을 쓰는 데 오래 걸렸다. 시작은 아름다움, 이미지 등에 대해 생각할 수 있는 계기가 되어준 화가인 아내 현성주 교수로부터였다. 고맙다는 말을 전한다. 그리고 기꺼이 출판을 맡아주시고 격려를 해주신 동연출판사 김영호 대표님에게 감사드린다.

2020년 2월
저자 박종석

차 례

헤겔의 예술철학과 기독교신앙 교육*

I. 들어가는 글

전통적으로 미학(aesthetic)[1]은 미에 대한 인식, 그래서 미의 철학으로 여겨진다. 그러나 최근 미학을 이와 같이 전문가들에게 속한 현학적 영역으로 보는 입장과는 다른 주장들이 나타나고 있다.[2] 일례로

---

* 이 글의 출처는 "기독교교육과 미학: 헤겔의 예술철학을 중심으로". 「성경과 신학」 50. 2009: 213-248이다.

1 'aesthetic'이란 단어는 통상적으로 '미학적', '심미적' 또는 '예술적'으로 번역된다. 이 단어는 바움가르텐(A. G. Baumgarten)이 『아이스테티카』(Aesthetica, 1750)라는 책에서 처음으로 사용하였다. 바움가르텐은 이 단어를 데카르트가 말한 분석적, 이성적인 지각 양식, 즉 '명징한'(clear and distinct) 양식에 대비해서 느낌이나 감각(feeling and sensation)을 뜻하는 '융합된'(confused) 양식의 의미로 사용하였다. 이홍우, "예술과 교육", 「도덕교육연구」 12:2 (2000), 3.

2 Edmund Feldman, *Varieties of Visual Experience*, 3rd (Englewood Cliffs, NJ: Prentice-Hall, Inc, 1987), 36; R. Moore, "Aesthetics for Young People: Problems and Prospects," *The Journal of Aesthetic Education* 28:3 (1994), 6; Marcia M. Eaton, "Philosophical Aesthetics: A Way of Knowing and Its Limits," *The Journal of Aesthetic Education* 28:3 (1994): 21; Malcolm Ross, *The Aesthetic Impulse*

Ludovike Simanowiz, 〈Friedrich Schiller〉, 1794

돕스(S. Dobbs)는 미를 어떤 현상에 대해서도 가질 수 있는 경험의 일종으로 언급했다.3 이들의 주장에 동의한다면 미학의 적용 범위는 인간의 행위와 관련된 영역 전체로까지 확장될 정도로 대단히 넓어지며 거기에는 당연히 기독교교육도 포함될 수 있을 것이다. 교육과 예술의 관계를 다루는 데는4 두 방향이 있을 수 있다. 하나는 예술을 가르치는 것에 대한 것이고, 다른 하나는 교육을 예술로 보는 것에 대한 것이다.5 이 글의

(Elmsford, NY: Pergamon Press, 1984), 31; Ralph A. Smith, *Excellence in Art Education: Ideas and Initiatives* (Reston, VA: National Art Education Association, 1986), 22.

3 S. Dobbs, *Learning in and through Art: A Guide to Discipline-Based Art Education* (Los Angeles: The Getty Education Institute for the Arts, 1998), 46.

4 교육에 대한 예술적 접근은 다음의 책들을 참고. Howard Gardner, "Zero-Based Arts Education: An Introduction to ARTS PROPEL," *Studies in Arts Education* 30:2(1989), 71-83; Howard Gardner, *Art Education and Human Development* (Los Angeles: J. Paul Getty Trust, 1990); Elliot W. Eisner, *Cognition and Curriculum Reconsidered,* 2nd ed. (New York: Teachers College Press, 1994); Elliot W. Eisner, *The Kind of Schools We Need* (Portsmouth, NH: Heinemann, 1998); Herbert Read, Education through Art, 황향숙 외 4인 역,『예술을 통한 교육』(서울: 학지사, 2007); John Dewey, The School and Society (Chicago: University Press, 1915/1990); John Dewey, *Art as Experience*, 윤형재 역,『예술론』(서울: 샤론, 1986), 이재언 역,『경험으로서 예술』책세상문고 · 고전의세계 025 (서울: 책세상, 2003).

5 이홍우, "예술과 교육", 6.

방향은 후자에 가깝다. 어쨌거나 교육과 예술이란 주제는 사람이 다룰 수 있는 가장 숭고하고 심오한 주제이다.

"교육은 예술이다"라고 한다. 여기서 '예술'은 영어로 'art'인데, 그것은 '예술' 또는 '기술'이란 뜻이다.[6] 교육을 '예술'이라고 할 때의 의미는 교육의 성격과 그 비중으로 볼 때 아무래도 '기술'보다는 '예술'에 가깝다. 오늘날의 교육은 그 내용이나 방법에 있어서 교육을 기계적 절차의 문제로 여기는 '기술' 쪽으로 지나치게 편향되어 있다. 예술로서 교육은 마음의 형성을 중시한다. 나아가 그 옛날 실러(Friedrich Schiller)는 미와 예술을 통한 개인의 인격 완성과 사회의 정치적, 도덕적 개혁을 꿈꾸었거니와,[7] 이야말로 기독교교육의 성격을 말하는 것이 아닌가. 그리고 기독교교육이 그 본래의 모습을 갖추기 위해서

Jakob Schlesinger, 〈Georg Wilhelm Friedrich Hegel〉, Berlin 1831

---

6 우리말의 '예술'로 번역되는 영어 'art'는 그리스어 '테크네'($\tau\epsilon\kappa\nu\epsilon$, techne)의 라틴어 번역인 '아르스'(ars)에서 파생되었다. 실러는 예술을 '기술'(mechanical art 또는 그 결과로서 상품), '예술'(fine art 또는 그 결과로서 작품), '심술'(心術, politico-pedagogical art 또는 그 결과로서 국가)의 세 가지로 분류하고 있다. 그중에서 심술 또는 그 결과로서 이상국가를 가장 완전한 형태의 예술로 보았다. Friedrich Schiller, *Über die Ästhetische Erziehung des Menschen in einer Reihe von Briefen*, 안인희 역,『인간의 미적 교육에 관한 편지』(서울: 청하, 1995), IV장 4.

7 *Ibid.*

예술의 힘이 얼마나 필요한지 알려주는 말이다.

　기독교교육에서 예술은 낯설다. 교회의 교육현장에서 그리기와 찬양 그리고 율동이 빈번하게 사용되지만 그것을 예술이라 부를 사람은 없다. 교회 현장에서 그 같은 행위들은 다른 교육적 행위의 하나의 도구로써 사용될 뿐이기 때문이다.8 예술은 어떤 면에서 '필요 이상의 것'(Überfluss, superfluity)을 추구한다. 예술은 다른 것의 도구로서가 아니라 그 자체로서 사람에게 형이상학적인 미와 관련된 인식과 감정의 변화를 불러일으켜야 한다.9

　그러나 예술이 꼭 외현에 의해 야기된 감정의 차원과만 관련이 있는 것은 아니다. 기독교교육과 관련해서 우리는 예술의 내현, 즉 예술의 외적의 동기인 그 이념을 간과해서는 안 된다. 예술의 내적인 차원에 주목할 때 우리는 기독교교육에서의 예술을 단지 프로그램 등으로 드러난 표현 행위를 넘어서 기독교교육학의 차원에서도 반성을 할 수 있는 계기를 가질 수 있다. 예술에 대한 이 같은 기대의 바탕이 될 수 있는 소재는 아무래도 예술 전체를 학문적으로 체계적으로 다룬 헤겔(Georg W. F. Hegel)의 미학이론이 될 것이다. 따라서 우리는 여기서 먼저 헤겔의 미학이론을 전체적, 개괄적으로 살펴보고 그것이 기독교교육에 의미하는 바를 교회교육에서 나타나는 외적 표현 행위와 기독교교육학이라는 분과학문의 입장에서 내적 이념들을 반성함으로써 기독교교육(학)의 발전을 도모하고자 한다.

---

8 종교교육에서 예술의 사용에 대해서는 Ofra Backenroth, Shira D Epstein, and Helena Miller, "Bringing the Text to Life and into Our Lives: Jewish Education and the Arts," *Religious Education* 101:4 (Fall 2006), 467-480 참고.
9 도구적 교육과 예술적 교육의 차이에 대해서는 장성모 편,『수업의 예술』(서울: 교육과학사, 2006) 참조.

II. 헤겔의 예술철학

1. 헤겔 예술철학의 배경

1) 헤겔 미학 사상의 기초

헤겔의 미학을 이해하기 위해서는 정신에 관한 그의 사상을 먼저 고찰할 필요가 있다. 헤겔은 1807년에 출간한 그의『정신현상학』(*Phänomenologie des Geistes*)에서 정신은 하나의 체계를 가진 전체로써, 그 자체로서 볼 때, 정신은 어떤 기본적인 사고 범주들 속에 자신을 필연적으로 드러낸다. 이 구도에 의하면 정신의 최고단계인 세계정신(절대 이성, 절대자, 스스로 활동하는 정신)은 정신의 피조물인 존재, 즉 유한자를 통해서 "역사적으로 발전"하며 역사의 모든 과정을 통해 자기를 실현해나간다고 보았다. 즉 진리는 절대정신의 자기 전개로서 그 역사를 가지며, 정신은 자기 전개 과정에서 자기 격리, 소외, 외화라고 하는 단계를 거친다. 즉 헤겔의 변증법에 따르면 정신은 ① 세계정신의 즉자 상태, ② 정신의 외화(Entäußerung), ③ 정신이 다시 자기에게 돌아가 완성되는 과정을 거친다.[10]

헤겔은 미학에 관한 책을 쓰지 않았다. 현재 우리가 알고 있는『헤겔 미학』은 헤겔의 대학 강의를 적어 놓은 어느 학생의 노트 기록을 정리한 것이다. 헤겔은 하이델베르크 대학에서 두 차례(1817, 1818) 그리고 베를린대학에서 네 차례(1820~21, 1823, 1826, 1828~29) 등 모

---

10 Georg W. F. Hegel, *Phänomenologie des Geistes*, 임석진 역,『정신현상학』1, 한길 그레이트북스 63 (파주: 한길사, 2005); Georg W. F. Hegel, *Phänomenologie des Geistes*, 임석진 역,『정신현상학』2, 한길그레이트북스 64 (파주: 한길사, 2005).

두 여섯 차례 미학 강의를 했는데, 이것들을 정리해 출판된 책이 『헤겔 미학』[11] 또는 『미학 강의』(Vorlesungen über die Ästhetik)란 책이다. 이 밖에 헤겔이 여기저기에 적어 둔 미학에 관한 메모들이 있으나 출판되지 않은 상태이다.

헤겔의 『미학강의』는 모두 3부로 구성되어 있다. 제1부의 제목은 "예술미의 이념 또는 이상", 제2부는 "여러 특수한 예술미의 형식으로 발전하는 이상", 제3부는 "개별 예술들의 체계"이다.

미학강의가 체계상 갖는 의도와 의미는, 거기서 예술의 발전이 고립되고 자체적인 것이 아니라 진행 중인 역사적 세계로부터 이뤄지며 그러한 세계의 의식과 그 현현의 형식으로 파악된다는 점에 있다.

헤겔의 미학 사상이 탄생한 데에는 당시 독일에서 지배하던 낭만주의의 물결에 대한 거부감이 결정적인 작용을 하였다. 이성 중심의 계몽주의에 반대하고 감각 현상들에서 인간성의 진실을 찾고자 한 낭만주의는 사실 고대 그리스 문화를 인류문화의 최고 이상으로 보는 고전주의에 반박하고 나서면서, 신화와 종교 속에서 예술과 세계의 합일점을 다시 찾자는 기치에서 나온 것이다. 예술이란 다름 아닌 개인의 천재성의 자유로운 창조행위로 절대자의 유일한 계시로서 나타나며, 철학은 예술에서 그 정점에 닿는다고 보았던 셸링(Friedrich W. Schelling)의 사상은, 예술은 모든 사람에게 속하는 것이며 역사와 문화의 구성적인 계기이고 또 철학적 반성이 없는 예술은 역사적

---

11 Georg W. F. Hegel, *Vorlesungen über die Ästhetik*, 두행숙 역, 『미학 강의: 美의 세계 속으로』 I (서울: 나남출판사, 1996); Georg W. F. Hegel, *Vorlesungen über die Ästhetik*, 두행숙 역, 『미학 강의: 동양예술, 서양예술의 대립과 예술의 종말』 II (서울: 나남출판사, 1996); Georg W. F. Hegel, *Vorlesungen über die Ästhetik*, 두행숙 역, 『미학 강의: 개별 예술들의 변증법적 발전』 III (서울: 나남출판사, 1996).

진실을 매개하는 권리를 지탱할 수 없다고 보는 헤겔로 하여금 우려를 낳게 하였다. 헤겔은 셸링 등이 주축으로 하여 일으킨 자신의 관념론과는 사뭇 대치되는 낭만주의 이론이 철학이론으로 기반을 굳혀가는 것에 대해 반감을 느끼고 이에 대한 반론을 정립하기 위하여 당대에 이르기까지의 수많은 서양의 예술작품들을 연구함으로써 자신의 독자적인 미학 체계를 세우고 이를 변호하기에 이르렀다.

2) 미학과 예술철학

헤겔의 생각에 당시 예술은 분위기 조성이나 감정 고조, 거실의 치장 등 한갓 유희와 같이 인식되고 있었기 때문에 학문의 대상으로 삼기에는 부적절하다고 보았다. 헤겔은 그와 같은 성격의 예술은 예술철학의 대상이 아님을 분명히 하면서도 예술은 철학의 대상이 된다고 설파했다. 헤겔은 예술을 폄하하여 철학적 고찰의 대상으로 간주하지 않으려는 갖가지 시도들에 대해 반박한다. 예컨대, 철학과 같은 진지한 관심은 정신의 긴장을 요구함에 반해, 예술은 정신을 이완시키므로 설령 해로운 것은 아닐지라도 잉여적 사치에 불과하다는 견해가 있다. 이에 대해 헤겔은 그러한 예술은 봉사적 예술일 뿐 자유로운 예술이 아니라고 하면서 예술은 자유로워서 인간의 가장 심오한 관심, 정신의 가장 포괄적인 진리들을 의식하고 표명하는 하나의 방식이 될 경우에만 철학의 대상이 된다고 반박한다.

결국 헤겔은 무엇을 위해 쓰이는 수단으로서 예술은 철학의 대상이 아니며 예술 그 자체가 목적이 되는 예술을 철학하는 것을 미학으로 생각했다. 헤겔은 일상 언어에서 사용되고 있다는 현실 때문에 '미학'

이라는 용어를 사용하고는 있지만 정확한 명칭은 '예술철학'(Philo-
sophie der Kunst), 더 정확하게는 '아름다운 예술의 철학'(Philosophie
der schönen Kunst)이라고 본다.[12]

예술철학은 예술에 대해서 철학하는 일이며, 그 예술이란 '아름다
운 예술'을 지칭한다. 거꾸로 말하면 아름답지 않은 예술은 예술철학
의 일거리가 아니다. 그런데 아름다운 예술은 무엇인가? 그것은 추한
예술과 대비되는 개념인가? 아름다운 예술과 그렇지 않은 예술의 차
이는 무엇인가? 헤겔에게 '아름다운 예술'은 예술 자체가 목적이 되
는 예술이다. 달리 말하자면 예술 이외의 일정한 목적 달성을 위해
수단으로 사용되는 예술은 아름다운 예술이 아니며 철학의 대상에서
제외했다. 그럼 구체적으로 예술철학은 무엇을 하는가.

그는 '아름다운 예술'이 이루어내야 할 최고의 과제를 사람 정신
속의 신적인 것을 의식의 표면에 부상시키며 이를 표현하는 일에서
찾았다. 이를 통해 예술은 헤겔에게 종교와 철학과 함께 인간의 정신
중 최고 경지의 모습을 보인다. 단지 그 일이 진행되는 양태가 종교
내지는 철학과 다를 뿐이다. 만약 아름다운 예술이 종교와 철학과 함
께 동일 범주에 세워진다면 이는 진정한 예술이며 자신의 최고 과제
를 이행한다. 단지 그 방법이 다를 뿐인 바 '신적인 것', 인간의 가장
심오한 관심거리, 정신의 가장 광범위한 진리들을 의식화시키며 밖
으로 표현하는 방법 말이다.[13] 여기서 '신적인 것'은 우리의 마음 내
지는 정신 깊숙한 곳에 자리 잡은 그 무엇인데, 종종 '절대 이성' 또는
'절대정신'으로도 표현된다. 절대 이성은 신이 소유하고 있는 이성,

---

12 Georg W. F. Hegel, *Vorlesungen über die Ästhetik*, 두행숙 역, 『미학 강의: 美의
    세계 속으로』 I (서울: 나남출판사, 1996), 27.
13 *Ibid.*, 35-36.

절대정신은 신적인 정신쯤으로 이해할 수도 있다. 헤겔은 정상적인 이성 개념만으로는 세상사를 설명하는 데 한계를 느껴 '극한적 이성주의'라 부를 수 있는 '절대 이성'과 '절대정신'의 개념을 가지고 기존 이론의 허점을 보완하려 했다.

헤겔은 자신의 철학 내지 철학함은 바로 이 절대정신이 어떠한 경로를 거쳐 스스로 자기가 무엇인지를 알아가는 것에 대한 탐구라고 한다. 그의 용어를 빌리자면 소위 절대정신이 스스로 인지하는 절대적 앎의 상태에 도달하는 과정의 추적이라고도 볼 수 있다.[14] 한편 헤겔은 절대정신이 실현되는 것을 증언하는 자신의 철학이야말로 절대 지식이라고 생각했다.[15]

3) 절대정신의 인식 단계

헤겔이 말하는 절대정신이 자신을 어떻게 알아가는지를 우리는 어떻게 알 수 있는가. 헤겔에게 있어 자기의식의 변증법적 과정을 거

---

14 그러나 이 같은 헤겔의 주장은 신이 인간의 몸을 빌려 "신의 아들"로서 세상에 나와 세상의 발전을 이룬 다음 다시 죽어 신으로 돌아간다는 기독교의 믿음을 철학 용어로 바꿔놓은 것에 불과한 것이라는 비판을 받는다. 인간의 이성이 아닌 신의 영역에서나 다루어질 수 있는 '절대'라는 개념을 무리하게 철학에 도입한 나머지 결국 이에 대한 대안으로 '유물론'이 등장하는 계기가 되었고, 독재자나 나치(Nazi)나 파시스트(Fascist)들이 자신들을 정당화하는 데 이용되기도 하였다.

15 "미네르바(Minerva)의 부엉이는 황혼 무렵에야 비로소 날개를 펴기 시작한다" 헤겔은 이와 같은 말로 절대 지식을 은유한다. 헤겔은 역사를 절대정신이 실현되는 과정으로 본다. 그리고 그 절대정신이 완성되는 게 바로 자기가 살던 프로이센 국가에서였다고 말한다. 그리고 절대정신이 실현되는 것을 증언하는 자신의 철학이야말로 절대 지식이라고 생각했다. 그리고 이전에 천재적인 철학자가 숱하게 있었으나 절대 지식에 이르지 못한 것은 아직 '때가 아니어서'였다고 보는 것이다. 절대정신이 거의 다 실현된, 즉 황혼 무렵인 헤겔 시대에 이르러서야 비로소 철학은 절대 지식에 도달할 수 있다고 본 것이다.

치는 절대정신의 현현은 철학, 종교 그리고 예술로 현실화된다. 예술은 이 같은 차원에서 종교와 철학에 견주어 일정한 위치를 차지한다.

예술을 통해 절대적인 것이 스스로 나타내고자 하는 움직임을 감각적인 눈으로 바라볼 수 있다. 이보다 한 단계 더 성숙한 접촉방법인 종교를 통해서, 믿음이라는 비감각적인 눈으로 그 절대자를 그릴 수도 있다. 예술의 눈이 밖으로 향한다면 종교의 눈은 안으로 향한다고 할 수 있다. 그리고 마지막으로 철학은 이러한 모습을 개념이라는 언어를 통해 명백히 표현하는 정신의 부지런한 노동이라고 할 수 있다.[16]

예술은 정신이 역사적으로 현실화되는 과정의 출발점에 위치한다. 단적으로 우리가 절대정신을 파악하려 한다면 이 세 가지의 영역 모두를 둘러보아야 할 것이다.

그러나 예술은 정신의 전개 과정 중 그 일부만을 표현해줄 수밖에 없는 것이요, 정신을 인식하는 데 있어 최선의 형태가 아니다. 왜냐면 정신의 진리성은 오직 변증법적 발전의 과정에 성립하는 것이요, 역사적 발전과정의 서두에서는 예술은 모든 종류의 진리를 표현할 수 있는 것이 아니기 때문이다. 예술이 종교 및 철학과 함께 절대자의 세 가지 자기 현현 중의 하나이지만, 예술에서 우리는 '직접성' 속에 있는 정신만을 파악할 뿐이다. 그러나 이는 정신에 대한 최고 형태의 인식은 아니다. 왜냐면 진리의 모든 등급이 다 예술에 표현될 수는 없기 때문이다.

예술이 자기 자신을 넘어설 때, 그것은 종교나 철학이 된다. 오히

---

16 Georg Wilhelm Friedrich Hegel, *Vorlesungen über die Ästhetik* I
(Frankfurt, a.M.: Suhrkamp, 1986), 158-162.

20 | 예술과 기독교신앙 교육

려 예술이 가장 고급의 진리나 심원한 이념을 표현하려 할 때 예술은 이제 더 이상 예술의 단계에 머무르지 않는다. 출발점에서 예술의 형태로 현실화된 절대정신은 역사적 발전과정에서 종교로, 나아가 철학의 형식으로 변모하여 현실화된다. 정신의 역사적 전개 과정과 함께 인간의 문화와 인륜성은 발전을 거듭해 가며, 예술도 그에 따라 각기 다른 매체를 통해 표현된다.

4) 예술관

헤겔은 예술을 어떻게 보고 있기에 그것이 절대정신의 자기 인식 과정이라고 보았던 것일까. 당시의 예술에 대한 일반적인 생각들을 비판적인 시각으로 살피는 헤겔의 예술관은 다음과 같이 세 가지로 나누어 볼 수 있다.

첫째, 예술 작품은 자연의 산물이 아니라 사람의 의식적 행동의 생산품이라는 것이다. 이를 통해 헤겔은 예술미와 자연미를 비교하고 있으며 예술미의 우수성을 말하고 있다.

① 예술이 자연보다 더 아름답다고 할 수 있는 까닭은 그것이 자연에는 없는 규칙성, 조직성 그리고 조율성 등을 갖고 있기 때문이다. 예술에는 일정한 규칙성이 있어서 타인에게 전달이 가능하다. 또 예술은 작품 전체적으로 볼 때 하나의 체계성 내지는 조직성을 갖고 있다는 면에서 자연에 앞선다. 그리고 예술에는 우리 의식에 근본적으로 내재되어 있는 조율성이 표현된다는 면에서 자연에 앞선다고 할 수 있다.

② 예술은 저절로 존재하는 자연과 달리 예술가의 재능에 의해 나

타난다는 점이다. 예술가는 곱씹어 생각하고, 부지런한 연습 속에서 예술을 창조한다. 예술가는 자기의식의 내면과 외면의 세계를 보는 시선을 정련하는 가운데 예술을 탄생시킨다. 예술 안에는 예술가의 이와 같은 의식적 행위가 스며있는데, 이는 자연엔 없는 것이다.

③ 자연은 신의 작품이기 때문에 인간의 예술 작품보다 위대하다고 생각할 수 있다. 그러나 이는 인간의 의식에 내재된 신적인 모습을 망각한 까닭이다. 예술 작품은 자연에서는 볼 수 없는 신적 이상을 표현할 수 있으며 자연에 기대할 수 없는 지속성과 불변성의 특성을 갖는다.

④ 한 걸음 더 나아가 예술은 하나의 의식적 행위로서, 그것을 통해 자신이 누구인지를 알아가게 된다는 점이다. 자연은 우리 곁에 그저 있을 뿐이다. 예술가는 이 자연 세계를 자신의 의도에 따라 새롭게 구성하고자 하며 그럼으로써 창조한 예술 작품에서 자기 자신을 새롭게 인식하게 된다. 기존의 우리에게 주어진 세계를 받아들이고 의식 속에서 정리함에 그치지 않고 이를 재료로 삼아 우리가 원하는, 의지에 걸맞은 작품을 새로 창조함으로써 우리 자신의 존재를 다시 한번 새로운 차원에서 확인하고자 하는 모습을 일컫는다. 헤겔은 전자를 이론적, 후자를 실천적이라는 표현으로 구분하기도 한다.

자연미 역시 이념의 각인을 포함하고 있지만 인간 정신으로부터 직접 유래하는 예술 작품의 미보다는 희미하고 열등하다. 예술은 신적 활동으로서 이념이라 할 수 있으므로 창조적 활동성에 의한 결과만이라 할 수 없다. 아름답다는 이념의 현현은 '지고한 자기의식'과 결합하므로 자연 속에서는 미의 이념이 인식될 수 없다. 자연은 미를 향한 열망을 자극하긴 하지만, 고유한 미의 작용을 결여하고 있다.

만일 자연미에서도 정신 발전의 모습이 잘 드러났더라면 헤겔은 자연미도 역시 철학의 고찰 대상으로 삼았을 것이다.[17]

둘째, 예술은 감성과 정신의 조화물이어야 한다. 헤겔의 생각과는 달리 당시 일반인은 예술은 근본적으로 사람들을 위해 생산된 것들이며, 나아가 사람들의 감성을 위해 만들어진, 또한 어느 정도 바로 그 감성으로부터의 산물이라고 생각했다. 예술은 그것을 대하는 감상자에게 감정을 불러일으켜야 하는 것으로 여긴다. 그래서 수용자의 감성에 호소하는 예술 작품은 그 생성과정에 있어 역시 원천을 감성에 두고 있다는, 따라서 예술 작품을 만드는 데 있어서 주체는 바로 우리의 감성이라는 말은 그럴듯하게 들린다. 그러나 헤겔은 이에 동의하지 않는다. 예술 작품에는 빠져서는 안 될, 감성만큼 중요한 요소가 있는데 그것은 정신이다. 감성과 정신이 잘 조화된 예술 작품이야말로 주체와 객체의 통일성을 이룬 성공한 작품이라 할 수 있다.

셋째, 예술은 그 자체가 목적이어야 한다. 예술 작품이 그 자체에 목적을 품고 있다는 말은 그 외의 어떤 것들을 위한 수단으로 이용돼서는 안 된다는 말이다. 예컨대 커피숍의 내부 장식에 사용된 작품은 돈을 벌기 위한 수단일 수 있기에 진정한 예술 작품이라 할 수 없다.

그러면 진정한 예술 작품의 목적은 무엇인가? 헤겔은 그것을 진리 추구라고 한다. 예술 작품이 존재하는 근본적인 이유가 바로 이러한 진리를 밝히고자 함이다. 그러면 그 진리는 무엇인가. 이에 대해 말하기 전에 헤겔은 먼저 예술의 목적이 아닌 것에 대해 언급한다. 첫째, 자연의 모방은 예술의 목적이 아니라고 한다. 아름다운 자연 풍광을 아무리 똑같이 그렸다고 하더라도 그것을 칭찬할 수는 없다.

---

17 *Ibid.*, 27-29. 자세한 내용은 1부의 2, 3장 참고.

자연이나 인물의 단순한 모방에는 예술이 품고 있는 정신적 가치가 빠져있기 때문이다. 헤겔은 이것을 예를 들어 설명한다. 18세기 브루스(Bruce)라는 한 영국인이 터키를 여행하는 중에 그곳 사람에게 생선을 잘 모방한 그림을 보여주었다. 그랬더니 그 터키 사람이 말하길, "만약 이 생선이 최후의 심판 날에 다시 살아 고개를 쳐들고 '당신은 비록 내 몸뚱이를 만들었지만 살아있는 얼은 주지 않았다'고 힐난한다면 당신은 뭐라고 하겠오?"하고 물었다 한다. 결국 자연 내지는 인물의 단순한 모방에서 예술의 목적을 보고자 하는 것은 예술이 품고 있는 정신적 가치를 무시하는 처사라는 것이다.

둘째, 도덕적 가르침이 예술의 목적이 아니다. 예술은 감정을 순화시키고 유화시킨다. 가슴에 응어리가 있을 때 그것을 글이나 그림 또는 노래로 객관화 내지는 대상화시킬 때 감정의 격동이 가라앉을 수 있는 것이다. 예술이 감성의 야만적인 부분을 누르는, 정신이 육체를 통제하는 모습으로부터 예술을 통해 소위 도덕적 완전성을 이룰 수 있지 않을까 하는 기대가 나온 것이다. 이에 대해 헤겔은 예술은 예술이고 도덕은 도덕이라고 구별을 한다. 예술 그 자체가 도덕적 목적을 이미 내포하고 있기에 예술로부터 도덕을 끌어낼 수는 있지만 예술이 도덕을 위한 수단으로 이용돼서는 안 된다는 것이다.

헤겔은 예술을 감각적인 것의 정신화라고 한다. 다시 말하면 정신의 삶이 감각적 외관을 하고서 예술 속에 거주하는 것이다. 그래서 예술의 기본적이고 본질적인 기능은 자연의 모방, 위안, 정신의 진정제나 이완제, 도락, 외부환경의 미화 등에 기여하는 '일시적 유희'로서 사용될 수 있는 기능으로부터 해방되며, 예술의 감각적 혹은 물질적 형상의 양식에서 진리를 드러내는 것이다.[18] 이 드러남이 곧 미이다. 즉 '이념의 감각적 현현'이다.

그럼 예술의 목적은 예술 그 자체라는 말은 무슨 의미인가. 그것은 앞에서 말했듯이 진리 추구이다. 이 진리 추구는 예술에서 어떻게 일어나는가. 즉 예술을 통해 진리를 어떻게 찾을 수 있는가 라는 것이다. 앞에서 진정한 예술 작품은 정신과 감성의 통일체라고 했다. 이것이 예술함의 과제이며, 동시에 예술함이 걷는 진리에의 길이다. 예술은 감성을 통한 예술적 형성이라는 형식 속에서 진리를 드러내야 하며, 정신과 감성의 화해된 대립을 서술해야 한다.

진리는 화해의 한 가운데에 있다. 이러한 화해가 이루어지지 않은 예술 작품, 그러니까 정신과 감성이 분리된 채 나타나는 예술 작품은 진리를 드러내지 않기에, 헤겔은 이를 추상적이라 부른다. 진리는 정신과 감성의 화해라는 구체이다.

2. 헤겔의 예술철학론

1) 예술의 형식

예술 작품에는 본질로 감각적 재료와 정신적 내용이 함께 들어있는데 이 두 측면이 만드는 세 가지 기본 관계가 있다. 헤겔은 그의 시대까지의 인류 역사를 살펴보면서 역사가 진행됨에 따라 나타난 이 세 가지 유형(예술의 형식)에 대하여 말한다. 그것들은 상징적, 고전적 그리고 낭만적 예술형식이다. 그것들을 구체적인 시대와 짝지어 보면, 상징적 예술형식은 고대 동방, 특히 이집트에, 고전적 예술형

---

18 *Ibid.*, 77, 95 참조.

식은 고대 그리스 그리고 낭만적 예술형식은 기독교적 세계 이후 시대에 해당한다고 보았다. 신관의 면에서 볼 때, 고대 동방에서는 범신론이, 고대 그리스에서는 다신론이 그리고 기독교에서는 유일신론이 지배한다. 그리고 헤겔은 범신론보다는 다신론이, 다신론보다는 유일신론이 정신의 실체에 더욱 가까이 다가가 있다고 파악한다.

헤겔에게 있어 역사의 흐름은 단순한 흐름이 아니라 그 역사 안에 있는 내용의 내적 성숙과 함께 맞물려 돌아간다. 예술형식도 마찬가지로 시간의 흐름에 따라 그 형식을 통해 예술철학이 발전한다는 것이다. 앞에서 말했듯이 헤겔은 예술 자체를 절대자 내지는 소위 절대정신이 스스로 펼치며 현현하는 한 과정이라 여긴다. 절대자라는 이념이 자신의 추상성을 벗어나 감성이라는 옷을 입히며 어떠한 틀로 구체적인 모습을 띠는 과정이 바로 예술이라 보는 견해다. 다시 말해 예술가가 절대자라는 이념을 감성의 세계에 펼쳐놓은 결과가 예술 작품인 셈이다. 거꾸로 말하자면 이러한 구체적이고 감성적인 서술을 통해 절대자라는 추상적 이념에 접근하는 모습을 담는 것이 바로 예술이라는 말이다. 이렇게 볼 때 결국 역사를 통한 예술 발전은 절대정신이 얼마나 스스로 제대로 감성화시켰는가, 즉 밖으로 드러냈는가와 같은 말이라 할 수 있을 것이다.

(1) 상징적 예술(symbolische Kunst) 형식

고대 이집트의 상징적 예술형식에서는 추상과 구체의 일치, 즉 정신이 물질을 통해 스스로를 제대로 드러내지 못하고 있다. 정신과 물질이 서로 겉도는 식이다. 이집트 예술은 사물의 배후에 있는 존재라는 수수께끼를 풀려고 했다. 그러나 그들은 그 힘을 설명하기 위한 표현을 할 수가 없었다. 즉 절대자에 걸맞은 감성의 옷을 입힐 수 없었기 때문에 절대자를 나타내는 상징적 수단을 쏠 수밖에 없었다는 것이다. 예컨대, 동방의 다신교에서 볼 수 있는 거인이나 거상, 수 백 개의 팔과 눈을 지닌 형상들, 절대자의 강함을 사자로 상징한다거나 하는 식이다. 헤겔이 예로 든 스핑크스(Sphinx)와 외디푸스(Oedipus, Οἰδίπους) 이야기는 이 추상과 구체가 일치하지 않는 이집트 상징예술의 몰락을 시사한다.[19]

예술이 정신성의 감각적 발현인 이상 상징예술은 "참된 표현 능력이라기보다는 형상화의 단순한 시도일 뿐"이며, 그 형식은 아직 이념의 형식으로 볼 수 없으며 다만 부자연스럽게 과장되고 왜곡된 형상물에 지나지 않는다. 이런 점에서 상징적 예술형식에서는 이념적 측면보다는 질료적 측면이 더욱 큰 비중을 갖는다.[20]

(2) 고전적 예술(klassische Kunst) 형식

고전적 예술에서는 상징적 예술형식에서 볼 수 있는 의미와 이를 나타내는 상징적 표현 내지는 정신과 자연으로 구분되는 이분법적 사고방식에서 이 양자의 변증법적 통일이 이루어진다. 즉 고전적 예술형식에서는 이념과 매체가 완전한 평형을 이룬다. 그것은 정적이고 기계적인 통일이라기보다는 인간 스스로 자기 인식이라는 정신적

---

19 옛날에 얼굴은 사람이나 몸은 사자인 스핑크스(sphinx)라는 괴물이 있었다. 그는 널따란 암반 위에 자리 잡고 앉아서 지나가는 사람에게 수수께끼를 던지고 답을 말하면 살려주고 틀리면 죽였다고 한다. 그 수수께끼는 '아침에는 네 발로 걷고 점심때는 두 발, 저녁때는 세 발로 걷는 게 무엇이냐?' 하는 것이었다. 하루는 오이디푸스라는 사람이 나타나 '인간'이라는 답을 했다. 이에 스핑크스는 자살해 죽었다고 한다.

20 G. W. F. Hegel, *Vorlesungen über die Ästhetik*, 두행숙 역, 『미학 강의: 동양예술, 서양예술의 대립과 예술의 종말』 II (서울: 나남출판사, 1996), 제2부 제1편.

행동을 통해 중재된 통일, 동적인 내적 통일이다.

여기에서는 상징예술에서 보였던 동물이나 자연의 위력에 대한 숭배가 지양되고 인간의 모습을 띤 새로운 신들(제우스[Zeus]를 중심으로 하는 올림포스[Olympus] 신들)이 예술의 대상이 된다. 정신적 측면이 가장 잘 드러나는 존재를 자연에서 찾는다면 그것은 인간이기 때문이다. 인간의 형상이 가장 진리에 맞게 드러난 것은 고대 그리스인들이 만들어낸 신들의 조각상에서였다.

헤겔은 특히 고대 그리스 시대의 조각상에서 추상과 구체의 일치가 이루어졌다고 여겼다. 신화에 등장하는 절대자격인 신들이 조각이라는 예술을 통해 인간의 형상으로 우리의 눈에 구체적으로 비추는 모습을 말한다. 이는 상징적 예술형식이 사자의 경우에서 보듯 이미 완성되는 형상에 절대자의 의미를 끼워 맞추는 형식이 아닌, 인간화된 신의 조각상을 직접 만드는 과정을 거쳐 이루어낸 모습이라는 점에서 성숙된 의식 수준이라 할 수 있다. 그것도 단순 정적이고 기계적인 통일이라기보다는 오히려 인간 스스로 자기 인식이라는 정신적 행동을 통해 중재된 통일, 동적인 내적 통일로의 전환이 이루어졌다고 보는 것이다. 예술이 추구하는 진리, 즉 최고 미를 추상과 구체, 정신과 물질의 일치에서 찾을 수 있다면 이는 바로 인간화된 신들의 형상에 다를 바 없다는 견해인 것이다. 덧붙여 이를 통해 사람이 영혼과 육체로 갈라지는 다툼을 물리치고 양쪽의 진정한 화해를 통해 완벽한 통일을 이루는 모습을 바로 이 고전적 예술형식이 드러냈다고 확신했다.

그런데 헤겔이 말하는 역사상 발전해온 예술형식은 여기 고전적 예술형식에서 끝나지 않고 낭만적 예술형식으로 나아가기 때문에 의

문이 생길 수 있다. 이미 최고의 예술미가 이루어진 마당에 구태여 다음 단계로의 이전이 필요한가 하는 것이다.[21]

(3) 낭만적 예술(romantische Kunst) 형식

헤겔은 이 낭만적 예술형식 속에 고대 그리스 예술형식에서 떠난 중세, 르네상스, 바로크, 고전주의, 낭만주의 시대를 모두 포함시킨다. 헤겔은 정신이라는 주관적인 측면과 물질이라는 객관적인 측면이 가장 조화롭게 일치될 때 이루어지는 예술미의 최고는 고전적 예술형식에서 이미 이루어졌음을 분명히 한다. 그렇지만 정신은 이에 만족하며 머무르지 않고 자신의 이러한 완벽한 형상화를 객관적인 측면에서보다는 오히려 바로 자기 자신 즉 주관적인 측면에서 찾고자 계속적인 노력을 아끼지 않는다고 헤겔은 말한다. 이러한 과정이 벌어지는 마당이 바로 낭만적 예술형식이다.

낭만적 예술형식 속에서 예술을 하는 사람은 상징적 예술형식 속에서 예술을 하는 사람과는 달리 고전적 예술형식 속에서 최고의 아름다움이 무엇인지 이미 맛보았으며 이를 통해 절대자 내지는 정신이 어떠한 구체적인 형상을 갖출 수 있는가를 직접 겪었는지라 이에 대한 앎을 갖고 있다. 만약 이 정신을 우리 의식 속의 정신이라 본다면 낭만적 예술형식에서는 예술함의 주체가 스스로 자기 자신이 누구인지 알고 행하는 반면 상징적 예술형식에서는 이 앎이 완전 결여되어 있는 셈이다. 나아가 정신 자체의 속성이 물질이 아니니 정신이 스스로 찾고자 하는 낭만주의 예술형식은 고전적인 예술형식보다 아름다움이라는 면에서는 떨어질 수밖에 없으나 예술철학적인 차원에

---

21 *Ibid.*, 제2편.

서는 더 높은 수준의 정신 활동이라 할 수 있다.

　낭만적 예술에서는 정신은 고전적 예술에서처럼 구체성과 일치되지 않고 외적인 것의 부정을 통해 구체성, 즉 현실성을 극복하고 다시 자신의 내면 속으로 회귀하게 되며 이때 이념은 추상적으로 머문다. 즉 예술은 내용과 형식이 일치해야만 하고 형식을 떠나서는 예술이 존재하지 않기 때문에, 낭만적 예술에서는 이 일치가 깨지면서 더 이상 과거 고전적 예술과 같은 모습은 상실한다는 것이다. 그러므로 낭만적 예술의 단계에 와서는 예술조차도 철학적인 반성이 없이는 역사적인 진실을 매개하는 권리를 제대로 지탱할 수 없으며, 헤겔 당대는 예술 자체의 시대라기보다는 예술에 대해 반성하는 시대, 즉 예술철학의 시대라는 것이다.

　헤겔은 이와 같은 내용을 근거로 해서 예술철학의 계속 발전을 그리는 자신의 소위 변증법적 사고방식의 정당성을 찾는 것이다. 이러한 정신의 발전은 결국 아름다움이라는 예술의 최고 가치를 버릴 수밖에 없는 지경, 즉 '예술의 종언'에 이른다. 정신이 우주적이고 역사적인 목표인 자유를 향해 나아감에 따라, 예술은 그 실현된 이념에 대해 점점 더 부적합하게 된다. 헤겔에게 있어 정신의 성숙은 결국 예술의 마당을 떠나 철학으로, 그 후 종국적으론 종교로 옮겨갈 수밖에 없는 이유이다.

　헤겔은 그가 살았던 당시 독일 고전주의가 추구했던 서양의 고대 그리스 문화를 중심으로 한 이상주의의 정점에 서서 세계의 예술 전체를 고찰하고 있다. 그가 이상적인 올림포스의 정상에 발을 딛고서 고전적 예술의 시각에서 세계의 예술을 바라볼 때, 예술은 동양에서는 그저 상징적인 것, 추상적인 것에 머무르는 것 이상으로 발전하지 못한 것이었고, 반면에 서양의 예술은 이성과 진리가 가장 이상적인 미로 현실로 드러난 것이었다.

이상과 같은 구별들에 상응해서 예술 자체의 위계질서에 대한 정교한 분석이 있다. 건축은 상징적 예술의 전형이고 조각은 고전적 예술의 전형이다. 낭만적인 예술 충동은 감각적 매체로부터 순수 사고에로의 접근에 이르기까지의 자유의 전진적 단계들을 각인하는 세 가지 예술, 즉 회화와 음악과 시에서 가장 충만하게 표현된다. 회화는 오로지 이차원만을 갖는다는 점에서 조각보다 덜 물질적이다. 음악은 공간을 초월한다. 시는 거의 이념과 같다.

예술의 이러한 역사적 전개 과정의 실마리는 사실상 『정신현상학』의 제7절 중 "예술종교"(Die Kunstreligion) 장에서 처음 등장한다. 정신의 자기의식에 대한 이해를 위해 이에 대해 간략하게 살펴보자. "예술종교"에서 예술은 인간이 인륜성을 지향하여 나아가는 각 단계에서 도달하게 되는 여러 종교 형식 안에서 그들 종교의 정신성을 상징하는 각각의 현현으로서 등장한다. 인간이 인륜적 세계에 발을 내딛기 전 종교의 최저 단계인 '자연종교'(natürliche Religion)에서, 광명과 어둠의 신을 숭배하는 조로아스터교(Zoroastrianism)와 힌두교(Hinduism) 등에서 "자기 자신을 대상으로 산출해 내면서도 여전히 자기의 사상을 포착하지 못하는 장인의 가공물"인 다양한 종교적 상징물로 등장한다.

예술의 이러한 상징성은 그리스 종교의 조상과 건축물의 형태로서 '예술종교'로 화한다. 이때 장인은 당대의 종교 정신을 반영하여 작품을 만들어내는데, 이때 "정신은 자기의식적으로 활동하는 형식을 취함으로써 장인은 비로소 '정신적 노동자'(geistiger Arbeiter)가 된다." 그러나 이러한 정신적 노동자의 예술 활동은 여전히 종교적 숭배 대상들에 대한 감각적인 표현의 단계에 머물러 있음으로 아직 "개념의 단계로 고양되지 못한 채 표상의 단계에 이른" 것일 뿐이다.

예술은 그것이 계시종교의 단계, 즉 기독교의 단계에 이르렀을 때 비로소 실체의 형식을 벗어나 주체의 형식으로 옮겨지게 된다. 자기 자신의 확신을 정신의 정당성과 목적 안에서 깨닫게 되고 주체적 자기의 활동적인 본질과의 통일을 표현하는 것으로서, 표상의 '정신적 실체'(Substanz des Geistliches)와의 통일, 다시 말해 개념적 통일의 단계에 이르게 된다. 이 단계에서 계시종교는 절대정신을 신으로 만들고, 정신 자신을 절대적인 것으로 자각하는 것이다.22

2) 개별 예술

헤겔은 예술의 형식이라는 역사적 발전단계에 해당하는 개별예술의 주요 장르와 그 특성에 대해 말하고 있다. 상징적 예술형식에 해당하는 예술은 건축이고, 고전적 예술형식에 해당하는 예술은 조각 그리고 낭만적 예술형식에 해당하는 예술은 회화, 음악, 시문학이다. 예술의 정신이 상징적, 고전적, 낭만적 예술의 형식이라는 단계를 거치는 가운데 미가 실현되는 변증법적 과정을 거치듯 이 예술의 장르도 발전의 단계를 거친다. 가장 낮은 단계의 예술이 건축이고, 그다음이 조각 그리고 음악, 회화, 시문학의 단계인데, 그중에 시문학을 예술의 최상의 단계로 보고 있다.

먼저 건축은 "외부세계의 무질서한 자연을 예술에 적합한 외부세계로서 정신에 유사해지도록" 만드는 것이 그 과제인데, 건축의 질료

___

22 *Ibid.*, 제3편.

는 직접적인 외면성을 띤 역학적으로 무거운 덩어리 따위로서 그러한 "질료와 형태 속에는 구체적인 정신성인 이상이 실현되지 못하고" 있어서 거기에서 표현된 것은 이상과 대립되는 추상적인 관계 속에 머문다. 그때 건축은 "바로 그 외적 형태에 반해서 내적인 것을 정신적인 것으로 보존하며 그리하여 그것과는 구별되는 타자(ein Anderes) 속에 있는 정신적인 것을 지시하는 한계를 갖고" 있어서 진정한 예술이 되지 못한다.[23]

건축보다 높은 단계의 예술은 조각으로, 건축이 정신적 내면을 암시하는 능력밖에 없다면 조각은 정신적인 내면이 감각적인 형상과 외적인 질료 속에서 서로 균형을 이루면서 형상화하므로 고전적이고 이상적인 예술에 적합한 예술 유형이라는 것이다.[24]

그다음에는 낭만적 예술형식과 관계된 예술 장르들인 회화, 음악, 시문학인데, 그중 회화는 질료의 가시성을 이용해 색채로 규정하여 내용과 형상을 이룬다. 회화에서 가시화한다는 것은 색채들이 지닌 특수성들을 평면이라는 차원에 나타내는 것으로 이때 예술은 공간성에서 해방된다. 그리고 내용도 건축이나 조각에서보다 더 광범위해져 인간의 가슴속에 표상되는 온갖 다양한 것들이 회화의 다채로운 내용이 된다.[25]

그다음 단계의 예술은 음악이다. 음악의 질료도 역시 감각적이기는 하지만 보다 심오한 주관성과 특수화로 진행한다. 회화에서는 가상적인 공간 전체가 여전히 존재하면서 가상화되지만, 음악에서는

---

23 G. W. F. Hegel, *Vorlesungen über die Ästhetik*, 두행숙 역,『미학 강의: 개별 예술들의 변증법적 발전』III (서울: 나남출판사, 1996), 제3부 제1편.

24 *Ibid.*, 제2편.

25 *Ibid.*, 제3편 제1장.

공간이 임의로 분산되면서 동시에 지양되어 감각적인 것이 이념화된다. 그러나 음악은 진정한 예술 작품이 되지는 못한다. 왜냐하면 "규정할 수 없는 정신 내면의 움직임과 흡사 사상이 깃들지 않은 감정의 음조에만 관계하는 음악적 의식에서는 정신적인 소재는 거의 필요가 없기" 때문이다. 그래서 음악은 인간의 단순한 천재성이나 영감에 자극되어 나타날 수 있는데, 이 같은 예술은 진정한 예술 작품이 되지 못한다는 것이다. 오직 "사유의 도야와 반성, 연습, 숙련"에 의해 만들어진 것만이 진정한 예술 작품이 될 수 있으며 이에 적합한 것이 예술의 최후의 장르인 시문학이라고 한다.26

시문학은 외적인 질료를 더 이상 필요로 하지 않고 기호를 통해 표현한다. 정신은 내용을 스스로 자신 속에서 표상하고 그것을 표현하기 위해서 음을 이용하되 그 음 자체는 가치도 내용도 없는 기호로만 이용될 뿐이므로 시문학에서 표현을 위한 실제 요소는 시적인 표상과 정신적인 직관 자체이다. 시 예술은 스스로 자유로우며 외적인 감각적 질료에 매이지 않으므로 정신이 그 진리를 가장 '심오하게' 드러낼 수 있는 예술이다. 시문학은 다시 서정시, 극시, 서사시로 나눌 수 있는데, 헤겔은 이 중에서도 서사시를 최고로 꼽았다. 그중에서도 호메로스 (Homeros) 의 서사시 『일리아드』(Iliad)와 『오디세이』(Odyssey)를 최고의 정점에 달한 예술로 보고 있다.27

예술의 형식과 장르에 대한 이제까지의 내용을 정리해 보자. 정신의 역사적 전개 과정과 함께 인간의 문화와 인류성은 발전을 거듭해 가며, 예술도 그에 따라 각기 다른 매체를 통해 표현된다. 매체의 변

---

26 *Ibid.*, 제3편 제2장.
27 *Ibid.*, 제3편 제3장.

화 과정은 정신의 전개 과정과 함께 각기 다른 형태로 발전해 왔는데, 건축을 전형으로 하는 고대 동방의 예술은 상징적인 예술이며, 이때 이념은 매체에 의해 압도되어 있다. 건축은 그 자체로 매체이면서도 이념을 표현하려 하고 있는 것이다. 고전적 예술의 시대로 오면 이념과 매체는 평형을 이루고, 대상을 있는 그대로 표현하는 것을 목표로 삼는다. 이때 예술의 전형은 조각이 된다. 낭만적 예술의 시대에 이르면 회화와 음악, 시를 전형으로 삼는 보다 이념적인 예술이 전형으로 자리 잡는다. 이제 이념이 매체를 지배하기에 이르고 예술은 자기의 지위를 점차 잃게 됨으로써 정신의 절대화가 완성되기에 이른다. 낭만적 예술에서 회화는 3차원적 구체성에서 벗어나 평면적인 2차원의 매체로 되며, 이전의 매체가 가지고 있는 구체성을 요구하지 않은 채 이념을 표현해낸다. 이런 면에서 음악과 시는 보다 추상적이며 이념 그 자체에 접근해 간다. 그리고 이념은 음악이나 시보다 고차적인 차원의 표현 형식을 찾고자 할 것이다. 예술의 전개 과정은 이곳에서 종말을 고하게 된다. 왜냐하면 더욱 전개된 정신은 자신의 이념을 표현하기 위해 철학을 선택하게 될 것이기 때문이다.

헤겔은 철학의 대상으로는 적합하지 않다고 여겨진 예술을 철학의 대상으로 끌어올렸다. 예술이 아무리 감각적 가상을 조건으로 갖더라도 본질적으로 정신적이다. 즉 예술 작품은 정신의 외화이다. 따라서 정신의 외화인 예술은 개념 파악적 사유의 영역, 즉 철학적 영역에 속하게 된다. 헤겔은 이와 같은 예술이 정신사적 발전을 한다고 보았다. 그리하여 그의 예술철학은 역사적 성격을 지닌다. 상징적 예술형식, 고전적 예술형식 그리고 낭만적 예술형식으로 분류되는 예술형식론이나, 건축, 조각, 회화, 음악, 시문학으로 분류되는 개별예술론은 모두 정신의 역사적 발전단계에 부합하는 설명 방식을 취하는 것이다. 즉 예술형식이든 개별 예술이든 시대가 내려올수록 더욱 정신성의 개념적 파악에 접근하는 방향으로 발전한다는 것이다.

헤겔의 미학 이론은 1800년대 독일 지성계의 조류를 반영한다. 즉 당대의 철학은 우주를 백과사전적으로, 조직적으로 짜인 사고 체계 안에서 이해하고자 했는데, 헤겔의 미학 역시 당대의 해석적 관례를 따라 만든 보다 큰 형이상학이라는 심포니의 한 장으로 볼 수 있을 것이다. 헤겔의 미학은 세계와 우주를 역동적이지만 본질로 합리적이며 조화롭다고 본 그의 개념과 성찰의 일부로서 조직적이긴 하지만 그의 이상주의적 철학이란 전제에 바탕을 두고 있기에 자기완성적이라 보기 어렵다.

III. 미학의 기독교교육적 함의

1. 이념으로서 '하나님의 형상'과 표상으로서 교육

지난 세기 동안 기독교교육의 관심은 기독교교육의 목적으로서 정체성 형성, 기독교교육의 장으로서 교회 그리고 기독교교육의 방법으로서 종교경험이었다.[28] 여기에는 헤겔이 말하는 이념, 곧 기독교교육이 근본적으로 드러내야 할 진리가 누락되어 있다. 기독교교육이 다른 것은 아니어도 추구해야 할 사명은 성서적 진리이다. 그럼

---

28 Jack L. Seymour, "The Clue to Christian Religious Education: Uniting Theology and Education", *Religious Education* 99 (2004), 275.

에도 불구하고 막상 중요한 성서적 진리의 탐구와 실현이라는 사명
은 외면하고 있는 것이 기독교교육학의 현실이다.

잉글리시(Leona M. English) 등에 의하면, 1992~2002년 10년 동
안 대표적인 기독교교육 학술지인 「British Journal of Religious
Education과 Religious Education」에는 모두 481개의 논문이 실
렸는데, 이 중에 성서를 주제로 한 논문은 고작 6편뿐이었다.[29] 한국
의 상황 역시 대동소이하다. 박종석에 의하면, 2008년 현재 한국의
대표적인 기독교교육학회인 한국기독교교육학회, 한국기독교교육
정보학회 그리고 한국복음주의기독교교육학회의 학술지에 실린 총
논문의 수는 600여 편인데 그들 중 성서와 관련된 논문은 20여 편
정도이다.[30]

그러나 성서와 관련된 논문이라고 해서 기독교교육의 본질을 다
루었다고 볼 수 없다. 중요한 것은 성서의 무엇, 즉 어떤 내용을 다루
고 있느냐 하는 것이다. 성서는 교육적으로 볼 때 하나님의 인간 형성
과정에 대한 내용이라고 할 수 있으며, 그 핵심은 '하나님의 형
상'(Imago Dei)이다.[31] 즉 하나님은 인간이 상실한 '하나님의 형상'을
회복하고자 하시며, 기독교교육은 이 면에서 하나님의 종으로 봉사

---

29 Leona M. English, Mario O. D. Souza, and Leon Chartrand, "Comparative
Analysis Of The Research and Publication Patterns in *British Journal Of
Religious Education* and *Religious Education*", *Religious Education* 100:2
(Spring 2005), 193.
30 박종석, "다시 성서로: 성서교육연구의 동향과 전망", 「교수논총」 18 (2006), 131.
31 박종석은 하나님의 형상을, 지켜야 할 것으로서 규범적 신학의 입장에서 세 가지로
분류한다. 하나는 인간 본질로서 해석이다. 인간은 하나님의 속성으로서 원형을
반사해야 하는 하나님의 형상이다. 다른 하나의 해석은 적극적이다. 즉 이 땅에 하
나님의 형상을 만들자는 것이다. 마지막으로, 교육적 해석이다. 하나님의 형상은
종교적 '성장의 가능성'이다. 박종석, 『기독교교육의 지형도』(서울: 기독교대한성
결교회 출판부, 2005), 143-144.

해야 한다. 이 같은 입장에서 기독교교육의 이념은 '하나님의 형상'이며, 기독교교육은 그것을 나타내고 이루기 위한 하나의 표현 행위라 할 수 있을 것이다. 기독교교육은 '하나님의 형상'이란 이념을 제대로 표상해 왔는가 반성할 일이다. 이제까지의 수많은 기독교교육적 표현들이 얼마나 이 진리로써 이념에 접근했느냐를 반성하며 보다 이념접근적 교육 행위를 위한 노력을 해야 할 것이다.

이념과 관련해서 기독교교육학의 발전단계를 생각해 볼 필요가 있다. 헤겔이 말하는 예술이 이념과 표상의 정도에 따라 발전했다고 본다면, 기독교교육학은 이제껏 자신을 분과학문으로 정립하려는 고민과 노력보다는 타 분과학문에 의해 자신을 정립하고자 함으로써 오히려 그 학문에 종속되는 결과를 초래했다. 기독교교육학은 대체로 신학과 사회과학의 모호한 결합에 의해 위태롭게 그 형태를 유지하고 있다.32 이는 헤겔의 예술에서 예술가가 자신의 이념을 드러내지 못하고 객관적 표상에 그치는 초기 단계와 유사하다. 기독교교육학은 자신을 가장 잘 드러낼 수 있는 학문이 어떤 것인지를 탐구하는 데 진력해야 할 것이다.

2. 예술의 발달적 사용

우리는 앞에서 헤겔의 '이념'이란 개념을 '하나님의 형상'이란 개념으로 원용하여 기독교교육의 실천적·학문적 과제로 삼았다. 기독교교육은 '하나님의 형상'으로서 이념을 위한 학문이라고 본 것이다.

---

32 이에 대해서는 박종석, 「한국에서의 기독교교육학의 학문성에 대한 연구」박사학위논문 (부천: 서울신학대학교 대학원, 2000) 참조.

문제는 이 이념이 어떤 신학적 교리나 주장이 아니라는 것이다. '하나님의 형상'을 인간의 고유한 존재 양태라고 볼 때, 그것은 하나의 예술적 존재라고도 할 수 있다. 비고츠키(Lev S. Vygotsky)에 따르면 인간의 고유성은 '심미적 정서'에서 찾을 수 있다.[33] 심미적 정서는 서로 정반대의 성격을 지닌 내용(재료)의 정서와 형식의 정서가 대립, 모순, 갈등의 과정을 거쳐 새롭게 변형된 카타르시스의 상태에 도달한 정서이다.[34] 이 '심미적 정서'는 예술과 관련되면서, 지각, 주의 집중, 논리적 기억, 계획, 개념 형성, 사고 등과 같은 인간의 심리적 능력들인 고등정신기능에 의해 발달된다. 이 고등정신기능과 정서 그리고 교육의 관계에 대해 박현진은 다음과 같이 말한다.

> 중요한 것은, 그 고등정신기능이 발달하기 위해 필연적으로 요구되는 것이 바로 교육이라는 것이다. 고등정신기능의 발달을 성립시키는 것은 교육사태에서 아동이 경험하게 되는 정서, 즉 기존에 지니고 있던 지적 정서와 교사에 의해 새롭게 주어진 지적 정서의 대립과 갈등 및 극복을 통해 발생되는 심미적 정서이다. 이러한 심미적 정서를 반복적으로 경험하면서 아동은 점차 심미적 정서를 지향하게 되는 동시에 자신의 고등정신기능을 끊임없이 발달시켜 나가게 된다. 이렇게 보았을 때 고등정신기능의 발달을 이끄는 교육은 심미적 정서를 형성하는 예술적 창조의 필연적 조건이 되는 동시에 그 자체 내에서 심미적 정서를 발생시키는 예술적 활동이다.[35]

---

33 일반적으로 통용되는 정서에 대한 정의로는 신체적 각성이나 준비 및 운동 반응 등의 생리학적 현상(생물학적 차원), 개인이 특정한 방식으로 느끼는 주관적 느낌(주관적 차원), 개인의 동기나 목표지향적인 욕구(기능적 차원) 등이 있다. 정옥분·정순화·임정하,『정서발달과 정서지능』(서울: 학지사, 2007), 12-13.

34 Lev S. Vygotsky, *The Psychology of Art* (Cambridge, MA: The MIT Press, 1971), 212-215.

이 같은 내용에 더하여 우리가 주목하고자 하는 것은 정서가 인간발달의 근본 동기라는 사실이다. 일찍이 비고츠키는 인간발달의 독특성을 심미적 정서에서 찾았다. 정서야말로 교사와 학습자 사이의 가르치고 배우는 행위를 가능케 해주는 매개로 보았다.36 그러나 정서라고 해서 모든 정서가 다 같은 것은 아니다.37 발달과 관련된 정서는 심미적 정서로서

Lev S. Vygotsky

이는 예술과 관련이 있다는 것이다. 여기서 우리는 정서가 지식과 무관하지 않으며 오히려 지식을 지식되게 하는 촉매의 역할을 하는 것을 알 수 있다.

한 걸음 더 나아가 정서와 지식, 즉 감각과 이성은 따로 존재하는 것은 아니다. 이홍우에 따르면, 감각과 이성은 모두 마음 안에 있으며 마음이 곧 감각과 이성의 복합체이다. 사실 교육이나 예술이 추구하는 것은 바로 이 감각과 이성의 조화이다. 감각과 이성의 조화는 감각과 이성이 서로 상대에게 자리를 양보하여 반쯤 발달한 상태가 아니

35 박현진, "비고츠키 예술이론의 교육학적 함의", 「도덕교육연구」 19:2 (2008), 123.
36 더 구체적으로는 정서는 의식과 무의식의 매개이다. 즉 교사의 의식과 학습자의 무의식이 정서를 수단으로 하여 교류할 수 있다는 것이다(Ibid., 132). 즉 정서는 교사의 정신기능이 아동의 내부에 동일한 형태로 형성되는 것을 돕는다.
37 실제로 과학적으로도 정서와 관련된 감정과 지식과 관련된 기억은 파페츠 회로 (papez circuit)라는 뇌의 동일 부위에서 처리된다. 기억과 감정의 프로세스는 중복된다. 박문호, 『뇌, 생각의 출현: 대칭, 대칭의 붕괴에서 의식까지』(서울: 휴머니스트, 2008), 114, 168.

고, 오히려 감각과 이성이 각각 할 수 있는 데까지 최고도의 발달을 이룩하여 완전히 겹치는 상태이다.[38]

따라서 교육 행위의 전제가 되는 인간발달에서 정서가 차지하는 비중에 대해 주목할 때 우리는 그 정서를 야기할 수 있는 예술을 경시할 수 없다. 교회교육 현장에서 예술과 관련된 교육 활동은 고작 그리기, 찬양 율동, 영화 정도였다. 예술적 교육 활동의 결여는 지식 위주의 교육을 강조하고 정서 고양을 경시한 때문으로 보이며, 그 결과 헤겔적 의미에서 교육의 이념이라고 할 수 있는 전인 형성에 미달되었다. 여기에 정서가 교육에서 차지하는 중요성을 인식할 때 기독교 교육학은 인간의 정서적 측면과 그것과 신앙의 관계 그리고 발달과의 관계에 대한 연구에 관심을 가져야 할 것이다. 예술과 발달에 관한 거시적 논의 외에 구체적 단계에서의 논의 역시 필요하다. 예를 들어, 예술은 미를 창조하거나 감상하는 행위라 할 수 있는데, 여기서 '미'라는 개념만 하더라도 학습자의 발달단계에 따라, '미', '아름답다', '예쁘다' 등으로 정의되거나 이해될 수 있을 것이기 때문이다.

---

38 이홍우, "예술과 교육", 16. 듀이 역시 그 같은 주장을 한다. 듀이(John Dewey)에 의하면 감정에 대응하는 미적 경험과 이성에 대응하는 지적 경험은 별개가 아니다. 예술가는 자신의 예술 활동을 의식적으로 파악하며 이는 질적 사고의 하나라는 것이다. John Dewey, *Art as Experience*, 윤형재 역, 『예술론』 (서울: 샤론, 1986), 34. 교육에서 이성과 감성을 통전적으로 보아야 한다는 주장에 대해서는 다음도 참조. James A. Beane, *Affect in the Curriculum* (New York: Teacher's College Press, 1990); Jo Milgrom, "The Tree of Light Springs from the Threshold," Doug Adams and Diane Apostolos-Cappadona, eds., *Art as Religious Studies* (New York: Crossroads, 1987).

3. 성화와 사진: 교육에서 예술 사용의 예

헤겔의 개별예술에서 언급된 회화, 음악, 시문학 등뿐만 아니라, 영화예술,[39] 그리고 최근에 각광받고 있는 뮤지컬과 같은 공연예술 등 교회교육의 현장에서 더욱 다양하고 빈번한 예술적 교육 활동을 통해 신앙의 한 요소인 정서적 신뢰[40] 형성에 기여해야 할 것이다. 그래야 할 이유를 성화와 사진을 통해서 생각해 보자. 성화는 예술과 성서가 만나는 접점이라 할 수 있다. 성화는 단지 성서 내용의 보조 자료로 사용되는 그 이상이다.[41] 성화는 그 자체로 정서를 자극하여 감동을 준다.[42] 그뿐 아니라 성화가 묘사하는 성서의 내용을 새로운

---

39 특히 타르콥스키(Andrey A. Tarkovsky)의 영화들은 하나의 영상적 사유 또는 명상이라 할 수 있을 정도로 기독교적 주제 의식이 투철하다. 그는 예술을 종교, 철학과 더불어 무한성을 파악하는 세계의 기둥으로 보았다. Andrei A. Tarkovskii, *Martyrolog*, 김창우 역, 『타르코프스키의 순교일기: 한 위대한 영화감독의 구도의 삶과 영화예술론』(서울: 두레, 1997), 1970년 9월 5일자. 그리고 민병록, "안드레이 타르코프스키의 기독교 정신과 물의 의미 연구", 「영화연구」 14 (한국영화학회, 1998), 87-106; 김용규, 『타르코프스키는 이렇게 말했다. 영화관 옆 철학 카페·타르코프스키 편』(서울: 이론과실천, 2004)도 참조.

40 John H. Westerhoff III, *Bringing up Children in the Christian Faith* (Minneapolis: Winston Press, 1980), 19-20; Thomas H. Groome, *Christian Religious Education,: Sharing Our Story and Vision* (San Francisco: Harper & Row, 1980), 57.

41 손호현, "그림은 '빈자(貧者)의 성서'(biblia pauperum)인가?", 『기독교교육정보』 14 (2006), 283-311.

42 이는 하나의 '미적 경험'이라 할 수 있다. 미적 경험은 미학에서 미의 본질 이후에 대두한 것으로, 이에 대해서는 대표적으로 세 가지 입장이 있다. 첫째, 칸트(I. Kant)의 무관심성 이론이다. 이는 실용적인 목적이나 관심을 떠나 대상 그 자체를 목적으로 그 자체에만 관심을 갖는 것을 말한다. 둘째, 프로이트(S. Freud)의 욕망 만족이론은 예술 창조를 억압되어 있던 성적 에너지의 공적 표현 행위로 보면서, 감상을 충족되지 않은 에너지의 상상적 만족 행위로 보는 것이다. 셋째, 듀이(Jhon Dewey)의 예술 경험론이다. 이는 삶과 예술, 표현의 주제와 형식, 사고와 감정의 종합을 꾀하는 이론이다. 전성수, "듀이 예술론이 미술교육에 미친 영향에 대한 비판적 연구", 「미술교육논총」 1 (한국미술교육학회, 1992), 22.

미켈란젤로, 〈아담의 창조〉, 1508~1512, 프레스코, 2.8×5.7m, 로마, 바티칸 시스틴성당

각도에서 해석함으로써 성서해석을 풍요롭게 한다. 성화의 작가들은 그 나름대로 하나의 성서해석자이다. 그들은 자신의 관점에서 성서를 해석한다. 그래서 그들은 헤겔적 의미에서 자신의 이념을 질료를 통해 표현할 수 있는 진정한 예술가들이다. 우리가 잘 아는 미켈란젤로(Buonarroti Michelangelo)의 〈아담의 창조〉(The Creation of Adam)는 하나님께서 아담의 코에 생령을 불어넣는 방식이 아닌 손가락과 손가락의 접촉에 의해 일어난다. 이는 당시 르네상스(Renaissance)의 인간 중심적 사고가 반영된 것이다.

> 하나님은 무섭고 두려운 전지전능한 절대자가 아니며 인간 역시 그분 앞에서 무서워 떨며 용서를 갈구하는 미천하고 비굴한 존재가 아니다. 〈아담의 창조〉에서 하나님은 구름을 타고 날아와 손가락 끝으로 아담에게 영혼을 불어넣으며 강렬하면서도 온화하고 부드러운 눈빛으로 아담을 따스하게 응시하고, 아담은 순응과 복종, 신뢰와 믿음의 눈길로 응답한다.[43]

---

43 김현화, 『성서 미술을 만나다』(서울: 한길사, 2008), 44. 그 밖의 교육에 이용할 수 있는 여러 성화들에 대한 소개는 고종희, 『명화로 읽는 성서: 성과 속을 넘나든 화가들』 아르테마 6 (서울: 한길아트, 2000) 참조.

성화에서 새롭게 해석된 성서는 어찌 보면 그와 같은 해석된 형태(성화) 안에서의 진리(이념 또는 하나님)와 해석자(화가)의 만남이라 할 수 있으며, 그 성화를 보는 감상자(학습자)는 또 다른 해석자가 되고 성서의 의미는 중첩되어 새로운 의미로 탄생된다. 따라서 일견 단순해 보이는 성화 감상은 성서의 의미를 증폭시키는 계기가 된다.

　　이콘(Icon)의 경우는 어떤가.[44] "중세 이후 서유럽에서는 이성과 논리 중심의 철학이 발전하면서 이콘이 배척당한다. 원래 이콘은 단순히 신과 성자의 모습을 그린 교회의 장식물이 아니라 전례 도구, 즉 그림을 통해 신과 감성적으로 접촉하는 매개물이었다"[45] 이덕형은 이콘의 종교예술적 의미를 다음과 같이 말한다.

　　이콘의 역사를 거슬러 올라가면 부정신학이라고 불렸던 그리스 교부철학
　　이 미셸 푸코, 질 들뢰즈, 장 뤽 마리옹 등 현대철학자들의 주장과 비슷한
　　걸 알게 됩니다. 초월자를 언어라는 테두리에 가둘 수 없으며 침묵과 관조,

---

44 이콘은 '모방하다'라는 의미를 지닌 고대 그리스어 동사 '에이콘'에서 유래한 말로 종교, 신화 및 그 밖의 관념체계 상 어떤 특정한 의의를 지니는 유형화된 미술양식을 뜻하기도 한다. 이콘은 비잔티움 세계에서 예술가의 창의적 상상력에 의한 예술품이 아니라 그리스도의 성육신을 증거하는 정교회의 가장 소중한 전례물로 여겨진다. 이콘은 인간과 자연세계에 대한 신적 침입의 현실이다(Philip Sherrard, *The Sacred in Life and in Art*[Ipswich, UK: Golgonooza Press. 1990], 74). "… 이콘의 성스러운 이미지는 교회 건축의 상징적 구조와 맞물리면서 교회 내부의 공간 속에서 위계적으로 배치될 때 그리고 교회 내부에 위치하는 기도-관찰자가 천상의 세계를 관조하고 여기에 동참할 수 있는 심리적인 연합을 체험하게 될 때, 천상 예루살렘의 음악인 성가의 화음과 공감각을 이루며 비로소 그 의미가 종합적으로 드러나는 심미적 인식의 도구이자 종교적 전례물이라고 말할 수 있다" 이덕형, 『이콘과 아방가르드』(서울: 생각의나무, 2008), 163-164. 이콘의 정의, 기능 그리고 제한 등에 대해서는 Anton C. Vrame, "'Never as Gods': Lessons from a Millennium of Icons", *Religious Education* 98:1(Winter 2003), 108-123 참조.
45 한윤정, "이콘은 神과 감성접촉, 2000년史 뒤졌다", <경향신문> (2009.1.9.).

이콘과 모자이크 같은 '빛의 예술'을 통해 존재와 하나가 될 수 있다고 생각한 부정신학은 들뢰즈의 '감각의 논리'와도 통하지요.[46]

한편 성화나 이콘이 신과 만나는 장('초월의 형상화된 현전')이라고 한다면, 성화에 나타난 예술의 본질이라고 할 수 있는 미는 신적인 성격을 띤다. 실러가 바로 그런 입장인데, 그에게 미는 존재와 상태가 구분되지 않는 신적 속성을 지닌 것이다.[47] 이것이 하나님과 학습자의 만남을 추구하는 기독교교육에서 예술을 중시해야 할 이유다.

사진 역시 마찬가지이다. 사진은 단순한 피사체의 인화 현상이 아니다. 사진을 찍는 행위에는 찍는 사람의 피사체 선택이라는 견해와 피사체와의 만남을 통한 낯설게 보기가 작용한다. 피사체에는 자연만이 아니라 인간 삶의 다양한 모습들이 포함될 수 있을 것이다. 이것들이 프레임화된(framed) 사진에 담기게 될 때 프레임이 없는 풍경을 보던 시각과는 이질적으로 보일 것이다.[48] 우리는 사진기의

안드레이 류블레프, 〈삼위일체〉, 1411 또는 1425–27, 템페라, 142×114cm, 모스크바, 트레챠코프 미술관

---

46 *Ibid*. 들뢰즈(Gilles Deleuze)에 대해서는 *Logique de la sensation*, 하태완 역, 『감각의 논리』(서울: 민음사, 1990) 참조.

47 Friedrich Schiller, *Über die Ästhetische Erziehung des Menschen in einer Reihe von Briefen*, 안인희 역, 『인간의 미적 교육에 관한 편지』(서울: 청하, 1995).

48 이는 기독교교육학의 경우도 마찬가지일 것이다. 어떤 프레임 안에 교육 현상을 포착하느냐에 따라 상이한 기독교교육학의 형태가 나타날 것이다. 예를 들어,

렌즈를 통해 일상적으로 보던 것을 새롭게 보게 된다. 피사체와 새롭게 만나는 순간은 단지 시각적 작용에 그치는 것이 아니라 기존의 인식을 변화시킨다. 그러면 사진 찍기 행위는 하나의 교육 행위가 된다. 이 같은 사진의 인식과 변화 기능은 그 실용성과 합쳐지면서 교육 활동에 큰 가능성을 가진 매개로 활용될 수 있다. 학습자들의 대부분은 적어도 핸드폰에 장착된 사진 촬영 기능을 통해 언제 어디서라도 자신이 원하는 대상을 촬영할 수 있다. 만일 무엇을 찍을 것인가 하는 문제에 대한 약간의 지도만 있더라도 사진은 진리와 만날 수 있는 예술적 행위가 될 수 있을 것이다.

교육에서의 이 같은 사진 찍기 행위는 기존의 전통적인 사진과는 다르다. 이제까지 사진은 그것이 현실을 드러내느냐, 아니면 찍힌 피사체가 새로운 의미로 해석될 수 있느냐 하는 리얼리티와 의미의 문제에 집중되었다. 그러나 교육에서의 사진은 '찍기'라는 행위에 초점을 맞춤으로써 오히려 최근의 포스트모더니즘적 사진 만들기와 유사하다. 리얼리즘이 쇠퇴한 현재의 사진 마당에서 사진의 리얼리티, 복제성, 재현성은 부정되고, 연출, 구성, 콜라주, 컬러링 등을 통해 표현 매체로 거듭나고 있다.[49] 교육에서 사진 찍기는 이미 이 같은 맥락에서 있다고 할 수 있다. 학습자는 자신의 마음을 표현하기 위해 또는 자신의 생각을 나타내기 위해 사진을 찍을 수 있다. 그는 사진을 찍으면서 자신의 이념을 확인하며 그것이 사진에서 어떻게 예술적으로 나타나는지를 확인할 수 있는 것이다.

Richard R. Osmer, *The Teaching Ministry of Congregations*, 장신근 역,『교육목회의 새로운 패러다임』(서울: 대한기독교서회, 2007), 137-150.

49 남택운, "예술사진의 기호학적 연구",「한국콘텐츠학회 2003 춘계 종합학술대회 논문집」1:1 (2003.5), 124-125.

IV. 나가는 글

헤겔의 예술 형식에 대한 이제까지의 내용을 요약하면 다음과 같다.

상징적 예술: 고대 이집트. 정신 〈 물질.
절대자를 표현하지 못하고 상징으로 처리함. 정신이 물질을 통해
제대로 드러나지 못함.

고전적 예술: 고대 그리스. 정신 = 물질.
신화에 등장하는 절대자격인 신이 조각으로 형상화. 정신과 물질
이 일치됨.

낭만적 예술: 헤겔 당대. 정신 〉 물질.
객관적 측면에서 더욱 주관적 측면에서 완벽한 형상화를 위한 노
력. 물질보다 정신이 우위에 있음.

이상의 내용은 신관과 개별 예술 항목을 포함시켜 정리하면 다음
과 같이 도식화할 수 있을 것이다.

〈표 1〉 예술의 발전 관련 비교표

	상징적 예술형식 ≫	고전적 예술형식 ≫	낭만적 예술형식
시대	이집트 ≫	그리스 ≫	기독교 이후
신관	범신론 ≫	다신론 ≫	유일신론
개별예술	건축 ≫	조각 ≫	회화 ≫ 음악 ≫ 시문학

이 같은 헤겔의 미학이론으로부터 기독교교육이 배울 수 있는 것은 헤겔이 말하는 진리로서 이념을 어떻게 교육적 활동과 학문에서 드러내느냐 하는 것이다. 또 교육 현장에서 지식교육에 밀려 소외된 정서적 교육을 어떻게 예술이란 매개를 통해 이루어갈 수 있느냐 하는 방책이라 할 수 있을 것이다. 기독교교육에서 예술이 의미하는 바가 무엇이며, 또 예술을 어떻게 사용할 수 있는지 성화와 사진의 예를 통하여 제시하였다. 전통적인 지식 위주의 교육에 정서적 예술교육이 가세될 때 기독교교육은 전인적 모습을 갖출 수 있을 것이다. 경험은 과학적으로 이루어진 통찰에 의해서 지도되고, 예술에 의해서 명백해지며, 교육을 통해서 자신의 소유가 된다.[50]

기독교교육학 역시 교육 활동에서의 예술 활용을 넘어서 자신의 이념이라고 할 수 있는 학문적 정체성을 정립하는 일에 신경을 써야 할 것이다. 자신을 가장 잘 드러낼 수 있는 학문적 표현 양식이 무엇인지를 발굴하는 것은 기독교교육학에 맡겨진 엄정한 과제이기 때문이다. 기독교교육을 예술이라는 차원에서 학문적으로 탐구하는 일은 앞으로의 연구과제가 될 것이다.

---

50 John Dewey, et al., "John Dewey's Philosophy of Education," *Art and Education* (Merion, PA: The Barnes Foundation Press, 1947), 9-12. 박봉목, "John Dewey의 예술론", 「교육철학」 5 (1987), 36 재인용.

교육의 장으로서 교육관*

I. 들어가는 글

신촌성결교회는 최근 교육환경 개선을 위한 계획을 짜는 중이다. 이는 신촌성결교회가 금명 간에 건축할 새 본당에 걸맞은 교육 환경을 구성하고자 하는 의도에서 나온 계획이지만 어찌 되었든 이 같은 계기를 통해서 교육 환경이 개선되는 일은 교회의 미래를 담당할 다음 세대의 교육을 보다 효과적으로 할 수 있는 가능성이 열린다는 면에서 바람직한 일이라 아니할 수 없다.

한편으로 신촌성결교회의 교육 환경 개선 작업이 갖는 의미는 한국성결교회의 대표적 교회라고 자부하는 신촌성결교회가 어떤 교육 환경을 구성하느냐는 성결교회 전체 교회의 교육관계자들에게 하나의 상징성을 갖는다는 것이다. 신촌성결교회의 교육 환경 개선이 갖

---

* 이 글의 출처는 "기독교교육과 미학: 헤겔의 예술철학을 중심으로". 「성경과 신학」 50. 2009: 213-248이다.

는 이와 같은 의미는 교육 환경 개선의 성격이 단지 고급스럽고 값비싼 외형상의 설비에 그쳐서는 안 되며, 시공 내용에 대한 교육적 타당성이 설명될 수 있어야 한다.

신촌성결교회의 교육 환경 개선 계획이 갖는 또 다른 의미는 기독교교육학의 차원에서 교육 환경에 대한 연구가 대단히 희소하다는 면에서 이 영역의 이론에 일정 부분 기여할 수 있다는 점이다. 기독교교육학에서 교육 환경에 대한 연구의 부족은 교육 환경이 갖는 여러 측면들, 즉 건축과 디자인 분야 등이 서로 교차하면서 기독교교육학자들로서는 생소하게 여겨지기 때문으로 생각된다. 그렇지만 교육 환경이 교육에 여러 면에서 영향을 준다고 볼 때[1] 기독교교육학은 교육 환경에 대한 연구를 피해갈 수 없다.

신촌성결교회의 교육 환경 개선 계획에 대한 이 연구는 기본적으로는 구체성을 지향하지만 필요에 따라서는 원론적인 언급을 한다. 왜냐면 어떤 시공이 이루어진다면 즉흥적으로 생각 없이 이루어져서는 안 되기 때문이다. 그래서 '교육 환경'이라는 주제가 갖는 특성상 구체적 현실성과 원론은 둘이라고 보기 어렵다. 그러나 이 말이 어떤 건물의 건축이나 재건축의 경우에도 해당된다고 보면 문제가 되는 것은 이론과 실제라는 내용의 방향이다. 교육 환경의 경우, 이 같은 방향 잡이의 역할을 해야 하는 것은 '교육'이다. 보기에 아무리 매력

---

1 T. V. Savage, *Teaching Self-Control through Management and Discipline* (Boston: Allyn and Bacon, 1999); S. C. Stewart and W. H. Evans, "Setting the Stage for Success: Assessing the Instructional Environment," Preventing School Failure 41:2 (1997), 53-56; C. S. Weinstein, "Designing the Instructional Environment: Focus on Seating" (Bloomington, IN: Proceedings of Selected Research and Development Presentations at the Convention of the Association for Educational Communications and Technology, 1992). ERIC Document Reproduction Service No. ED 348 039 (Weinstein, 1992).

적인 교육 환경이라 하더라도 교육적 고려가 전혀 되어 있지 않다면 그와 같은 교육 환경은 교육을 증진시키기보다는 오히려 방해하게 될 것이다. 그러므로 교육 환경의 개선은 건축이나 디자인의 원칙에 맞아야 하지만 그것이 교육적이냐를 물음으로써 긴장을 유지하는 가운데 이루어져야 한다는 것이다.

교육환경 구성의 영역은 건물로부터 학급환경에까지 그 범위가 넓다. 이 글에서는 그것들에 대해 밖에서부터 안으로 들어가는 순서로, 즉 교육환경의 기본을 이루는 건물과 학급 그리고 그것을 구성하는 요소들에 대해 가장 효과적일 것으로 예상되는 내용들을 차례대로 구체적으로 제안할 것이다.

II. 교육관의 외관: 신축 본당과의 조화

1. 리모델링의 목적

신촌성결교회는 본당을 신축하면서 기존의 교육관을 리모델링하기로 했다. 리모델링은 기존의 '낡고' '불편한' 건축물을 증축, 개축, 대수선 등을 통하여 건축물의 기능향상 및 수명연장을 꾀하는 행위이다. 낡은 건물의 수선이라는 말에서 우리는 리모델링이 현대적 유행을 따르는 방향으로 나아가고, 편리하고 안락한 공간을 만들려 함을 예측할 수 있다. 따라서 리모델링은 건물의 외양뿐만 아니라 내부의 수선을 포함하는 공사라고 할 수 있다.

리모델링은 상업공간과 주거공간에 행해지는데, 상업공간에 대

신촌성결교회 전경

한 리모델링은 부동산 가치를 높이기 위한 목적이 있지만 교회 건물의 경우에는 아무래도 종교적인 상징을 통해 정신적인 가치를 고양하는 방향으로 시도되어야 할 것이다. 주거공간에 대한 리모델링은 주로 변화된 생활문화 욕구를 충족시키는 효율적인 공간 확보와 생활 동선의 편의를 위해 행해진다. 교회의 경우 역시 내부 공간의 리모델링에서 주의를 기울여야 할 부분은 공간 확보의 극대화와 동선의 개선일 것이다.

2. 건물의 조화

신촌성결교회가 새로운 본당을 세우려 하다 보니 자연히 기존의 두 건물, 즉 현재의 본당과 교육관과의 조화와 균형이 문제가 되었다. 그리고 보면 새 본당의 건축은 기존의 것과는 아무 상관이 없는 별개의 일이 아니라 기존의 본당과 교육관과 얽힌 문제임을 알 수 있다. 이 말은 교육 환경의 개선을 위한 교육관의 리모델링 역시 기존의 본당과 얽혀 있다는 점을 기억해야 한다는 것이다.

기본적으로 세 건물의 관계는 조화와 균형을 드러내야 할 것이다.

조화는 서로 잘 어울리는 것을 말한다. 세 건물이 서로 무관한 건물이 아니면서도 어울린다는 느낌을 주기 위한 확실한 방안은 건물들 간의 연결이다. 2006년 서울시청 첫 설계는 태극을 상징하면서 기존 시청과 새 시청을 연결하는 식으로 되어 있다. 기존의 본당까지는 어렵겠지만 교육관과 신축 본당을 지하가 아닌, 지상의 통로가 허용된다면, 상층부에서의 연결도 생각해 볼 수 있다. 연결이 반드시 건물형태일 필요는 없다. 이때 공사비용 등 여러 조건이 제한을 받는다면 일종의 설치 미술적 성격의 연결도 가능할 것이다.

균형은 어느 한쪽으로 기울거나 치우치지 아니하고 고른 상태를 말한다. 신촌성결교회는 기존 본당, 교육관 그리고 신축 본당의 세건물이 특정 건물에 치우치지 않고 동일한 비중을 유지하기는 어렵다. 아무래도 신축 본당을 중심으로 한 균형이 이루어질 수밖에 없을 것이다. 그렇다면 최근 발표된 서울시청의 설계에서 볼 수 있듯이 유리로 된 새 시청이 석조로 된 옛 시청을 감싸면서 배경을 이루는 방식이 좋을 듯하다.

그러나 이것도 저것도 다 어렵다면 최소한 건물 외벽의 재료와 색채 정도는 고려되어야 할 것이다. 가능하면 신축 본당과 비슷한 질감이나 느낌을 주는 벽면 재료와 전체적으로 일련의 건물임을 알려주는 동일한 색채로 건물들의 외벽을 처리하여 세 건물 간의 이질감을 극복하면서 조화와 균형을 보여주는 것이 좋다.

한편 교육관은 다른 두 건물과 조화와 균형을 유지하면서 약간의 동화적인 분위기를 낼 수 있는 타일을 이용한 꾸미기도 생각해 볼 수있다. 전체적으로 하기에 시각적으로 부담을 준다고 생각되면 교육관 전면 벽의 왼편이나 오른편 일부에만 시공할 수도 있을 것이다.

3. 마당

교육관의 앞마당은 신자나 시민들이 작은 여유를 찾을 수 있는 공간으로 꾸밀 수 있다. 일반적으로 공공성을 띠는 건물의 공간은 문화공간, 휴식공간 그리고 관광공간으로 꾸며진다. 신촌성결교회의 경우 교육관 앞마당에 신축 본당이 세워진다면 자연스럽게 아담하고 포근한 공간이 형성될 수 있을 텐데 특별히 교회 앞을 지나는 도로와의 연계에 신경 쓴다면 시민과 신자를 위한 훌륭한 휴식공간이 될 수 있을 것이다.

휴식공간이 그 역할과 기능을 배가하기 위해서는 문화적 요소가 가미될 필요가 있다. 옥외공간에서 가장 손쉬운 문화적 요소의 부가는 조각일 것이다. 조각 한 점에 따라 그 공간이 주는 느낌은 가격으로 따지기 어렵다. 조각이 있는 공간에 기능성과 견고성을 갖춘 예술적인 벤치들이 놓인다면 그 자체로 명소가 될 수도 있다. 여기에 한 가지 덧붙인다면 예술성이 있는 가로등을 두 개 정도 설치한다면 대단한 운치가 있을 것으로 생각한다. 교육관 앞마당이라는 공간을 이렇게만 꾸민다면 공적 성격의 공간이 가질 수 있는 휴식, 문화 그리고 관광성을 동시에 담보할 수 있을 것이다.

III. 교육관 내부 공간

1. 예배 공간

교육관 내부의 주요 공간들은 통상 예배실이라고 하는 넓은 공간과 교육 공간 그리고 활동 공간으로 나눌 수 있을 것이다. 여기에 화장실, 복도 등의 공간이 추가된다. 예배실은 흔히 부서실로 알려져 있는데, 이제까지는 예배를 포함한 대부분의 활동이 이 공간에서 이루어진다. 현재 신촌성결교회의 경우 교육담당자들에 따르면 대부분의 부서가 공간 부족으로 어려움을 겪고 있다고 호소한다.

그럼 예배실과 같은 공간은 어느 정도 크기여야 하나. 일반적으로 초등학생 1인의 공간 점유면적은 1.4~1.9㎡으로 평균 1.6㎡ 정도이다.[2] 유년1부의 평균 출석 인원을 80여 명으로 계산한다면 필요한 예배실의 크기는 1.6×80=128㎡이다. 이것을 평으로 계산하면 128/3.3=39평이다. 현재 130여 명으로 학생이 가장 많이 출석하고 있는 유년2부의 경우 총 필요 점유면적은 1.6×130=208㎡이다. 이를 평으로 계산하면 63평이 된다. 따라서 교육관 3층 54평을 예배실로 사용하고 있는 유년2부의 경우 그 공간은 협소하다 할 것이다.

교육관에 위치한 다른 부서의 경우도 함께 표로 보면 그 상태는 다음과 같다.

---

2 이종석, 『건축계획』(서울: 한솔아카데미, 2008).

<표 2> 부서 예배 공간 비교

부서	현 출석 인원 (예상 인원) A명	필요면적 (A×1.6)m²	현 면적(m²/평)	위치
유년1부	77명 (100명)	123.2m² (160m²)	178.5132m² (54평)	교육관 3층
유년2부	126명 (160명)	201.6m² (256m²)		
초등1부	94명 (120명)	150.4m² (192m²)	152.0668m² (46평)	교육관 4층
초등2부	99명 (130명)	158.4m² (208m²)		
고등부	95명 (120명)	152m² (192m²)	175.2074m² (53평)	교육관 5층

이로 볼 때 유년1부와 고등부는 공간에 다소 여유가 있으며, 초등1부와 초등2부는 한계 상태이고 유년2부는 부족한 상태이다. 하지만 앞으로 각 부서의 성장을 25%로 잡는다면3 전체적으로 더 넓은 예배 공간이 필요하다.

한편 다른 건물을 사용하고 있는 유아부, 유치부(선교관 1층), 중등부 등의

---

3 교육부서 교역자들의 예상으로 현재 출석 장년 3,000명, 교회학교 750명의 경우가 본당을 신축한 후에 장년부 5,000명이 될 경우 교회학교 인원을 1,000명으로 생각하고 있다.

모든 교육부서를 교육관으로 이전할 경우 식당과 성가대 등이 사용하고 있는 교육관 1층과 2층을 이용해야 할 것이다.

2. 부대 시설

1) 도서실

교육관에는 예배 공간 외에 도서실과 친교실 등의 부속 시설을 둘 수 있을 것이다. 첫째, 도서실의 경우이다. 전통적으로 "도서실"이라 불리는 이 공간은 사실 서지 문헌 형태의 책만을 다루지 않는다. 비디오 테이프, CD 형태 등의 자료를 함께 다루기 때문에 최근에는 "문헌정보실" 등의 이름으로도 불린다. 그러나 역시 중심이 되는 것은 책 형태의 도서일 것이다.

도서실은 분명한 의도를 가지고 운영되어야 한다. 예를 들어 아무 의도나 목적이 없다면 도서실 자료의 중심이 되는 도서의 경우에도 일반적으로 다양한 주제에 대해 넓게 수집될 가능성이 높다. 유익하다고 여겨지는 일반 서적과 기독교 서적이 수집될 가능성이 높은데 그런 책들에 대하여 구태여 교회 도서실을 이용할 필요는 없을 것이다. 학교의 도서관이나 공립으로 운영되는 도서관이 다양한 주제의 장서를 확보하고 있기 때문이다. 기독교 서적의 경우에도 대부분 특정 출판사의 책에 한정되어 있고 유행을 따르는 경향도 보인다. 따라서 이 같은 형태의 자료 수집은 어느 도서실이나 할 수 있는 것이고 그래서 특정한 용도를 위한 효용 가치가 낮기에 특별한 의미를 갖지 못한다.

따라서 신촌성결교회가 도서를 수집할 경우, 어떤 종류의 도서를 수집할 것인지 정해야 한다. 예를 들어 4중 복음이라든가, 성결이라든가, 신도 등과 관련된 특정 주제 도서의 수집은 이미 그 분야의 권위 있는 도서관으로 인정받을 가능성이 높다. 또한 도서실의 비품은 자료의 성격에 맞추어 파일 식의 가구를 마련해야 할 것이다.

또한 도서실의 어느 기능에 중점을 두느냐에 따라 도서실 공간의 크기가 달라진다. 열람실을 포함하려면 도서실의 공간은 상대적으로 커야 한다. 그러나 학교나 공립 등 대부분 도서관의 열람실은 공부방으로 이용되고 있다. 그곳에서 도서관에서 대출한 책을 읽는 경우는 거의 드물다. 그런 까닭에 신촌성결교회 도서실의 기능은 대출이 어려운 자료들을 열람할 수 있는 참고열람실은 갖추되 대출에 비중을 두는 편이 공간 절약에 도움이 될 것이다.

신촌성결교회의 도서실은 더욱 적극적 활동을 하는 도서실로 키우면 좋겠다. 즉 정간지를 통한 읽을거리에 대한 정기적인 안내와 리뷰 등을 제공할 경우 신자들의 지적 향상에 도움이 될 것이다. 또 각 부서의 시상 용품으로 적당한 도서를 소개할 수도 있을 것이며, 저자 초청 강의 등도 개최할 수 있을 것이다.

도서실의 바닥은 카펫이 적절할 것 같다. 사람이 이동하거나 의자를 움직여도 소리가 적고 많은 사람이 이용하지 않기 때문에 관리에도 큰 문제가 없을 것이다. 벽에는 신촌성결교회의 역사를 담은 사진 등이 들어있는 액자를 걸 수 있을 것이다. 그런 맥락에서 도서실은 신촌성결교회의 역사관 역할도 감당하도록 해야 한다. 자료 수집이 한군데로 일원화되면 아무래도 자료 상실을 막을 수 있을 것이다.

2) 친교실

 교회의 사명을 구태여 거론하지 않더라도 신앙공동체의 친교는
인간의 본성에 속하는 것으로 필수적이다. 친교실이 갖추어야 할 조
건에는 첫째, 접근이 쉬워야 한다. 너무 외진 곳에 있어서 찾기가 어
렵다거나 일부러 찾아가고 싶지는 않은 곳이어서는 안 된다. 신촌성
결교회의 경우 친교실을 지하에 마련한다고 해도 접근이 쉽도록 통
로를 개선해야 하고 조명을 밝게 해야 할 것이다. 교실이나 사무실에
서와 같이 공간 전체를 균등한 밝기로 하는 균일조명 방식이 좋다.
조명도는 교실 조명 기준치인 300룩스(Lux) 내외이어야 한다.
 둘째, 교육관의 친교실은 다용도실 개념으로 운영되어야 할 것 같
다. 사실 "친교실"이라는 말 자체가 새롭다. 한편으로 교회에 "친교
실"이라는 공간까지 있다는 것은 대단한 여유라고 생각한다. 그러나
친교실을 말 그대로 친교만 나누는 장소로 사용하기에는 너무 아깝
다. 다른 공간 역시 필요하기 때문이다.
 친교실에서 할 수 있는 활동에는 우선적으로 학습자, 교사들의 만
남의 장소로 이용될 수 있고, 학습자, 부모 등의 상담 장소로 활용될
수 있을 것이다. 또한 비디오 시청이나 미니 공연이나 전시를 위한
공간으로 사용될 수도 있다. 또한 평일에 부서실이 개방되지 않을 시
에는 친교실 공간을 이용해 교회 일을 할 수도 있어야 한다.
 이와 같은 용도로 사용하기 위해서 친교실에 갖추어야 할 것들은
음료와 다과를 나눌 수 있는 테이블, 미니 공연을 위한 무대 그리고
한 켠에서의 작업을 위한 가림막 등이 준비되어야 한다. 다과는 아이
들이 좋아하는 인스턴트 식품은 가능하면 피한다. 무대는 높일 수도

있지만 필요한 경우에만 사용하기 때문에 바닥과 같은 높이로 유지한다. 무대로 이용할 벽면 쪽에는 대형 모니터 화면을 설치하면 여러 가지 용도로 사용할 수 있을 것이다.

3. 복도

복도의 폭은 중복도인 경우 2.4m 이상, 편복도인 경우에는 1.8m 이상이 되어야 한다.[4] 일반적으로 복도는 통행을 위한 용도로만 사용한다. 그래서인지 크게 신경을 쓰지 않아 회색 인조대리석으로 시공하는 경우가 많이 있는데, 교육적으로나 안전상으로도 별로 권장할 만하지 못하다. 복도에 약간의 개선을 하고자 한다면 데코타일을 이용하는 방법이 있다. 안전하게 여겨지는 나무 타일이나 카펫도 있으나, 나무 타일은 타일 간 틈새가 있어서 청결에 문제가 있으며, 카펫의 경우 역시 관리가 힘들다. 더구나 복도에서는 대부분 신발을 신고 다니기 때문에 위생적으로 적절치 않다.

그러나 교육관이라는 건물의 특수성을 상기하면서 교육을 염두에 둔다면 교육적 내용을 포함시킬 수 있을 것이다. 예를 들어, 부서별로 강조해야 할 핵심적인 성경의 내용이나 교훈을 그림이나 글씨 등으로 복도 바닥에 담을 때는 항시 복도를 이용해야 하는 학습자들에게 무의식적으로 각인시키는 큰 교육적 효과를 볼 수 있을 것이다. 그 방법에는 타일을 이용한 모자이크 방법을 사용할 수 있을 것이다. 이 두 방법은 모두 시공에 오랜 시간이 걸린다. 그러나 초등부 이상이라면 학습자들과 함께 작업을 할 수 있겠다. 그럴 경우 학습자들과

---

4 이종석, 『건축계획』.

어떤 내용을 표현할 것인지 등을 함께 의논할 수 있을 것이다. 학습자들은 이 같은 과정을 거친 복도 바닥을 자신의 의견과 노력이 들어간 까닭에 그 공간을 더욱 아끼고 나아가 교회 사랑으로 이어질 수 있을 것이다. 유의할 점은 그림을 담을 경우 그 내용은 세 가지 이상이 되지 않도록 한다. 그 이상이면 복잡해서 혼란스러울 수 있기 때문이다.

그러나 영구적인 타일이나 모자이크가 지루한 감을 줄 것이라고 생각한다면 다양한 소재를 이용해서 그날의 설교나 성경공부와 연결된 내용을 표현할 수도 있을 것이다. 표현 내용은 그날의 성경공부 도입과 관련된 내용이 적절해 보인다. 전개나 정리 단계의 내용은 그 때까지 시간이 지난 까닭에 학습자가 기억하지 못할 경우도 있을 것이기 때문이다.

4. 벽

교육관의 복도와 계단을 이루는 벽은 면적은 넓으나 적절하게 활용되지 않고 있다. 일반적으로는 게시판이나 그림 액자 정도를 거는 공간으로 이용되고 있다. 그러나 그 벽이 교육관의 경우라면 보다 교육적으로 계획적으로 운용되어야 한다.

신촌성결교회의 복도 좌우편의 벽은 다른 공간의 출입문 등으로 충분한 이용이 어렵다. 다만 계단을 이루는 한 면과 계단에서 보이는 벽면이 이용 가능하다. 이 공간은 상당히 넓은 면적을 차지하고 있으나 비어있는 상태로 이용되지 않고 있다.

이 계단과 관련된 벽면에 벽화를 그려보면 어떨까. 만약에 유치부부터 고등부까지 교육관의 1층부터 5층을 차례대로 사용하게 된다면 1층부터 5층까지의 벽화의 내용은 해당 부서의 교육목표에 맞는 내용으로 하되 그 내용이 단계적으로 차례로 발전해 나가는 성격으로 꾸밀 수 있다. 그럴 때, 학습자와 교육자 모두 자신의 발달단계에서의 성취도 등을 인지하는 기회를 갖게 되면서 그 목표를 이루도록 노력하게 될 가능성이 커질 것으로 생각된다. 아니면 벽화의 내용은 천지창조로부터 예수의 재림에 이르는 구속사적 흐름을 그리는 방법도 있다. 실제로 천지창조는 유치부에 어울리며 예수의 재림 등의 사건은 고등부 학생들의 역사관 형성에 도움이 된다.

복도와 벽을 전술한 바와 같이 처리할 시에는 복도와 벽은 단순한 통행 등의 기능으로부터 벗어나 부서별로 가장 기본적인 교육을 할 수 있는 공간으로 변화될 수 있을 것이다. 그러나 여의치 않을 때는 교육관이라는 점을 고려해 과감하게 밝은색으로 도색해줌으로써 어두워 보이는 현재의 상태를 개선할 수 있을 것이다.

IV. 학급 환경

1. 학급환경의 조건

학습자들이 예배를 드리고 성경공부를 하는 학급 환경은 교육관에서 가장 중요한 공간이다. 학급은 학습자의 지적, 사회적, 정서적 요구가 교류되는 공간이다. 이 학습 환경만 바꾸어주더라도 학습자의 문제 일부는 해결할 수 있을 것이다. 최근의 연구에 따르면 물리적 환경은 교사와 학습자 모두의 행동에 영향을 끼치는 것으로 나타났다. 또 잘 짜인 학습공간은 학습자의 학습과 행동 성취를 증진시킨다.5 교육 공간이 잘 되어 있다면 교육자와 학습자는 불필요한 제한을 받지 않고 교육을 시행할 수 있으며 학습의 효과는 증대될 것이다. 학급환경은 다양한 활동과 교사의 교수 목표를 충족시키도록 조직되어야 한다.6

일반적으로 학급 환경 계획의 기준은 다음과 같은 기능을 충족시키면 좋다. 무엇보다 기능적이어야 한다. 그리고 안전하고 청결하며, 편안하고 멋이 있어야 한다. 여기에 적절한 조명과 온도를 전제로 교사와 학생이 서로 볼 수 있는 능력을 최대화하는 법, 교실 활동을 순조롭게 하는 법, 학생들이 학습에 능동적으로 참여케 하는 것을 막는 산만한 것들을 최소화하기, 학생과 교사에게 개인 공간 허용하기 그리고 학급의 게시물과 사물을 보게 하기 등이 적용되어야 한다.7 이와 같은 내용에서 신촌성결교회의 문제가 될 수 있는 것은 교사와 학습자가 모두 서로를 볼 수 있어야 하는데 부서실마다 그 시선을 가로막고 있는 기둥들이다. 기둥을 피해 앉을 수 없다면 기둥에 모니터가 장착되어야 할 것이다.

교육관이 아무리 멋지게 개선되었더라도 막상 학급 환경이 열악

---

5 D. J. MacAulay, "Classroom Environment: A Literature Review," *Educational Psychology* 10:3 (1990), 239-253; H. M. Walker, G. Colvin, and E. Ramsey, *Antisocial Behavior in School: Strategies and Best Practices* (Pacific Grove, CA: Brooks/Cole Publishing Company, 1995); H. M. Walker and J. E. Walker, *Coping with Noncompliance in the Classroom: A Positive Approach for Teachers* (Austin, TX: Pro-Ed, 1991).

6 Savage, *Teaching Self-Control through Management and Discipline*; Weinstein, "Designing the Instructional Environment: Focus on Seating".

7 Catherine H. Kaser, "Arranging the Physical Environment of the Classroom to Support Teaching/Learning", http://education.odu.edu/esse/research/series/environments.shtml.

하다면 알맹이가 없는 겉껍질에 불과할 것이다. 한국 대부분의 교회처럼 신촌성결교회 역시 예배와 교육이 한 장소에서 이루어진다. 예배와 교육은 분명히 그 성격이 다르기 때문에 서로 다른 공간에서 진행되는 것이 이상적이지만 현실은 그렇지 못하다. 따라서 이 두 가지 기능이 잘 어우러지도록 하는 방안이 필요하다.

2. 물리적 공간

1) 벽

벽을 어떤 색으로 도색하느냐는 중요하다. 색채가 인간의 지적, 정서적으로 영향을 미치기 때문이다. 몇 년 전 어느 TV에 나온 색채 관련 실험내용에 따르면 사람들은 보통 인공적인 밝은 색보다 자연에 가까운 색, 특히 녹색. 나무나 풀잎에 가까운 저채도의 녹색을 볼 때 안정감을 느낀다. 한 초등학교 교실을 선정해 교실 한구석을 나무와 화초로 꾸미고 교실 전체 색을 저채도의 밝은 녹색으로 칠한 후, 이전과 이후 심성검사를 한 결과 어린이들이 색 변화를 준 후에 더 명랑해지고 정서가 안정되었다.

이처럼 식물, 특히 관상식물 재배는 권장할 만하다. 식물은 학습자의 정서 안정에 도움이 될 뿐만 아니라 교육적으로도 여러모로 활용 가치가 높다. 화초 등을 기르는 것은 학급을 따뜻하고 안락한 느낌이 들게 한다. 학습자들은 화초를 돌봄으로써 자연스레 생태교육을 받게 된다.

어린이 부서의 경우 벽은 정서의 발달과 순화를 돕는 노란색, 복숭아색, 분홍색 등의 따뜻한 색이 좋으며, 청소년부의 경우에는 사고를 자극하는 청색 계통의 색이 좋다. 실험에 의하면 노랑은 기쁨을, 빨강은 사랑을, 분홍은 행복을 나타낸다.[8] 또한 어린이 부서별로 어떤 정서를 강조하느냐에 따라 벽의 색을 결정할 수 있을 것이다. 유치나 유아부는 분홍색이나 노란색으로 벽면을 나누어 칠할 수 있고, 유년부는 노란색, 초등부의 경우에는 녹색 계통이 좋을 듯하다. 청소년부는 흰색도 무난하다. 어느 색을 칠하더라도 저채도로 해야 한다.

흰색은 영원을 나타낸다고 한다. 부서의 벽을 노랑, 빨강, 분홍으로 칠했을 때의 문제는 그 색채가 예배와도 맞느냐 하는 것이다. 그러므로 예배를 인도하기 위한 강단 쪽 벽면은 흰색을 칠하는 것이 좋을 듯하다. 벽의 색을 결정하는 데 있어서 검정이나 회색은 불행을 연상시키는 색이므로 절대로 사용하지 않는다.[9]

벽면에 기본적으로 포함되어야 할 것은 게시판이다. 게시판에는 그날의 할 일을 알리고, 학습(작업)한 내용을 게시하고, 결석한 학생에게 전주의 활동 내용을 알리는 내용이 들어있어야 한다. 여기에 학생들의 학습 결과물들을 전시할 수 있는 공간을 더할 수 있다. 그리고 유치부를 제외하고 모든 부서에 성경 지도, 구속사와 대조된 연표, 예수의 일생 등의 내용이 게시되면 자연스럽게 성경 전체의 맥을 잡는 데 크게 도움이 될 것이다.

천정은 벽면과 다른 색을 칠할 수도 있다. 하지만 어둡고 무거운

---

8 다른 차원에서 색채의 정서는 다음과 같다. 사랑받는 컬러, 빨강; 기분 좋은 컬러, 노랑; 주목 받는 컬러, 주황; 평온한 컬러, 녹색; 희망의 컬러, 파랑; 마법의 컬러, 검정. 오수연,『색의 유혹: 색채심리와 컬러마케팅』살림지식총서 132 (서울: 살림출판사, 2004).

9 浜本隆志, 伊藤誠宏 편저,『色彩の魔力: 文化史.美學.心理學的アプ ロ-チ』, 이동민 역,『색채의 마력』(서울: 아트북스, 2007).

색은 중압감을 주기 때문에 피한다. 그러나 최근 실내의 산소를 연소시켜 열을 발생시키는 난방 방식이 산소의 부족으로 두통을 유발하는 등의 문제로 천장형 냉·난방기를 설치하는 경향이 있다. 그러므로 냉·난방기의 색깔도 고려해서 채색을 해야 할 것이다.

2) 창

보통 학급의 채광 및 통풍은 양면에서 하는 것이 원칙이다. 학습에 대한 집중력 감소와 학습 부적응과 같은 문제의 원인 중 하나로서 학급의 조명 환경이 거론될 정도이다. 신촌성결교회의 경우에는 한쪽을 통해서 채광이 된다. 그러므로 특히 조명에 신경을 많이 써야 한다. 조명의 목적은 학급 조명의 개선을 통하여 교사와 학생들에게 쾌적한 명시 환경을 주어 시력보호와 학습효과의 향상을 도모하는데 있다. 조명은 앞에서 언급했듯이 300룩스 이상으로 균일조명을 하되 강단 등에는 필요에 따라 또는 강조할 상징물에 따라 국부조명을 할 수 있다.

창은 학습자들이 있는 공간이 거룩한 공간임을 무의식중에 알릴 수 있는 스테인드글라스(stainedglass) 형식을 따를 수 있다. 스테인드글라스는 그 재료에 따라 가격 차이가 많이 난다. 교육관의 경우에는 가격이 싸고 정통적인 스테인드글라스가 아니어도 교육의 목적상 스테인드글라스의 내용이 중요하다. 스테인드글라스는 그 자체가 거룩, 전통 등을 전하는 상징물이다. 유의할 점은 스테인드글라스를 설치하더라도 창문은 열 수 있어야 하고, 그렇지 않다면 환기 시설이 있어야 한다. 스테인드글라스를 설치한다면 천장의 조명기구는 더

늘어나야 할 것이기 때문에 그것 자체가 하나의 공간 구성을 하게 되는 까닭에 조명기구의 선택과 그 배치에 유의해야 한다.

조명에 문제가 없다면 창에 설치하는 커튼은 유아·유치부 등은 가정적이고 편안한 분위기를 위해 일반 커튼이나 로만 셰이드(roman shade) 형식이 좋다. 어린이부서와 청소년부서는 채광을 위해서라도 블라인드나 버티컬 형식의 커튼이 좋다.

창을 통해서 학급의 실내 온도를 조정할 수 있다. 일반적으로 실내 온도는 보통보다 조금 낮은 것이 좋다. 더우면 졸립고, 부주의하게 되고, 싫증을 느끼게 되어 결국 수업을 망치게 되기 때문이다.

3) 바닥

예배실의 바닥으로 사용할 수 있는 소재에는 현재와 같은 인조대리석, 장판, 나무데코, 라미네이트 마루 또는 복합재 마루라고도 하는 강화마루와 모노륨(monorium), 합성고무 등이 있다. 이 소재들은 각각의 장단점이 있다. 바닥은 연령층마다 다른 소재와 형태를 따라 시공되어야 하지만 그래도 강화마루가 친환경적이어서 권장할 만하다. 소재들은 가격 면에서 큰 차이가 있으며 정해진 색과 디자인이 있으나 조건과 필요와 목적에 따라 변경해 사용해야 한다. 바닥을 신을 신고 들어갈 수 없는 소재로 시공했다면 별도의 신발장이 마련되어야 한다. 유아·유치부 그리고 어린이부서의 경우에는 학습활동의 다양성 관계로 신을 벗고 들어갈 수 있도록 바닥재를 시공해야 한다.

4) 공간 구분

예배실은 현실적으로 공간의 부족으로 예배만을 드리는 데 사용할 수 없다. 예배실은 교육하고 활동도 함께 해야 하는 공간이다. 그런 까닭에 예배를 드릴 경우를 제외하고는 대부분 학급 단위로 사용을 해야 하기에 공간을 나누는 일이 중요하다.

공간을 나누는 방식은 벽면으로 처리하거나, 파티션을 이용하는 방법 등이 있다. 그러나 전자의 방식은 함께 예배를 드려야 하기에 불가능하다. 후자는 구분된 각 그룹의 활동을 보장할 수 없다는 문제가 있다. 이 같은 문제를 어느 정도 해결하는 방법은 커튼식 구분이다. 파티션보다 방음이 더 낫고 학급 소단위의 분리가 확실하기 때문이다.

3. 공간의 배치

1) 책상과 의자

예배를 드려야 하는 공간에서 함께 교육 활동을 해야 하기 때문에 현재의 장의자에서 개인용 책상과 의자로 바꾸어야 한다. 장의자보다 개인별 책상과 의자가 좋은 이유는 예배나 학습 활동시 학습자 간 접촉을 제한해서 학습 내용에 집중을 도와주기 때문이다. 또한 필요에 따라 재배치가 가능하기 때문에 유용하다.[10]

---

10 S. Bettenhausen, "Make Proactive Modifications to Your Classroom," *Intervention in School and Clinic* 33:3 (1998), 182-183; Quinn et al., *Teaching and Working with Children Who Have Emotional and Behavioral Challenges* (Longmont, CO: Sopris West, 2000).

유년부는 그림 그리기를 좋아하기에 넓은 책상이 필요하다. 미술이나 공작을 하기 위해서는 학습자 1인의 일반 필요면적인 $1.6m^2$보다 넓은 $1.9~2.5m^2$가 필요하다. 그런 까닭에 그림 그리기와 공작 등의 활동이 필요한 어린이부서는 충분한 여유가 있는 책상이 필요하다. 그러나 청소년부의 경우는 글로 자신을 표현하기 좋아하기에 글씨를 편하게 쓸 수 있는 크기의 책상이면 된다.

또한 학습자들은 성장 과정에 있기에 자기 몸에 맞는 책상과 의자가 필요하다. 다행히도 교육가구 기업들에서 이 같은 수요에 맞춘 가구들이 생산되고 있다. 대표적인 사무용 가구업체들에는 퍼시스, 리바트, 코아스웰, 보르네오 등이 있다. 보르네오 가구 등의 폴딩 테이블은 간단한 조작으로 접히기 때문에 좁은 공간에 많은 책상을 손쉽게 보관할 수 있다.

2) 공간 배치의 조건

학급의 공간을 배치하고 구성하는 데 유의할 조건들은 다음과 같다. ① 용도가 분명하도록 구성해야 한다. 즉 공동의 공간과 개별적 공간 그리고 기자재 등이 차지하고 있는 공간의 구별이 분명해야 한다. ② 학습자의 시선이 분산되지 않고 다른 그룹의 소리가 잘 들리지 않아야 한다.[11]

학급의 좌석 배치의 목적은 토의, 토론, 그 밖의 여러 상호적 학급 활동을 할 수 있도록 학습자들이 서로 쳐다보고, 듣고, 조언 등을 할

---

11 C. Cummings, *Winning Strategies for Classroom Management* (Alexandria, VA: Association for Supervision and Curriculum Development, 2000).

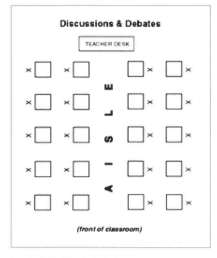

Discussions & Debates

TEACHER DESK

(front of classroom)

[그림 1] 토의형 좌석 배치

수 있도록 하는 데 있다. 대표적인 학급 배치에는 세 가지가 있다.[12] 첫째, 예배와 활동을 고려하면 가운데로 통로를 두고 양쪽으로 학습자들이 서로 바라볼 수 있도록 하는 배치이다. 미국의 국회 같은 배치이다. 예배 시에는 앞쪽을 향하도록 배치한다. 여기서 교사는 발언자의 역할을 한다.

둘째, 말 편자 모양의 배치가 있다. 이 같은 배치는 물건을 분배하는 등에 효과적이다. 이 경우 교사는 조정자, 협력자의 역할을 한다.

셋째, 학습자들이 자기 자리에 소지한 것보다 물건이 더 필요하거나 공동의 물건이 필요할 경우, 학급 주위에 물건을 배치하고 학습자들이 필요하면 나가서 가져올 수 있도록 하는 배치이다. 그러려면 스스로 교육 활동을 할 수 있어야 하기 때문에 유치부, 유년부에게는 부적절할 수 있다. 이 경우에 교사는 문제 해결자이거나 관찰자 역할을 한다.

일반적으로 좌석 배치는 이론적 학습을 위해서는 일정한 형식의 배치가, 끼리 모임이나 학생들 사이의 사회적 교환을 촉진하는 경우

12 Susan Hawkins, Ivor Davies, and Kenneth Majer, *Getting Started: A Guide for Beginning College Instructors* (Washington, D.C.: ERIC; Arlington, Va.: Computer Microfilm International, 1971).

에는 더욱 개방적 정리가 좋다.13 배치는 학년을 고려해야 하는데, 저학년일수록 읽기, 그리기, 율동 등 여러 학습을 할 수 있는 배치를 해야 한다. 그리고 좌석 배치는 동선이 겹치거나, 동선으로 인한 학습자의 시선이 분산되지 않도록 해야 한다. 특히 활동이 많은 BCM14 어린이교회를 운영하는 신촌성결교회의 경우

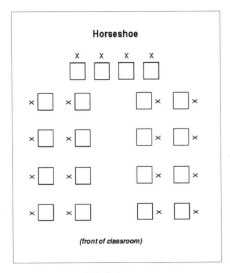

[그림 2] 편자형 좌석 배치

그에 걸맞은 배치를 찾아가는 노력이 요청된다.

4. 수납공간

수납공간이 필요한 이유는 어린이 부서에서 사용할 크레용 등의 교육자료나 교구들을 보관해야 하기 때문이다. 또 부서에 필요한 물건들도 적지 않기 때문에 이들을 깔끔하게 정리할 수납공간이 필요하다. 물건을 적재한 수납공간은 물건의 이동을 염두에 두고 충분한 동선이 확보되어야 한다.

---

13 MacAulay, "Classroom Environment: A Literature Review"; Walker and Walker, *Coping with Noncompliance in the Classroom.*

14 기독교대한성결교회의 교육목회 모델로서, 이에 대해서는 박종석, "교회의 사명 수행을 위한 교육목회: BCM 교육목회 제도", 「기독교교육논총」 17 (2008), 1-34 참조.

V. 나가는 글

교회의 본당 신축으로 야기된 교육관의 리모델링은 신축만큼이나 여러 영역에 대한 연구가 필요하다. 어떤 형식의 어느 정도 수준에서의 리모델링이든 기본적인 것은 외부적으로는 기존의 건물인 본당과 신축할 본당과 조화를 이루어야 한다는 것이

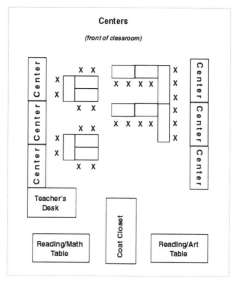

[그림 3] 코너형 좌석 배치

고, 내부적으로는 교육의 효율성을 극대화하는 차원에서 벽, 복도, 예배·학습공간 등의 시공이 이루어져야 한다는 것이다. 리모델링 작업에서 중요한 성격은 건물을 매력적으로 보이게 하는 예술성과 실제 기능으로서 교육 효율성의 조화이다. 그 둘이 어떻게 만나느냐에 따라 리모델링의 성패가 달려 있다.

종교개혁과 루터의 이미지 활용*

I. 들어가는 글

기독교를 구원의 바른길로 돌려놓은 종교개혁 500주년을 맞았다. 종교개혁의 정신은 넓고 깊어 아무리 기념해도 부족하다. 탐구되지 못한 내용은 발굴되어 그 의미를 되새겨야 할 것이다. 그중에 형상, 소위 이미지란 주제가 있다. 이제까지 마르틴 루터(Martin Luther, 1483~1546)의 종교개혁에 대한 연구는 주로 그의 사상에 치우쳤다. 대조적으로 사상을 전파하는 매체와 같은 주제들은 부각되지 않았다. 올해 종교개혁 500주년을 앞둔 2015년의 독일 연례 주제는 "종교개혁: 이미지와 성서"(Reformation- Bild und Bibel)였다.

이미지 면에서 한국교회는 루터의 종교개혁과 거리가 있다. 이미

---

* 이 글의 출처는 "종교개혁과 시각예술: 루터의 이미지 활용을 중심으로". 「신학사상」 178. 2017 가을: 245-278이다.

지를 활용해 말씀을 전파하고 가르치고 교회를 바로 세우려 했던 루터와는 달리 한국교회는 오직 말(언어)에만 의존하고 있다. 하나님의 말씀은 이미지를 통해 우리에게 가깝게 다가올 수 있으며 그 능력이 발휘될 수 있다. 위기의 한국교회는 말씀의 이미지를 통해 더욱 가까이 친근하게 나아가야 할 때이다.

종교개혁을 이미지 차원에서 살펴보고자 하는 이 연구는 루터가 종교개혁을 시작해서 마칠 때까지 일관적으로 그의 사상 전파에 이미지를 활용하는 시도들을 추적한다. 루터가 사용한 시각 매체들은 전단지에서부터 성서, 교리문답서, 초상화 그리고 제단화에 이르기까지 넓은 범위에 걸쳐 있다. 여기에서는 이것들이 루터의 사상을 어떻게 전파하고 이해를 돕는지를 해당 이미지들을 예로 들어 설명할 것이다. 그럼으로써 루터의 종교개혁이 언어 외에 시각 매체의 적절한 활용에 의해 성취될 수 있었음을 알게 될 것이다. 이는 새로운 변화를 꾀해야 하는 한국교회가 종교개혁으로부터 배워야 할 또 하나의 가르침이다.

II. 루터의 시각예술관

루터가 예술, 특히 시각예술에 관해 어떤 생각을 가졌는지를 알 수 있는 것은 그의 성화상에 대한 입장을 살펴보는 것이다. 성화상이란 이콘(icon, εἰκών)이라고 하는데, 두 부류로 나뉜다. 하나는 동정녀 성모 마리아나 예수 그리스도 또는 성인 그리고 예언자 등의 초상화이고, 다른 하나는 성경의 내용이나 성인의 생애를 표현한 그림(성화)이

대 루카스 크라나흐, 〈마르틴 루터〉, 1529

나 조각(성상)이다.[1] 서기 726년부터 843년까지 진행된 성화상에 대한 논쟁은 성상 숭배, 성상파괴운동 그리고 예수의 양성 문제와 관련된 신학적이면서 사회정치적 성격의 사건이다.

성화상에 대한 입장은 긍정과 부정 양 갈래로 나뉜다. 긍정적 입장은 성화상에 바치는 공경이 성화상에 그려진 성인들에 대한 것이지, 성화상 자체를 숭배하는 게 아니라는 주장이다. 성화상이 신성을 표현한 것이 아니라 인간성을 재현한 것이기에, 그레고리우스 1세(Gregorius I, 재위 590~604)에게서 보듯이, 성화상은 소위 "빈자(貧者)의 성서"(biblia pauperum, the Bibles of the poor)로서[2] 성경의 사건들이나 성자들의 모범을 그림으로 표현하여, 문맹 신자들의 교육에 이용할 수 있다는 점 등을 들어 변호하였다. 부정적 입장은 성경에서 형상숭배를 금지했다는 이유를 들어,[3] 어떤 경우에도 영이신 하나님을 형상화해서

1 Leonide A. Uspensky, *Théologie de l'icône dans l'Eglise Orthodoxe*, 박노양 역, 『정교회의 이콘 신학』(서울: 정교회출판사, 2012), 17; 고종희, "기독교 이콘의 기원과 변천: 콘스탄티노플 이콘 중심으로", 「미술사학」 15(2001), 130.

2 Celia M. Chazelle, "Pictures, Books, and the Illiterate: Pope Gregory I's Letters to Serenus of Marseilles," *Word & Image* 6:2 (1990. 4.), 138-153; 손호현, "그림은 '빈자(貧者)의 성서' (biblia pauperum)인가?: 그레고리우스 1세의 기독교 예술교육론", 「기독교교육정보」 14 (2006), 283-311 참고.

3 고종희, "기독교 이콘의 기원과 변천", 139.

는 안 된다(신 4:16-18)고 주장하며, 당시 만연했던 치명적인 흑사병 등으로부터 구원받기 위해 작은 성화상 등을 교회에 헌납하는 등 그 오용의 위험성을 들어 성화상을 금지할 뿐만 아니라 파괴해야 한다는 입장이다.

1. 칼뱅의 예술관

성화상은 종교개혁의 발단이 된 면죄부와 직접적 연관이 있기에 간과할 수 없는 문제였다. 종교개혁의 내용 중에 들어있는 성화상에 대한 입장은 개혁자마다 달랐다. 존 칼뱅(John Calvin, 1509~1564)의 경우, 성화상에 대해 부정적 입장을 가졌는데, 이는 당시 사람들의 성화상 숭배를 목격한 경험으로부터 비롯되었다.4 성화상 숭배에 대한 이 같은 부정적 기억이 하나님에게는 숭배인 라트레이아(λατρεία, latria, adoration, worship)를, 이미지인 성화상에 대해서는 경배인 둘레이아(δουλεία, dulia, veneration, homage)를 바치는 식으로5 구분한 니케아공의회(Councils of Nicaea)의 결정을 인정하지 않고 성화상 공경을 우상숭배로 보는 인식으로 이어진다. 칼뱅의 이 같은 입장이 예술에 대해 부정적 인상을 준 것으로 보인다. 하나님께서 주신 은사인 예술은 모방으로서의 예술을 넘어, 타락한 세계가 보여주는 현실 너머의 고상한 실재를 보일 뿐만 아니라 하나님의 영광을 드러내야 한다.6 그래서 칼뱅이 생각하는 예술은 하나님의 영광이나 신성을 드러

---

4 John Calvin, *A Treatise on Relics,* 김동현 역, 『칼빈의 성유물에 대한 비판』(서울: 솔로몬, 1993), 102.
5 신준형, "성 토마스 아퀴나스의 성상이론: ICON, INDEX, ISLAM", 「미술사학」 22 (2008), 62-63.

내는 자연 세계에7 대한 미적 표현을 통해 하나님께 영광을 돌리는 행위이다.8 하지만 예술은 이 같은 본분을 망각하고 그릇된 이해와 오용으로 나아갔다는 것이다. 그러므로 하나님께 예배하거나 하나님을 알기 위해 더는 예술이 불필요하며, 오직 말씀으로 충분하다는 것이다. 다만 칼뱅은 예술을 성서적 이야기 등을 다루는 역사적 예술과 하나님을 형태, 인물, 혹은 모양으로 다루는 회화적 예술로 나누어, 사실을 통해 의미를 전달하는 역사적 예술만 인정했다.9

2. 루터의 예술관

칼뱅의 성화상에 대한 입장이 신학적이었다면 루터의 경우는 종교개혁 운동과 연관된 사회·정치적 입장이었다고 할 수 있다. 루터의 성화상에 대한 입장은 그가 대면해야 했던 사건들과의 연관 속에서 변화한다. "1515~1522년 사이에 행해진 발언들에서 루터는 기독교 예식에서의 형상의 가치에 대해 회의적인 태도를 보이면서 교회가 미술품에 허비하는 막대한 재정적 손실에 대해 여러 번 언급하였다.10

성상은 아무 것도 아니요, 하나님께서는 성상을 조금도 좋아하시지 않으

---

6 Abraham Kuyper, *Lectures on Calvinism*, 김기찬 역,『칼빈주의 강연』(서울: 크리스챤다이제스트, 2011), 186-187.

7 *Ibid.*, 164.

8 Peter S. Heslam, *Creating a Christian Creating a Christian Worldview: Abraham Kuyper's Lectures on Calvinism*(Grand Rapids: W.B. Eerdmans, 1998), 210-211.

9 서성록, "종교개혁의 미술론: 칼뱅의 경우",「미학·예술학연구」10 (1999), 84.

10 Carl C. Christensen, *Art and the Reformation in Germany* (Athens: Ohio University Press 1979), 43-44.

며, … 하나님을 위하여 금 신상을 만드는 것보다는 가난한 사람들에게 금을 주는 것이 보다 좋다는 것을… 가르쳐야 합니다.[11]

1521년 보름스제국의회(Diet of Worms)에서 파문당한 이후 신변의 위협을 느껴 바르트부르크(Wartburg)에 피신 중이던 루터는 안드레아스 칼슈타트(Andreas Bodenstein von Karlstadt, 1486~1541)를 중심으로 한 종교개혁이 성서보다는 성령의 영향을 더 강조하며, 1521년 2월 초부터 형상은 신앙에 해롭기에 모든 형상이 해로울 수밖에 없다는 주장 아래 무분별한 성상 파괴(Iconoclasm)가 이루어지는 것을 보고, 1522년 3월 6일 비텐베르크로 돌아왔다. 돌아온 지 사흘 뒤인 9일부터 16일까지 비텐베르크교회에서 매일 행한 일련의 소위 수난절 '8편의 설교'(Lmvocavistpredigt)에서 루터는 종교개혁을 율법적인 것으로 만들려는 모든 시도에 반대하였으며 그중에 형상에 대한 내용도 있었다. 하나님은 어떤 형상으로든지 만들어 숭배해서는 안 된다(출 20:4-5). 그러므로 성상 숭배는 잘못이다.

여기서 우리가 인정해야 할 것은 우리는 형상을 소유하거나 만들 수도 있다. 하지만 그것들을 예배해서는 안 된다. 만약에 그것들이 숭배받는다면, 히스기야 왕이 모세가 세운 놋뱀을 부수었던 것처럼(왕하 18:4) 그것들을 치워버리고 파괴해야 한다.[12]

하지만 이미지는 그 자체는 중립적 성격이라고 말한다. 성화상을

---

11 Martin Luther, 지원용 역, 『설교자 루터』루터선집 10 (서울: 컨콜디아사, 1984), 447.
12 8회의 설교 중 세 번째. 1522년 3월 11일 화요일.

하나님처럼 여겨 숭배하는 것은 사물인 성화상을 섬기는 것이기에 우상숭배가 된다. 그러나 성화상을 통해 그 묘시된 대상에게로 나아가는 통로로 삼는다면 문제가 없다. 성화상이 우상이 되고 안 되고는 사람이 그것을 어떻게 생각하느냐에 달려 있다. 루터는 성상파괴에 대해서 원칙적으로는 반대하지 않는다. 하지만 성상 중에는 예를 들어, 십자가와 성인들의 형상처럼 "보고 증거하고 기억하고 표시하기 위해"(zum ansehen, zum zeugnis, zum gedächtnis, zum zeichen)[13] 무조건 파괴해서는 안 된다고 보았다. 성화상 파괴에 반대하는 루터는 특정한 경우 성화상이 유익할 수도 있다고 보는 것이다.

> 그래서 그와 같은 형상들에 대해서는 관대해야 할 뿐 아니라, 증거의 돌
> (수 24:26)과 사무엘의 경우처럼(삼상 7:12) 기억과 증거를 위해서는 좋
> 은 것이고, 귀한 것이다.[14]

1524~1525년 농민전쟁 이후, 1528~1529년경의 루터는 이미지의 교육적 기능을 더욱 인식하였다. 루터는 이미지가 외적 형상보다는 본질로 인간 내면과 관련이 있다고 보고 이미지의 심미적이고 예술적인 차원보다 훈계와 선도의 차원에 그 가치를 두었다.[15] 특히 어린이나 단순한 사람들의 경우에, 말로 하는 설명보다 직접 눈으로 그림을 보는 것이 이해하기가 쉽고 말로는 할 수 없는 감동을 줄 수도

---

13 Albrecht Beutel, hg., *Luther Handbuch* (Tübingen, 2010), 247.

14 Christensen, *Art and the Reformation in Germany*, 52.

15 Berthold Hinz, *Lucas Cranach d.Ä.*(Reinbek bei Hamburg, 1993), 70; Oskar Thulin, "Bilderfrage," *Reallexikon zur Deutschen Kunstgeschichte*, Hg. von O. Schimitt (Stuttgart 1948) II, 570-71. 이한순, "루터의 종교개혁과 대 루카스 크라나흐", 「미술사논단」 3 (1996): 108 재인용.

있다. 그래서 루터는 그림이 들어간 성경이나 벽면을 성화로 장식하는 일을 구상하게 되며 나중에 이를 실천하였다.16

1530년에 이르러서 루터는 성화상에 대한 입장을 정리한다. 루터는 이 시기에 두 가지 종류의 그림을 명확히 구분했다. 즉 성자와 성인에 대한 묘사와 성물 숭배 등을 미신적 이미지와 묘사된 그림을 통해 과거의 일과 사물을 거울처럼 비추어 반성과 깨달음을 주는 역사적 이미지는 내용의 차이로 구별했다.17

이상에서 보았듯이 루터는 종교개혁 초기에 종교개혁의 빌미가 되었던 면죄부와 연결되어 있던 성화상에 대하여 하나님 예배에 불필요하며 신앙에 아무 유익한 것이 없는 것으로 여겨 부정적으로 보았다. 하지만 종교개혁의 정신에 어긋나는 칼슈타트 등의 과격한 성화상 파괴 행위를 접하면서 성화상 자체는 숭배되지 않는다면 중립적인 것이며, 성화상 자체보다는 그것을 바라보는 마음이 문제라는 중립적 입장을 취한다. 나아가 루터는 종교개혁의 확산을 위해 이미지가 당시의 사회적 상황에서 복음 전파와 교육을 위해 유용하다는 것을 인식하고 성화상을 적극 수용한다. 다음 장에서는 이미지에 대해 긍정적인 루터가 그의 종교개혁 운동에 이미지를 구체적으로 어떻게 활용했는지에 대해 살펴보자. 다만 다루어야 할 내용의 중요성과 방대함을 고려하여 이 연구에서는 시간적 순서를 따라 그리스도

---

16 Christensen, *Art and the Reformation in Germany,* 53.

17 Christiane D. Andersson, "Religiöse Bilder Cranachs im Dienste der Reformation (1981)," In L. W. Spitz, hrg. *Humanismus und Reformation als kulturelle Kräfte in der deutschen Geschichte, Tagungsbericht* (Berlin 1981), 43-44; Dieter Koepplin and Tilman Falk, *Lucas Cranach, Gemälde, Zeichnungen, Druckgraphik,* Bd. I&II. Ex. Cat., (Basel, 1974), 507-509; Hans Belting, B*ild und Kult: Eine Geschichte des Bildes vor dem Zeitalter der Kunst* (München, 1993), 519. 이한순, "루터의 종교개혁과 대 루카스 크라나흐", 108 재인용.

와 적그리스도를 다룬 소책자와 성서에 제한해서 다루겠다. 이외에 율법과 은혜, 교리문답, 초상화 그리고 제단화 등에 대해서는 다음에 다룰 것을 약속한다.

III. 루터의 이미지 활용 전략

1. 이미지를 둘러싼 루터와 크라나흐의 관계

성화상에 대한 루터의 긍정적 입장은 단순히 입장에 머물지 않는다. 그는 그것을 자신의 종교개혁 운동에 적극적으로 활용한다. 루터는 그가 활용할 수 있는 모든 매체를 동원해서 이미지를 통해 자신의 신학 사상을 시각적으로 유포하고 설득력 있게 설명하고 있다. 이 과정에서 언급하지 않을 수 없는 인물이 크라나흐(Lucas Cranach, 1472~1553)이다. 그는 루터가 종교개혁을 시작해서 마칠 때까지 루터의 곁에 머물며 루터의 가르침을 시각적으로 표현한 충실한 제자였다고 할 수 있다.

그런데 여기서 크라나흐의 이미지가 루터적이냐, 즉 루터

〈대 루카스 크라나흐〉, 1550년경, 판넬에 유채, 67×49cm, 플로렌스, 우피치미술관

의 사상과 일치되느냐고 물을 수 있다. 이미지라는 공간에서의 루터와 크라나흐의 만남의 농도를 어떻게 인정할 수 있느냐 하는 문제는 미술사학자들의 관심거리였다. 근본적인 문제는 크라나흐가 가톨릭 세력, 특히 마인츠의 강력한 대주교 브란덴부르크의 알브레히트 (Albrecht of Brandenburg, the powerful Archbishop of Mainz, 1490~1545)를 위해 일했느냐 하는 것이다.[18] 이에 대해 긍정적 입장의 대표적인 세 사람이 의견을 개진한다. 먼저 툴린(Oskar Thulin)이다. 툴린은 이 문제에 대해 전기적으로 접근한다. 즉 루터와 크라나흐는 개인적으로나 일 관계로 대단히 가까운 사이였으므로 크라나흐의 그림은 루터의 견해를 제대로 수용했을 것이라는 주장이다. 둘은 비텐베르크에서 함께 활동했다. 크라나흐는 루터 결혼식의 증인이었고 서로 자녀들의 대부가 되어주기도 했다. 그리고 보름스제국의회의 파문 결정으로 신변의 위협을 느낀 루터가 납치극을 가장해서 극비리에 바르트부르크로 피신하게 된 사연을 크라나흐에게만 알렸다. 툴린은 크라나흐를 신실하고 정직하며 수완이 좋은 사업가로 묘사한다. 그렇기에 가톨릭교회를 위한 작업을 사업 차원에서 볼 수 있다고 생각한 듯하다. 그러나 무엇보다 루터의 가까운 친구로 묘사한다. 이런 근거에서 툴린은 루터의 사상과 크라나흐의 이미지 사이에는 완벽한 상호성이 있었다고 말한다.[19] 툴린은 또한 크라나흐의 신앙이 그림을 통해 드러난다고 믿는다. 그의 그림에는 그의 관점이 드러나기 마

---

18 이에 대해서는 Andreas Tacke and Gerhard Ermischer, eds. *Cranach im Exil. Aschaffenburg um 1540: Zuflucht, Schatzkammer, Residenz* (Regensburg: Schnell and Steiner, 2007) 참고.

19 Bonnie J. Noble, *Lucas Cranach the Elder: Art and Devotion of the German Reformation* (Lanham: University Press of America, 2009), 7.

련이다. 크라나흐의 그림에서 보이는 관점은 루터에게 동의하는 관점이고, 그러한 변화는 루터와의 우정이 시작된 이후부터 보였다는 것이다. 그들 사이의 우정 구조에서 크라나흐의 모든 작품은 루터의 가르침을 이행한 재현이다. 작품은 루터의 사상의 일부이며 그의 사상을 전파하는 도구였다.[20] 다음으로 코에르너(Joseph L. Koerner)를 보자. 그는 루터의 이미지관에 주의를 기울여, 크라나흐의 그림을 로마 교회와 루터의 구원관의 차이를 보여주는 표지로 본다. 르네상스 인문주의의 맥락에서 새로운 인간성과 인간의 자유의지와 관련된 크라나흐의 사상이 루터의 신학과 만나 전통적인 가톨릭교회와는 상이한 도상을 창조할 수 있었다는 것이다.[21] 셋째 노블(Bonnie J. Noble)이다. 그는 크라나흐의 제단화에 주의를 기울인다. 제단화의 내용은 전통적 제단화와 내용에서 큰 차이를 보이는데, 이는 루터의 신학을 반영한 것이다. 노블은 예배 중에 신자와 제단화 이미지를 바라보는 예배자 사이에 제단 이미지의 수용과 예배자가 이미지에 부가하는 의미 사이의 상호작용이 일어나도록 제단화가 제작되었다고 본다.[22]

　　루터와 크라나흐의 관계에 대한 위 세 사람의 견해는 그들 사이의 밀착성을 전제로 한 말이다. 그러므로 우리는 루터가 종교개혁 운동을 하는 과정에서 크라나흐의 이미지에 전적으로 의존한 인상을 받으나 그 이미지의 내용과 의미 그리고 출처가 루터라고 말할 수 있다. 크라나흐는 루터와 더불어 종교개혁의 브랜드이다. 그는 말씀 선포

---

20 Oskar Thulin, *Cranach-Altäre der Reformation* (Berlin: Evangelische Verlagsanstalt, 1955), 149-154.

21 Joseph L. Koerner, *The Reformation of the Image* (London: The University of Chicago Press, 2004). 76-78 그리고 19-21, 25-26, 68-80 참고.

22 Noble, *Lucas Cranach the Elder,* 11-12, 34. 그리고 163-197 참고.

자로서 루터의 종교개혁 가르침을 이미지로 선포한 미적 개혁자였다. 이하에서는 루터와 크라나흐의 협업이 어떻게 전개되었는지 그 양상에 대해 살펴보자.

2. 『그리스도와 적그리스도의 생애』와 교황 정면 비판

루터는 전단, 성서, 교리문답서, 초상 그리고 제단 등에 이미지를 등장시키고 있는데 첫 번째는 『그리스도와 적그리스도의 생애』(*Passional Christi und Antichristi*)이라는 소책자에서이다. 이 책자는 보름스제국의회 개최로 흥분된 시기에 제작되었다. 이 책의 내용과 동기는 예수의 고난에 찬 겸손한 삶과 교황의 사치스럽고 교만한 처신을 극명하게 대조시켜 종교개혁의 뜻을 알리려는 데 있었다.

책의 체제는 총 28페이지에 크기는 19.5cm×14.4cm로, 국판보다 길이가 조금 짧은 판형이어서 휴대하기에 편했을 것 같다. 책의 그림은 목판화에 의한 것인데 크라나흐가 제작하였다. 그림은 총 26개로 2개씩 13쌍을 이룬다. 본문은 멜란히톤(Philipp Melanchthon, 1497~1560)이 매형인 교회법학자 슈베르트페게르(Johann Schwertfeger, 1488~1524)의 도움을 받아 썼다. 루터는 동료들의 제작 진행 상황을 알고 그에 관해 언급한 것으로 보이나 직접적인 참여는 없었던 것으로 보인다.[23]

루터는 책의 왼쪽 면에는 예수 그리스도의 모습을, 오른쪽 면에는 교황의 모습을 배치하여 대조시킴으로써 교황과 가톨릭교회가 그리

---

[23] 1521년 5월 26일 멜란히톤에게 보낸 루터의 편지에는 "대립으로 표현된 수난의 책이 내 마음에 매우 든다. 네가 작업하는데 슈베르트페거가 적극적으로 도와준 줄 안다"라는 말이 나온다. 권진호, "크라나흐가 사용한 종교개혁 소통의 근본적 도구인 이미지로부터의 선교학적 교훈", 「선교와 신학」 40 (2016), 254.

『그리스도와 적그리스도의 생애』의 일부

스도로부터 얼마나 멀어지고 타락했는지 비교할 수 있도록 했다. 각각의 그림 하단에는 예수 쪽에 관련지어 묵상할 성경 구절, 교황 쪽에는 관련된 교회법을 인용하고 있다. 이와 같은 대조하는 기획을 통해 루터는 교황이 마귀의 권세 아래 있는 적그리스도임을 분명히 드러낸다.[24] 예를 들어 보자. 베드로가 잡은 물고기의 입에서 꺼낸 동전으로 성전세를 바치는 예수의 그림 아래 다음의 성구를 덧붙인다.

바다에 가서 그물을 던져라. 잡는 첫 고기의 입을 열어라. 거기서 돈 한 세

---

24 Lucas Cranach the Elder and Philipp Melanchthon, *Passional Christi und Antichristi*, 옥성득 편역, 『목판화로 대조한 그리스도와 적그리스도의 생애』(서울: 새물결플러스, 2015), 11.

겔을 얻을 것이다. 이것을 나와 너의 세금으로 주어라(마 17:27).

그 손에 칼을 가지고 있는 지배자에게 조세를 바치고, 이자를 받을 자에게 이자를 주고, 관세를 받을 자에게 관세를 바치라(롬 13:4, 6, 7).

오른쪽에는 적그리스도인 교황이 오른손에 출교서(파문서)를 든 채 대주교를 바라보고 서 있고, 사제와 수녀로부터 세금을 받던 황제는 파문장을 보고 놀라는 그림이 있다.[25] 그 아래에는 다음의 문구가 있다.

우리는 세속 정부가 사제를 처벌할 권한을 가질지, 사제에게 세금을 징수할지, 교회가 성례, 출교, 파문과 더불어 일반인들을 처벌하고 세금을 징수하듯이 사제들에게도 동일한 의무를 부과할지를 결정한다(교회법). 교황은 불경하고 적그리스도적인 칙령을 만들어 하나님의 계명의 권위를 바닥에 떨어뜨렸다.[26]

눈에 띄는 것은 교황 쪽의 교회법 문구에 이어 교황의 잘못을 분명하게 지적하는 내용을 함께 실어 교황이 적그리스도임을 분명하고 대담하게 알리고 있다. 루터는 1519년 칼슈타트와 엑크(Johann Maier von Eck, 1486~1543)간의 성경과 교회의 우위성에 대한 라이프치히 논쟁(Leipziger Disputation)을 전후로 교황이 적그리스도라는 생각을 한 것 같다.[27] 이 소책자의 마지막 장면은 그리스도의 승천과 악마에

---

25 Cranach and Melanchthon, *Passional Christi und Antichristi*, 89.

26 Cranach and Melanchthon, *Passional Christi und Antichristi*, 37.

27 이에 대해서는 권진호, "마틴 루터와 라이프치히 토론",「한국교회사학회지」34 (2013), 115-42 참조.

의해 던져지는 교황을 보여준다. 요한계시록 19장 20-21절을 인용하여 교황이 심판받아 유황불 못에 던져질 것이라고 예언한다. 그리스도와 적그리스도를 극적으로 대조하는 이 소책자는 교황을 적그리스도로 규정하며 가톨릭교회를 정면으로 비판하고 있다. 크라나흐는 1522년 신약성서 번역과 여러 문헌에서 교황을 적그리스도(Antichrist, 또한 Widerchrist, Endchrist)와 동일시하는 루터의 십자가의 신학 입장에서 전적으로 작업을 했다. 크라나흐는 이 일을 효과적으로 수행하기 위해 강렬한 목판화를 사용했다.

이 책자에 목판화 형태로 실린 삽화는 독자들의 시각적인 호감을 획득함으로써 그들의 주의를 텍스트로 끌어들이는 효과가 있다. 텍스트가 이성을 통해 머리를 설득하려는 신앙의 이해(interllectus fidei)를 추구하는 데 반해, 이미지는 직관을 통해 마음에 호소하는 신앙의 유비(analogia fidei)를 추구한다. 하지만 실상은 텍스트와 이미지의 협력으로 텍스트의 이성과 이미지의 감성은 서로 교차하며 작용한다.[28] 이것이 루터와 크라나흐가 이 책을 장으로 펼치는 행위의 본질이다.

목판화는 단순한 외곽선과 흑백의 강렬한 대조라는 특징을 띠고 있으며, 프로파간다적인 정치 선전의 의도로 많이 제작되었기 때문에, 교황을 공격하는 변증서와 선전 책자에 제격이었다. 또 판화는 현대의 신문과 같이 신속성과 확산성에 있어 매우 효과적이었다.

루터는 1521년 5월 7일 초기 단계의 종교개혁을 진전시키고 안정시키는 데 기여한 슈팔라틴(Georg Spalatin, 1484~1545)에게 보내는 편지에서 작업 중인 이 작품을 '평신도에게 좋은 책'으로 평가하며 교

---

28 Cranach and Melanchthon, *Passional Christi und Antichristi*, 22-23.

육적 의도를 드러내기도 했다.[29] 책값이 저렴한 덕분에 초판 20,000
부는 순식간에 동이 났으며, 곧이어 다른 도시에서도 출간될 만큼 많
은 인기를 끌었다. 이후 이 책은 독일에서 10판까지 발행되며[30] 교회
개혁 운동에 큰 영향을 끼쳤다. 독일어판에 이어 곧바로 라틴어판도
출간되었다.

3. 이미지적 외침, 성서 삽화

1) 성서 번역의 과정

보름스제국의회 이후 루터는 작센의 선제후 프리드리히 3세 현공(E
lector Frederick the Wise, 1463~1525)의 도움으로 아이제나흐(Eisenach)
의 바르트부르크성으로 피신하여 "융커 외르크"(Junker Jörg)라는 가
명으로 지내며 성경을 독일어로 번역하게 된다. 루터가 성서를 번역
하게 된 동기는 다층적이다. 첫째, 사제들의 성서에 대한 무지를 해결
하기 위해서였다. 당시에 유행한 전염병인 페스트에 걸린 환자를 돌
보아야 하는 사제들의 사망률이 높았는데, 그 빈자리가 자격 미달의
사제들로 채워졌다. 그들 대부분은 당시의 라틴어 성경을 읽을 수 없
었다. 더구나 당시 성서는 일정한 장소에서 특정한 사람들만 볼 수
있도록 제한되어 있었다. 성경을 읽고 해석하는 일은 사제들만의 특
권이었다. 성서 자체에 대한 접근이 제한되는 현실이었기 때문에 성
서를 읽을 수 있는 사람을 찾아보기는 어려웠다.[31] 둘째, 루터가 종교

---

29 WA(Weimar Ausgabe) Br 2, 283, Nr. 385 참고. 권진호, "마틴 루터와 라이프치히
  토론", 254 재인용.
30 Cranach and Melanchthon, *Passional Christi und Antichristi*, 10.

개혁을 일으키는 빌미를 제공했던 면죄부가 마태복음 14장 18절, "회개하라 천국이 가까웠다"가 라틴어 불가타(Vulgate)에서는 '회개' 가 아닌 '속죄'로 번역되어 있어서 면죄부에 정당성을 부여하게 된 것을 보면서 바른 번역의 필요성을 느꼈다. 성서 번역의 필요성은 이미 그의 비텐베르크 95개 조 반박문의 1조가 회개에 대한 것이고, 3조는 무지한 사제들에 대한 내용이고, 여기에 평민들이 문맹으로 성서의 기본 내용도 모르고 있다는 것에 대한 동정심의 발로에서였다.

루터의 성서 번역은 1521년 5월 4일부터 이듬해 3월까지 약 10개월간 진행되었다. 그러니까 실제로 번역을 한 기간은 단 11주밖에 되지 않았다. 그가 사용한 신약성서 대본은 라틴어역인 불가타가 아니고 성서 원어에서 직접 번역하기를 원했기 때문에 1519년에 나온 에라스뮈스의 헬라어 신약성서 2판을 사용하였다. 이 『독일어 신약성경』(Das Newe Testament Deutzsch)은 1522년 9월에 출판되었기에 '9월 성서'(September Bibel)라는 이름으로 불린다. '9월 성서'는 출간 후 두 달 만에 5,000부가 팔려나갔고, 12번의 인쇄를 거듭할 정도로 성공적이었다. 이 과정에서 루터는 성서 출판과 보급에 활발한 캠페인을 벌이기도 했다.[32]

신약성서 번역이 나온 후 루터는 구약성경 번역에 관심을 기울였다. 구약이 부분적으로 계속 출판되면서, 완역성서에 대한 요구가 팽배해졌다. 그리스어와 히브리어를 모두 배운 루터였지만, 1530년대 초 건강이 약해지면서 혼자서 성경을 번역하는 일이 어려워졌다. 그는 단독 번역의 한계를 극복하기 위해 '산헤드린'이라고 명명한 번역위원회를 꾸

---

31 안용준, "루터, 성서 위에 예술을 꽃피운 신학자(1483-1546)", 서성록 외 6인, 『종교개혁과 미술』(서울: 예경, 2011), 23.
32 안용준, "루터, 성서 위에 예술을 꽃피운 신학자(1483-1546)", 23.

렀다. 거기에는 멜랑히톤, 조나스(Justus Jonas, 1493~1555), 부겐하겐 (John Bugenhagen, 1485~1558), 크루시거(Caspar Cruciger, 1504~1548) 등과 같은 탁월한 학자들이 합류했다. 이들은 그때까지 외경에서 번역하지 못한 부분들, 예컨대 유딧, 토빗, 바룩, 마카베오 2서 등을 전적으로 맡아 번역하였다.[33]

루터와 그의 동료들은 성서 번역을 위해 언어학적인 정확성과 명료한 표현을 찾고자 하였다. 루터 당시의 독일어는 여러 지역 방언으로 이루어져 있었다. "번역자들은 기본 언어로 궁정 언어를 채택했지만, 제국의 갖가지 방언들에서 최상의 표현을 찾아내는 일을 게을리하지 않았다"[34]

레히트 뒤러, '네 명의 말 탄 사람들', 〈요한계시록〉, 1497~1498, 목판화, 39.9×28.6cm, 칼스루헤, 주립미술관

이러한 과정을 거쳐 구약과 신약 사이에 들어간 9권의 외경을 포함하여 모두 75권의 책으로 구성된 루터의 신구약성서 완역이 2권으로 1534년에 출간되었다. 루터성서는 중산 계층의 등장과 무역의 증대

33 Thomas Kaufmann, *Martin Luther*, 공준은 역, 『루터, 말씀에 사로잡힌 사람』 (서울: 대한기독교서회, 2015), 67-76 참고.
34 헨리 체허, "세상을 뒤흔든 성경 번역: 루터의 독일어 성경은 성경 번역의 기준을 정립했다", 『Christianity Today Korea』 (2008.12.27.).

그리고 인쇄 기술의 발달에 힘입어 널리 유포되었다. 그리고 그 배경에는 이미 책을 읽거나, 읽는 것을 듣거나 하는 식으로 독서에 길들여진 평신도 대중이 오래전부터 존재했다. 루터의 성서는 일종의 대중매체의 역할을 하면서 일상생활에 침투했다.[35]

2) 루터와 성서 삽화의 특징

루터성서는 당시 이미 출판되어 있던 18종의 독일어 성경(1466~1522)과는 체제가 달랐다. 루터성서가 일반적인 인큐내뷸러(incunabula) 시기(1454~1500), 즉 필사가 아닌 인쇄된 책들이 처음 출현했던 시기에 제작된[36] 성서와 가장 구별되는 특징은, 시편을 제외하고는 레이아웃이 2단이 아니라, 1단이라 점이다. 그래서 난외주석이 가능했다. 그리고 전체는 모두 여섯 부분으로 구성되어 있는데 각 부분에는 처음에 루터의 서론이 들어있다. 주석과 서론으로 보면 오늘날의 스터디 바이블을 연상시킨다.

루터성서에는 그의 구상에 따라 크라나흐가 루터의 지시에 따라 그린 삽화가 들어갔다. 신약성서의 경우, 전체가 아닌 요한계시록에 한정된다. 크라나흐는 뒤러(Albrecht Dürer, 1471~1528)의 '묵시록'(The Revelation of St John)[37] 연작의 영향을 받았지만 그것들을 나름대로

---

35 최경은, "종교개혁이 서적인쇄에 미친 영향", 「독일언어문학」 57 (2012), 242-243.
36 이종한, "판화예술의 기원: 근대판화의 시원으로서 마이너 아트에 관한 고찰(2)", 「조형미디어학」 13:1 (2010), 162.
37 이에 대해서는 Erwin Panofsky, *The Life and Art of Albrecht Dürer*, 임산 역, 『인문주의 예술가 뒤러 1』 (서울: 한길아트, 2006), 173-194; 안용준, "뒤러의 요한계시록 판화에 나타난 미학적 의미 분석", 「기독교철학」17 (2013), 37-70; 최신영, "A. 뒤러의 묵시록 판화 해석: 파노프스키의 도상해석학적 방법론을 중심으로", 「미학·예술학 연구」 1 (1991), 93-114 참조.

소화하여 루터의 번역 텍스트에 맞추었다.38 크라나흐는 성서에 넣
을 21장의 삽화를 목판화로 제작하였다. 목판화는 단순한 양식이 아
니라 재현하고자 하는 주제와 내용에도 영향을 주었다. 그것은 단순
한 선형, 강한 대조적 명암으로, 즉 간결하고 솔직한 양식한 양식은
"순간적인 심리적 반응을 만들어 낼 수 있다. 그리고 그 비현실적인
표현 매체의 성질은… 공상적이거나 환영적인 영역을 표현하는 데
유리하다."39 9월 성서의 삽화 제작 기간은 아주 짧았다. 크라나흐는
1522년 늦봄에 5개월이란 짧은 기간 내에 삽화를 주문받았는데, 이
는 가을 매세에 맞추어 출판하려 했기 때문이다. 그런 촉박함 때문에
신약성서의 삽화는 예술적으로나 스타일 면에서 완역성서에 뒤진다.
분명한 윤곽선은 채색을 필요로 하지 않을 정도이며, 전체적으로 삽화
의 예술적 질이 상당해서 예술 작품에 가깝다.40 그렇더라도 9월 성서
의 목판 삽화는 부르크마이어(Hans Burgkmair, 1473~1531)나 홀바인
(Hans Holbein the Younger, c. 1497~1543)과 같은 당대 화가들에게 정
경적인 것으로 인식되어, 뒤러 대신에 크라나흐를 따르도록 했다.41

---

38 틸만 팔크(Tilmann Falk)는 루터 텍스트와 크라나흐 삽화의 일치성을 추적한다.
   Tilman Falk, "Cranach-Buchgraphik in der Reformationszeit," in *Lukas
   Cranach: Gemälde Zeichnungen, Druckgraphik,* vol. 1, eds. Dieter Koepplin
   and Tilman Falk (Basel: Birkhäuser Verlag, 1974), 1:331 이하.

39 Panofsky, *The Life and Art of Albrecht Dürer,* 175-177.

40 예술적 삽화 감상은 Martin Luther, *The Luther Bible of 1534* (Köln: Taschen,
   2003); Martin Luther, The Luther Bible of 1534 (Köln: Taschen, 2016); Martin
   Luther, Stephan Fussel, ed., The Bible in Pictures: Illustrations from the
   Workshop of Lucas Cranach (1534) (Los Angeles: TASCHEN America Llc, 2009)
   참조.

41 Elke A. Werner, "Martin Luther and Visual Culture" (Mar 2017).
   http://religion.oxfordre.com/view/10.1093/acrefore/9780199340378.001.0001
   /acrefore-9780199340378-e-296

1534년의 완역 성서에는 대부분 크라나흐(혹은 크라나흐 작업장)가 제작한 117개의 목판 삽화가 들어있다. 하지만 그중에는 아직까지 누구인지 알 수 없는, 자신을 MS라는 이니셜로 표시한 인물의 삽화가 11장 정도 포함되어 있다. 이로 보아 신약의 경우와 더불어 루터성서의 삽화는 크라나흐의 독자적인 것으로 보기 어렵다는 주장들도 있다.[42] 루터는 성서에 삽화를 직접 그리기도 했다. 그는 삽화를 감수할 뿐 아니라 성서 완역본의 몇 작품, 예를 들어, 솔로몬 성전은 직접 그렸다.[43]

1523~1524년 사이에 루터의 구약 전체 중에 세 부분을 번역하여 펴내었다. 거기에도 크라나흐의 삽화가 들어있고 그 수준은 높아지고 형태는 세밀하고 다양해졌다.[44] 루터성서에는 전체 75권의 책 중 49권에 총 117점의 목판 삽화가 들어있다. 삽화의 소재는 창세기, 출애굽기, 요한계시록을 강조하는 이전 전통을 따랐다. 어느 경우에는 쾰른성서(1478)나 뤼벡성서(1494)의 삽화를 원본으로 사용하기도 했다. 하지만 예언서의 경우에는 각각의 책에 한 장 이상의 삽화를 넣었는데, 이는 인큐내뷸러 성서들과 구별되는 특징이다.[45] 루터성서 삽화

---

42 Armin Kunz, "Papstspott und Gottesword: Cranachs Buchgraphik im erste Jahrzehnt der Reformation," in *Druckgraphiken Lucas Cranachs d. Ä. Im Dienst von Macht und Glauben*, eds. Jutta Strehle and Armin Kunz (Wittenberg: Stiftung Luthergedenkstätten in Sachsen-Anhalt, 1998), 184–231; Ruth Slenczka, "Cranach als Reformator neben Luther," in *Der Reformator Martin Luther 2017: Eine wissenschaftliche und gedenkpolitische Bestandsaufnahme*, ed. Heinz Schilling (Berlin: De Gruyter Oldenbourg, 2014), 140 이하.

43 Hans Preuss, *Martin Luther, der Künstler* (Gütersloh: Vandenhoeck & Ruprecht, 1931), 20-21. 안용준, "루터, 성서 위에 예술을 꽃피운 신학자(1483-1546)", 22 재인용.

44 Werner, "Martin Luther and Visual Culture".

45 최경은, "시대비판을 위한 매체로서 루터성서(1534) 삽화", 「유럽사회문화」 13

루카스 크라나흐, 〈바빌론의 창녀로 묘사된 교황〉(신약성서
요한계시록), 루터, 9월 성서, 1522, 목판화에 채색

의 그림체는 매우 사실적이다. 이는 사조 면에서 "고전 양식의 틀 내에서
(뒤틀리고 각이 진 독일식의) 고딕적 경향을 재연"하고자[46] 객관적인 정확
성을 목표로 정밀묘사에 치중했던 북유럽의 마니에리즘(Mannerism)
의 영향인 듯하다.[47]

　　루터는 민중들이 성서에 실린 내용에 흥미를 느끼도록 성서 내용
을 시각화하는데 많은 노력을 기울였다. 루터가 성서 원문과 그림의
관계를 세세히 살폈는데,[48] 크라나흐의 아들인 소 루카스 크라나흐
에 의해 완성된 123점의 판화를 하나하나 꼼꼼하게 감수할 정도였
다. 그림뿐만이 아니다. 루터는 그림이 텍스트와 일치하는지에 대해
서도 예민했다. 루터는 화가에게 직접 삽화의 내용에 대해 지시를 했
다. 텍스트의 어떤 위치에 삽화가 들어가야 할지 분명히 지시해 주었
다는 증빙자료들이 존재한다. 예컨대, 루터성서를 제작한 인쇄소에

　　(2014), 64.

46 Panofsky, *The Life and Art of Albrecht Dürer*, 386.

47 박일호, 국립현대미술관 '뒤러와 동시대작가 판화전' 리뷰, 「동아일보」(1997. 1. 9.).

48 안용준, "루터, 성서 위에 예술을 꽃피운 신학자(1483-1546)", 23.

서 교정 일을 했던 발터(Christoph Walther, 1515~1574)는 루터가 자신에게 글자 하나하나 철저히 살펴볼 것을 요청했고, 삽화에 대해서도 텍스트를 이해하는 데 불필요한 것들을 지적하며 어떻게 그릴 것인지를 요구했다고 회상한다. 이로 보아 루터는 분명 텍스트의 어떤 위치에 삽화가 필요한지 알고 있었으며 그림이 어떤 의미를 내포해야 하는지를 결정했을 것이다. 이는 무엇보다도 루터성서의 일부 난외주석의 경우 삽화와 관련된 내용으로 되어 있어 작가의 이미지와 루터의 텍스트가 일치하고 있다는 증거가 된다. 루터가 자신의 성서에 대해 작업했던 신중함을 생각해 본다면 그가 직접 삽화를 선정했을 것이라는 점에 대해선 의심의 여지가 없다. 이후로도 삽화에 대한 관심의 시선을 거두지 않고 죽을 때까지 지속적으로 계속 수정하고 보완해 나갔다.[49]

3) 루터성서(1534)의 삽화적 해석

　　루터는 성서의 삽화를 통해서도 자신의 종교개혁적 주장들을 설파하고 있다. 성서 독자들은 루터의 종교개혁 사상을 삽화를 통해 전달받는데, 이는 루터의 성서 본문 해석이기 때문이다. 루터가 관련 삽화에 대해 직접 작성한 난외주석은 그의 의도를 더욱 분명하게 드러낸다. 예컨대, 삽화 중에는 선제후 프레데릭의 만류에도[50] 교황을 삼층으로 된 교황관 티아라(Tiara)를 쓴 적그리스도 용의 모습으로 노

---

49 최경은, "시대비판을 위한 매체로서 루터성서(1534) 삽화", 60-61.
50 Kurt Löcher, ed., *Martin Luther und die Reformation in Deutschland, Vorträge zur Ausstellung im Germanischen Nationalmuseum Nürnberg 1983* (Schweinfurt: Weppert, 1988), 277.

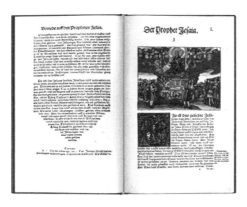

골적으로 묘사하는 등 공개적으로 가톨릭교회를 비판하고 있다.[51] 이와 같은 배경에서 루터는 삽화라는 렌즈를 통해 성서를 어떻게 보고 있는가. 첫째, 유형론적으로 보고 있다. 루터성서의 여러 삽화들은 구약과 신약의 사건들의

"이사야서 1장"(왼쪽 하단에 인간의 죄를 사하시기 위해 십자가를 지고 가시는 예수가 보인다), 〈루터성서〉, 1534, 목판화에 채색

관계를 알지 못하는 독자들을 상정하고 있는 듯하다. 루터성서는 구약의 내용과 신약의 내용을 동일한 한 장면으로 처리하고 있다. 이를 통해 구약과 신약은 시공간적으로 거리가 있지만 실은 동일한 사건이라고 말하고 있는 것이다. 예컨대, 호세아서에는 예수의 수난과 부활, 스바냐서에서는 제자들이 복음을 전하기 위해 떠나는 모습, 스가랴서에는 예수의 예루살렘 입성, 말라기서에는 세례자 요한의 모습이 등장한다. 구약의 각 예언서의 사건에 신약의 사건을 배경으로 넣어 공간적으로 동시에 처리함으로써 구약과 신약이 유형론적 관계이지만 구약이 신약의 예비임을 알레고리적으로 해석하고 있다.[52]

---

51 Tilmann Falk, "Cranach-Buchgraphik in der Reformationszeit," 334. 교황을 관을 쓴 자로 묘사하는 것은 이후에도 지속되지만, 1522년 12월 판부터는 위의 관 두 개는 제거되고 단층관으로 표현된다.
http://wege-zu-cranach.de/cranach-magazin/beitrag/article/polemische-buch illustrationen-von-cranach-vater-und-sohn-390.html

52 Kurt Galling, "Die Prophetenbilder der Lutherbibel im Zusammenhang mit Luthers Schriftverständnis," in *Evangelische Theologie* 5/6 (München: Kaiser, 1946), 273-301 참조. 최경은, "시대비판을 위한 매체로서 루터성서(1534) 삽화",

루터의 성서에 대한 두 번째 삽화적 해석은 종말론적이다. 신약성
서의 경우, 마지막 책인 요한계시록을 제외하면 삽화는 거의 등장하
지 않는다. 이것은 신약의 역사적 내용, 특히 예수의 탄생, 전도, 죽
음, 부활 등을 그림으로 표현하지 않았던 인큐내뷸러 성서의 전통을
따르기 때문인 것으로 보인다. 성서의 핵심 내용인 복음서에 복음서
를 저술하는 복음서 기자 외에 다른 내용의 삽화가 등장하지 않는 근
본적 이유는 복음서를 역사적 사실로 받아들이지 않았기 때문이라는
주장이 있으며, 복음서에서 루터의 관심은 예수의 역사적 행위가 아
니라 복음이었기 때문이라는 주장도 있다.[53]

복음서의 경우와는 대조적으로 신약성서에서 삽화가 가장 많이
등장하고, 루터의 생각을 이미지를 통해 직접 표현했던 책은 요한계
시록이다. 종교 개혁적 차원에서 보면 루터에게는 바울서신과 요한
서신이 요한계시록보다 더 비중이 있었을 것이다. 특히 로마서의 경
우, '복음의 심장'이라 부르지만, 글이나 설교에서 요한계시록에 대한
언급은 거의 없다. 9월 성서의 요한계시록 머리말에서까지 이 책은
삶에 대한 분명한 지침을 주지 않기 때문에 별로 중요하지 않다는 투
로 말한다. 그런데 삽화의 경우에, 요한계시록을 경시하는 것 같은
루터의 태도와는 상반되는 것 같아 당혹스러움을 준다.

하지만 여러 가지 현실적 여건이 요한계시록에 비중을 두도록 했

---

69 재인용.

53 Brigitte Riese, "Der Einfluß der Reformation auf Malerei und Grafik der ersten
Hälfte des 16. Jahrhunderts, dargestellt am Beispiel der Wittenberger
Reformation" (Dissertation, Leipzig, 1983), 55; Cäcilia Nesselstrauß, "Holzschnitte
von Lucas Cranach zur ersten Ausgabe des Neuen Testamentes von Luther und
die Tradition der deutschen Wiegendrucke," in Feist, P. hrsg. *Lucas Cranach.
Künstler und Gesellschaft* (Wittenberg, 1972), 98-101. 최경은, "시대비판을 위한
매체로서 루터성서(1534) 삽화", 70 재인용.

고 삽화가 그 역할을 했던 것으로 보인다.[54] 16세기 초는 세상에 종말이 도래할 것이라는 믿음이 확산되어 있던 암울한 시기였다. 요한계시록에서만큼 이와 같은 상황을 잘 다룰 수 있는 책이 신약에 어디 있었겠는가. 당시의 종말론적 분위기의 원인과 내용으로 거론된 대상은 가톨릭교회이다. 따라서 요한계시록의 삽화는 종말론과 교황을 중심으로 하는 가톨릭교회를 함께 엮어 종교개혁의 정신을 전하면서 종교개혁을 반대하는 적들에 대해 반박할 수 있는 좋은 수단이었을 것이다.

요한계시록 삽화의 의도가 분명한 이미지로 표현되었기에 구태여 설명을 위한 주석이 불필요하므로 그 수가 적다. 텍스트의 은유적 언어는 삽화를 통해 구체적이고 가시적으로 해석된다. 가톨릭교회에 대한 거침없는 대담한 삽화는 가톨릭에 대한 신랄한 비판임을 누구나 알 수 있었다. 교황을 비판하기 위한 삽화들이 여러 장인 이유도 교황이 적그리스도라는 의도적인 비판을 하기 위해서였다. 요한계시록의 삽화는 당대의 종말론적 분위기를 흡수하면서 그 이상으로 멸망의 선봉에 서게 될 교황과 가톨릭교회에 대한 종말론적 예언이 현재 이루어지고 있음을 보여주는 것이다.

루터성서에서 볼 수 있는 세 번째 삽화적 해석은 동시대적 해석이다. 루터성서의 삽화는 교황 비판이나 터키전쟁, 농민전쟁 등 당시 사회적 상황에 대한 비판을 담고 있다. 특히 요한계시록에 삽입된 26점의 삽화는 거의 예외 없이 현실 비판적 내용을 담고 있다. 말라기서의 삽화는 법을 위반한 농민들을 향해 설교하는 말라기 선지자의 모습을 보여주는데, 이는 1523~1525년 사이에 일어났던 농민전쟁에 대

---

54 *Ibid.*, 73.

해 반대를 취했던 루터를 대변하는 모습으로 보아야 할 것이다.55 비판적 삽화는 루터의 의도에서 그치지 않는다. 요한계시록의 삽화에는 루터와 크라나흐의 대표적 협업의 예가 보인다. 요한계시록의 기사 삽화에서 기사는 낮은 계층의 백성만을 공격하며, '바빌론 창녀'는 상류층만을 유혹하는데, 이는 당시 사람들의 생각과는 다른 것이다. 크라나흐의 의견이 작품에 반영된 것으로 볼 수밖에 없다. 하지만 바빌론 창녀가 쓰고 있는 '티아라', 즉 교황을 상징하는 삼단 왕관을 통해 반로마 논쟁을 넣은 것은 분명 루터의 의견이었을 것이다.56

루터성서에서 삽화는 책을 꾸미고 장식하는 미적 도구가 아니다. 삽화는 하나님에게 대적하는 인물들과 사회에 대한 정죄이고 비판이었다. 이와 같은 삽화의 내용이 바로 종교개혁의 내용이고 사상이었다. 그러므로 삽화는 민중들에게 정보와 교리를 전달해 주는 매체의 역할까지 할 수 있었다.57 루터성서의 시대 비판적인 삽화와 평이한 민중어 번역의 성서 본문의 결합 효과는 배가되어 민중에게 큰 영향을 미쳤을 것이다. 루터는 성서 삽화를 통해 민중들에게 성서의 내용을 가르치려는 교육적 시도와 더불어 교황을 중심으로 하는 가톨릭 교회에 대해 반대하는 개혁을 시도했다. 이와 같은 시도가 민중어 번역과 인쇄술의 발달에 힘입어 종교개혁을 가속화하게 했다.

---

55 *Ibid.*, 76.
56 *Ibid.*, 74.
57 *Ibid.*, 79.

IV. 나가는 글

우리는 이상에서 루터 종교개혁에서 이미지의 기여에 대하여 살펴보았다. 루터는 자신의 사상을 이용할 수 있는 모든 채널에 이미지와 함께 실어 민중들에게 전달하였다. 이미지는 민중의 시각적 선호 본성에 부응하며 사상 텍스트와 어울려 루터의 사상에 대한 이해와 수용을 용이하게 했다.

종교개혁의 전개 과정에서 루터의 이미지 활용은 한국교회의 소통 매체에 대한 현실을 되돌아보게 한다. 개신교 교회는 종교개혁의 정신을 충실히 따라 말씀 전파에 전폭적인 노력을 기울여왔다. 하지만 시간이 흐르면서 환경이 변하고 신자들은 단선적인 언어적 소통에 지루함을 느끼게 되었다. 현대인들은 읽고 듣는 언어적 매체보다 보는 시각적 매체에 더 익숙하고 수용의 폭을 벌린다. 이와 같은 환경에서 교회의 소통을 위한 노력은 대형 모니터 화면 설치에 그치고 만다. '읽기 혁명'이었던 종교개혁 시기의 민중도 이미지를 선호했다면, 교회가 신자들의 정체성을 하나님의 말씀까지도 보고 싶어 하는 '시각적 인간'으로 새롭게 정의해야 할 때이다. 이미지를 편협하게 지식이나 정보 그리고 데이터와 관련된 것으로만 생각하지 말자. 이미지를 본다는 것은 이해하는 것이기에 의미와 통찰의 이미지도 얼마든지 가능하다.[58] 우리 사회가 이미 시각문화에 젖어있음을 인정하고 수용하며 그에 대처해 나가야 할 것이다.[59]

---

58 오병근, 『지식의 시각화: 보이는 지식, 지식의 디자인』(서울: 비즈앤비즈, 2013) 참고.

59 시각에 의한 의미의 생성과 전달에 대해서는, Richard Howells and Joaquim Negreiros, *Visual Culture*, 조경희 역, 『시각문화』(부산: 경성대학교출판부, 2014).

우리는 이 글에서 루터가 종교개혁 과정에서 이미지를 활용한 의도는 그의 사상의 선전과 유포에 있었다고 했다. '선전과 유포'. 그것은 '교육'과 다른 말이 아니다. 선전과 유포는 교육의 방법을 일컫는 말일 뿐이다. 루터의 종교개혁이 종국에 민중을 향한 것이었다면 삽화의 경우는 비난을 받을 만큼[60] 그들에 대한 교화였고 교육이었다. 가톨릭에 저항하고 반대하는 운동으로서 종교개혁의 완수는 민중에 대한 질적 교육으로 완성되었다고 볼 수 있다. 본래 교회가 되기 위해 몸부림치는 한국교회가 교회다움을 회복하는 길은 행사와 프로그램에 있지 않고 말씀에의 회귀와 그것의 교육적 실천에 있음을 인식해야 한다. 정리하면 성서적 서사는 시각적 언어로 해석될 수 있으며, 말로 하는 성서적 설교와 가르침을 결코 대체하는 것일 수 없으나 보완하는 것으로는 사용할 수 있다. 나아가 이미지 활용은 교육의 도구였으며 종교개혁은 교육적 차원의 운동이었다.

이 글은 루터의 종교개혁에서 이미지 활용이 종교개혁 운동을 역동적으로 전개되도록 한 추동력이었다고 했다. 그 창의적 이미지 활용과 종교개혁 운동의 밀착 관계를 온전히 규명하기 위해서는 크라나흐로 대표되는 종교개혁 과정에서의 시각 매체에 대한 종합적 연구가 필요하다. 하지만 이 글에서는 연구 주제 내용의 방대함과 그로인해 학술지 게재의 양적 조건을 충족시킬 수 없는 문제 등으로 관련 내용의 일부인 그리스도와 적그리스도 그리고 성서만을 다루었을 뿐이다. 이어지는 연구에서는 종교개혁 과정에서의 루터의 이미지 활용의 전모를 파악하기 위해 이 글에서 다루지 못한 나머지 내용, 즉

---

60 그래서 루터의 교육적 예술은 예술의 죽음이라는 비난까지 받아야 했다. Eamon Duffy, "Brush for Hire," *London Review of Books* 26:16 (19 August 2004), 15-16.

크라나흐를 내세운 율법과 은혜, 교리문답서, 초상화 그리고 제단화 등에 나타난 이미지 활용을 종합적으로 다루어야 할 것이다.[61] 루터가 이미지를 활용한 영역들은 각기 독자적 성격의 매체이기 때문에 그에 대한 연구들은 오늘 우리의 교회들이 보고 배워 따라 할 수 있는 유익한 자원이 될 수 있기 때문이다. 그럼으로써 루터의 복심에 있던 말씀 위에 참 교회가 세워질 가능성은 커질 것이다.

---

61 관심 있는 독자들은 다음의 문헌을 참고하시오. 율법과 은혜: 이한순, "루터와 크라나흐의 프로테스탄트 도상학", 「미술사논단」 7 (1998), 192-209; Bonnie Noble. *Lucas Cranach the Elder: Art and Devotion of the German Reformation* (Lanham: University Press of America, 2009), 27-66; Bonnie Noble, "Cranach, Law and Gospel (Law and Grace),"
https://www.khanacademy.org/humanities/world-history/renaissance-and-reformation/protestant-reformation/a/cranach-law-and-gospel-law-and-grace,
교리문답서: Timothy J. Wengert, *Martin Luther's Catechisms: Forming the Faith* (Minneapolis: Fortress Press, 2009); Martin Luther, *Der Große Katechismus*, 최주훈 역, 『마르틴 루터 대교리문답』 (서울: 복있는사람, 2017); Bruce McNair, "Martin Luther and Lucas Cranach Teaching the Lord's Prayer," *Religions* 8:4, (2017): 63-75, 초상화: 이한순, "루터의 종교개혁과 대 루카스 크라나흐", 「미술사논단」 3 (1996), 111-127, 제단화: Oskar Thulin, *Cranach Altäre der Reformation*, Berlin 1955, 33-74; Joseph Koerner, *The Reformation of the Image* (Chicago: University of Chicago Press, 2004); Bonnie Noble. *Lucas Cranach the Elder: Art and Devotion of the German Reformation* (Lanham: University Press of America, 2009), 67-162.

삶과 사람을 위한 조각*

I. 들어가는 글

예술은 모호하다. 몽롱하다. 그래서 예술이다. 만일 예술이 과학처럼 자로 잴 수 있는 객관적인 것이라면 그것은 예술성이 부족하거나 예술이라 할 수 없을 것이다. 예술은 그것을 접하는 이들이 서로다르게 느끼고 생각할 수 있는 넉넉한 것들을 품은 여유이다.

기독교교육을 한 조각가의 예술로부터 재고하고자 하는 이 논문은 그래도 낯설 수 있다. 우리가 가진 학문에 대한 편견 때문이다. 학문은 과학적이어야 한다고 보는 학계의 입장을 반영하듯 교육마저교육과학으로 부르는 현실이기 때문에 그와 같은 낯섦은 오히려 자연스럽다.1 학문이 객관성을 띤 과학적 의미로 사용되는 것은 그 기

---

* 이 글의 출처는 "삶과 사람을 위한 기독교교육: 조각가 홍순모를 실마리로". 「신학사상」 145. 2009 여름: 297-322이다.
1 이어령은 "요즘은 인문학 논문마저 '주석을 얼마나 달았느냐, 참고문헌은 무엇이냐하는 실증적 잣대로 평가한다"라고 꼬집었다. "얼마만큼 당신의 시각으로 세상을

원으로부터 연유된 듯하다. 학문이 그리스에서 출발할 때 그것은 철학이자 과학이었다. 따라서 학문으로서 철학이 과학적 성격을 포함하게 되어, 학문하면 과학성을 전제하게 된 듯하다.[2] 그러나 우리가 생각하는 그 같은 학문의 개념은 어디서부터 온 것인가. 만일 삶의 기술과는 상관이 없는 그 같은 학문의 개념이 서양으로부터 온 것이라면 다른 학문의 개념도 있음을 알아야 한다.[3] 동양에서 학문은 자기 수행이다. 외부세계에 관한 '객관적' 탐구를 일차적 과제로 삼는 과학이 온존해 온 서구에서는 내면을 닦는 '수양', '수신'이 학문의 범주에 속하지 않았다. 이에 비해 동북아 학문에서는 내면의 수양이 일찍이 학문으로서 자리 잡았다. 동양에서 학문은 단순한 이론이 아니라 하나의 독특한 삶의 양식으로, 그 성격상 주체혁명보다는 객체혁명에 치중하는 근세 이후의 서양 학문과 뚜렷하게 대비되는 모습을 보인다.[4]

이 글은 예술로부터 과학으로 가기 때문에 이미 과학적이지 않다.

보고 인간을 보느냐는 정작 문제가 되지 않는다"라고 지적했다. 이어령, "경계 파괴 시대의 인문학", [제2기 석학과 함께하는 인문강좌, 학술진흥재단 주최] (서울역사박물관, 2008. 10. 11.).

2 Will Durant, *The Story of Philosophy,* 황문수 역,『철학 이야기』(서울: 고려대학교 출판부, 1998), 3-4; 임경순,『과학사개론』(http://www.postech.ac.kr/press/hs/ C01/C01S003.html) 참조.

3 라틴어나 그리스어에서는 '아르스'(ars), '테크네'(techne)라는 용어로 예술과 과학 (당시는 '기술')을 한 단어로 표시하고 있다. 과학과 예술이 생각하고 표현하는 시간과 공간이 본질로 같다는 면에서도 그 둘은 공유영역이 넓다. 이 같은 전제에서 기독교교육은 예술과의 대화 가능성을 획득한다. Władysław Tatarkiewicz, *Historia Estetyki (History of Aesthetics: Ancient Aesthetics)*, 손효주 역,『(타타르키비츠) 美學史1: 고대미학』(서울: 미술문화, 2005), 60-61, 247.

4 소광희, "학문의 이념과 분류", 소광희 외,『현대의 학문 체계: 대학에서 무엇을 배울 것인가』(서울: 민음사, 1994); 이정우, "20세기 한국과 사유의 변환",「emerge」(중앙일보사, 1999 · 12) 참조.

그러나 기독교교육이 자신을 돌아보기 위해서는 과학에서 과학으로 갈 수는 없다. 그래서 우리가 할 수 있는 방법 중의 하나는 동양적 관점에서 자성하게 할 수 있는 분과학문을 찾는 일이며 그중의 하나가 예술일 수 있다고 본 것이다. 최근 학문 활동에서 일반화된 학문간 연구(interdisciplinary)나 다학문적 연구(multidisciplinary)는[5] 그 예상되는 유익을 생각하면 예술과 기독교교육 사이에도 인정되어야 한다고 본다. 특히 그것이 기독교교육을 전혀 새로운 시선으로 볼 수 있는 계기의 가능성이 될 수 있다면 더더욱 그렇다.

이 땅에서의 기독교교육학은 서구 중심적이다. 본격적 기독교교육학의 학문공동체인 종교교육협회(Religious Education Association) 100년 역사는[6] 우리가 배우고 따라야 할 학문적 선구였다. 기독교교육 학문공동체에서 그것이 당연시되었지만, 그 결과 우리는 우리 것이 아닌 것을 맹목적으로 추종하는 식민지성에 익숙해지게 되었다.[7] 그리하여 우리 땅과 거기 발을 딛고 사는 사람들에게 있지도 않은 내용들을 마치 있는 것처럼 말하기도 했다. 그래서 우리의 말들은 삶과는 무관한 것이거나 구체적이고 다양한 현실을 일반화시킨 이론의 중언부언이었다.[8] 우리는 이 같은 내용에 대해 기독교교육의 정체성

---

5 한 예로 Richard R. Osmer, *The Teaching Ministry of Congregations*, 장신근 역,『교육목회의 새로운 패러다임』(서울: 대한기독교서회, 2007). 그 책의 방법론에 대해서는 138-140 참조.

6 협회는 1903년 2월에 결성되었으며 기독교교육학계의 대표적 학술지인 *Religious Education*을 발행한 지도 100년이 넘었다.

7 북미와 유럽의 기독교교육 이론이 종교를 포함한 문화적 다양성(plurality)의 문맥에서 다원주의(pluralism)적 접근을 해야 한다는 주장에 대해서는 Hope S. Antone, *Religious Education in Context of Plurality and Pluralism* (Quezon City, Philippines: New Day Publishers, 2003) 참고.

8 예를 들어, "200만 명의 사람들이 인도네시아에서 학살되었다고 읽을 때, 우리 하키팀이 이겼다는 기사보다 더 큰 인상을 주지 않는다" 즉 우리 것이 아닌 어떤 대단한

을 묻는 차원에서 한 번쯤 생각해 볼 필요가 있다. 우리는 그것을 홍순모라는 조각가를 빌미로 논의하고자 한다. 가장 현실에 밀착되어 있다고 보이며 삶과 작품 그리고 작품의 내용과 소재의 일치를 추구하는 홍순모에게서 기독교교육의 새로운 원석을 캐리라는 희망이 보이기 때문이다.

II. 홍순모의 예술론

1. 작가 소개

1) 생애

홍순모는 1949년 8월 18일 서울에서 출생했다. 1968년에 서울대학교 미술학과 조소과에 입학하고 1976년에 서울대학교 대학원을 졸업하였다. 홍순모의 조각은 그의 생애와 분리될 수 없다. 그의 거칠고 어눌해 보이는 조각들은 그가 겪은 생의 고통과 그리고 그 같은 경험으로부터 인생을 관조하는 자세가 나타나고 있기 때문이다. 그의 작품에 영향을 미친 삶의 사건은 크게 두 가지다. 그의 생애에서 가장 고통스런 사건은 어린 딸의 대퇴부 탈골이었을 것이다.[9] 아픈

것을 말해도 그것은 우리와는 무관한 사소한 것으로 떨어질 뿐이다. Andrey Tarkovsky, "시간 속의 시간", 김종철 편, 『녹색평론선집』 2 (대구: 녹색평론사, 2008), 427. 타르코프스키의 일기 내용은 Andrei A. Tarkovskii, Martyrolog, 김창우 역, 『타르코프스키의 순교일기: 한 위대한 영화감독의 구도의 삶과 영화예술론』 (서울: 두레, 1997) 참조.

9 최종태, "홍순모展에",

자녀를 둔 부모가 모두 그렇듯이 그가 겪었을 자녀의 고통을 대신할 수 없는 무력감 그리고 이유를 알고 싶은 욥 같은 불평 그리고 자식에게 일어난 일에 대한 근거 없는 죄의식 등이 그를 대단히 깊은 실존적 고난과 삶에 대한 무의미와 삶의 문제들에 대한 인간의 무력감 등을 체험케 했을 것이다. 이 어려운 시기를 겪으면서 그는 영적 체험을 하게 되었고 작품은 기독교적 성격을 띠게 된다.[10]

그의 작품에 영향을 미친 다른 하나의 경우는 목포라는 삶의 자리였다. 그가 목포에 자리 잡으면서 그는 삶의 현실을 보게 된다.

> 그의 작업실이 있는 목포 근교 어디에서나 만날 수 있는 시골 사람들이 대부분으로 허름한 양복을 걸쳐 입은 아저씨이든 투박한 무명천을 걸친 아낙네의 모습이든 가난하지만 소박하게 살아가고 있는 서민들의 전형적인 모습들이다.[11]

궁핍한 삶의 터전과 빈곤의 지평에서도 묵묵히 삶의 터전을 일구어 온 순박하고 꾸밈없는 서민들은 그의 조각에 이미지와 정신으로 새겨지게 된다.

어린 딸로 인한 고통과 목포에서의 현실은 그의 마음 안에서 서로 얽히면서 기독교적 정신을 영글게 한다. 그와 같은 경험들은 좀 더 근본적으로 기독교 안에서 인간 삶의 본질에 대해서 탐구하는 계기가 되었고 기독교를 통해 삶의 문제들을 해결하고자 하는 노력으로

---

http://www.kcaf.or.kr/art500/hongsoonmo/biogrphy.htm.

10 이준, "한국적 풍모의 인간상, 그 전형을 찾아서: 홍순모",
   http://www.samsungmuseum.org

11 *Ibid.*

나타났다.

　2) 약력

　　홍순모는 1985년 첫 개인전 이후 1986년도에는 5인의 평론가가
뽑은 문제작가(서울 미술관), 미술평론가, 미술대학 교수, 작가 등 56
인이 선정한 "80년대 한국화단의 괄목할 만한 작가들"(「공간」), 5인
의 평론가가 추천한 "15인의 조각가"(「계간미술」)로 선정되었고,
1989년도에는 "1980년대의 한국미술-평론가 15인이 추천한 대표
작가와 작품"(「계간미술」)에 선정되었다.
　　대한민국 미술대전 조각분과 심사위원, 광주 서구구청 상무조각
공원 추진위원 및 심사위원, 무등미술대전 운영위원, 대구 매일신문
대전, 전남 도전, 경남 도전 등의 심사위원,「살림」편집위원(한국신학
연구소, 아우내재단) 등을 지냈다.
　　작품집으로는 1995년도 평론가에 의하여 "한국미술 55인의 작
가"(시공사)로 선정되어 출간된 화집(*Art Vivant*) 등이 있다. 쓴 글에
는 "믿음의 형태들을 바라보면서", 최종태 편, 『교회조각』(열화당,
1998), "소조의 성형재료로서 무안 점토 분말에 관한 연구"(한국대학
교육협의회, 1999) 등이 있다. 그리고 유홍준, 최태만, 황지우 등의 평
론가, 시인이 쓴 작가론이 있다. 현재는 목포대학교 미술학과 교수와
백석대학교 기독전문대학원에서 가르치고 있으며, 가나화랑 전속작
가로 활동 중이다.
　　그동안의 작품 활동은 다음과 같다: Cite International des Arts
선정작가(Paris, France), 인도 트리엔날레, 평론가가 뽑은 문제작가

작품전(서울미술관), 신라호텔 야외조각전(가나 화랑), 현대미술 초대전(국립현대미술관), 한국화랑협회전(호암갤러리, 가나화랑), 서울국제 현대미술전(국립현대미술관), 대한민국미술대전(1997, 국립현대미술관), 서울국제아트페어특별전(예술의전당), 광주비엔날레국제특별전(광주시립미술관), 가나아트센터 개관기념 전속작가전(가나 화랑), 인물로 보는 한국미술(호암갤러리, 로댕갤러리) 등.[12]

2. 합일의 예술

1) 한국적 정서와의 공감

이 땅에 사는 예술가들이 단지 이 땅에 산다는 이유로 모두 이 땅의 정서를 표현하고 있다고 생각해서는 안 된다. 오히려 수많은 예술가는 이 땅에 살면서도 이 땅의 정서에 맞지 않는 정서를 표현한다. 그래서 오히려 이 땅의 정신과 정서를 표현하는 것이 낯설게 느껴지기도 한다. 홍순모는 그런 낯선 사람 중의 하나일 수 있다. 홍순모는 자신이 한국인임을 작품 속에 표현한 한국의 조각가이다.

"작가 홍순모는 서구적인 조형 어법이 범람하고 있는 이즈음 이른바 한국성의 모색을 적극적으로 실천하고 민족적 정서를 근간으로 한국적 인물의 전형을 성공적으로 표현해 온 몇 안 되는 작가 중의 한 사람이라는 데 의심의 여지가 없다." 우리가 홍순모의 작품을 대하면서 무엇보다도 한국적이라고 느낄 수 있는 것이 있다면 그것은 바로 '자연스러움'과 '친숙함'이라고 하겠다. 뭐니 뭐니 해도 그의 작

---

12 http://www.kcaf.or.kr/art500/hongsoonmo/biogrphy.htm.

품들은 낯설지가 않다. 대부분이 어디서 본 듯한 사람들이다. 따라서 자연스럽게 우리에게 다가온다. 독특한 표정이 지닌 실재성으로 인하여 호소력 있게 정서적으로 우리에게 다가온다. 만약 낯설게 느껴진다면 그것은 그만큼 우리의 시각이 서구화되었다는 것을 말해준다고 할 수 있을 것이다. 거칠고 투박하게 느껴지면서도 그것이 오히려 편안하게 느껴지는 것은 작가가 그 속에서 보편적인 공감대를 찾아냈기 때문이라고 할 수 있다. 이는 그가 우리의 문화적 전통이 축적해온 방식과 현재 살아가고 있는 우리의 현실 속에 스며들어 있는 삶의 모습에서 찾아낸 공통분모 같은 것이라고 할 수 있다.[13]

2) 삶에의 충실

홍순모 작품의 소재는 현실의 삶이다. 그는 목포로 내려가 그 근처 어디서나 볼 수 있는 사람들의 삶을 접한다. 그 삶은 머리에 있는 어떤 당위성을 지닌 삶이 아니라 그야말로 살아가는 절실한 삶이다. 작가가 목포에서 본 사람들은 가난하지만 소박하게 살아가고 있는 전형적인 서민들의 모습이다. 작가는 이 시대 진정한 삶의 모습을 바로 그 속에서 발견한 듯하고 그것을 '저런 삶도 있구나'하고 방관한 것이 아니라 그것을 작품의 세계로 끌어들였다.

> 이들은 선창가나 가까운 읍내 장터에 나가면 자연스럽게 부딪치는 사람들의 모습일 수 있죠. 이들을 지켜보면서 들풀같이 살아온 서민들의 생(生)의 편린을 읽을 수가 있었어요. 이들에게는 억장이 무너지는 것과 같은 뼈져

---

13 이준, "한국적 풍모의 인간상, 그 전형을 찾아서."

린 사연과 처절한 삶의 비애가 서려있는 것 같은 느낌을 받아요. 그러나 이러한 아픔과 서러움은 잔잔한 애정으로 뒤바뀌게 됩니다. 마치 30~40년 전 삶에 찌들은 우리네 부모나 친척이나 이웃들을 보는 것 같아요.[14]

작가는 이처럼 도시적으로 세련된 인물보다도 궁핍한 삶의 터전과 빈곤의 일상 속에서도 삶을 받아들이고 살아내는 끈질긴 서민들의 표정 속에서 토속적 삶의 원형 같은 것을 찾았던 것으로 보인다.

3) 신앙의 형상화

작가의 삶의 현실에 대한 애정은 바로 자신 삶의 문제가 된다. 그는 그리스도인으로서 다른 사람을 향해서 "너희들은 그리스도인으로서 이렇게 살아야 한다"라고 설교하지 않는다. 오히려 그는 자신을 향해서 "나는 신앙인으로서 어떻게 살아야 할 것인가"를 묻는다. "나의 삶의 고통, 문제, 두려움, 회의…, 이 모든 것들에 대해서 나의 신앙은 무엇인가"를 묻는 듯하다. 이 물음은 절박하여서 이후 그의 거의 모든 작품은 신앙적 문제와 얽히게 된다. 80년대 이후 그의 작품의 이름만 살펴봐도 그것을 알 수 있다. 「그가 찔림은 '우리의 허물'로 인함이요」, 「모든 '육체는 풀'과 같고 그 모든 영광이 풀의 꽃과 같으니」 등 수많은 작품은 인생의 허무와 무의미성 그리고 죄, 속죄, 진리, 교회 등 신앙의 중요한 주제들에 대해 진지하게 탐구하고 있으며 그것들을 형상화하고 있다.

그는 신앙과 삶의 문제에 대해 묻기만 하는 것은 아니다. 그는 삶

---

14 *Ibid.*

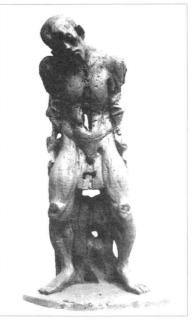

◀ 홍순모, 〈그가 찔림은 '우리의 허물'로 인함이요(He was being crushed for our errors)〉, 1983, 무안점토분말, 모래, 폴리에스텔레진, 55×25×20cm, 개인 소장

▶ 홍순모, 〈모든 '육체는 풀'과 같고 그 모든 영광이 풀의 꽃과 같으니〉, 1983, 무안점토분말, 모래, 폴리에스텔레진, 90×30×30cm, 개인 소장

▼홍순모, 〈아버지여 저희를 사하여 주옵소서. 자기의 하는 것은 '알지못함'이니이다(Fahter, forgive them, for they do not know what they are doing)〉, 1987, 무안점토분말, 모래, 폴리에스텔레진, 30×20×5cm, 개인 소장

의 문제에 대한 답이 신앙에 있다고 생각하고 그 안에서 해결책을 구한다. 작품 활동 초기부터 시작된 인생의 허무함과 무의미성과 고통 등의 문제가 신앙에 의해 해결될 수 있음을 서서히 자각해간다. 그는 이제 신앙으로 구원받고자 한다. 구원과 관련된 작품들이 십자가의 형태로 제작된 것은 구원이 예수 그리스도의 대속으로 가능함을 보여준다. 그에게서 신앙과 삶과 구원은 하나가 된다.

4) 내용과 방법의 일치

홍순모는 철저하게 현실지향적 작가다. 그는 자신이 한국인이라는 사실 때문에 한국인의 삶을 나타내야 한다고 생각했고, 자신이 신앙인이었기 때문에 신앙이 삶과 일치해야 한다고 생각했다. 그의 이와 같은 현실지향적 성격은 그와 같은 작품의 내용과 주제에서 그치지 않고 작품의 방법과 소재로까지 이어지고 있다. 그는 주제를 표현하는 최상의 방법을 무방법의 방법이라 할 수 있는 자연스런 방법이라는 다소 모호한 것으로 본다. 그는 이렇게 말한다.

> 나는 이것을 자연에서 들여다본다. 우리의 산세는 웅장하거나 척박하지 않다. 단단하고 야무지다. 풍요롭지만 느끼하지 않다. 크게 보거나 세밀하게 보더라도 허술하지 않고 여유가 있으며 탄력이 있다. 특히 사계절의 변화 속에서 더 더욱 다양하고 독특한 자연의 채취를 품어낸다. 우리 문화의 조형유산은 바로 이러한 자연풍물에 뿌리를 내리고 있다. 틀, 모양, 색감 등이 그러하고, 성근 맛, 순박미, 자연의 멋이 그러하다.
> 그래서 목기를 만드는 어느 장인은 자기가 만드는 목물은 자기의 손에서

만들어지는 것이 아니고, 자기의 손에서 떠나 세월의 흐름에 따라 자연과
사용자의 손에서 완성된다고 하지 않았던가![15]

또한 그는 이렇게도 말한다.

작품은 일단 자연스러움을 가져야 된다고 봅니다. 그리고 자연스러움은
곧 리듬이라고 봐요. 마치 무도(舞道)의 기본이 호흡인 것처럼 예술의 기
본은 리듬이라고 생각합니다. 자연이나 인간에게는 각기의 자체적인 리
듬이 있죠. 결국 예술 작품이라는 것은 이 리듬의 추출로부터 시작된다고
봅니다.[16]

그는 인위적인 요소는 가능한 제거하고 본래 그냥 거기에 있었던
것처럼 자연스럽게 작품을 제작한다. 그야말로 무엇을 만들어낸다는
의미보다는 형태가 스스로 생명성을 발휘하도록 돕는다. 그가 주된
재료로 활용하고 있는 합성수지에 검은 점토 분말을 이용한 작품 이
외에도 1990년 이후 그는 한지라든가 석회암, 화강암 등 다양한 재료
를 이용하여 제작하는 초상 조각이나 일련의 부조 작품들에서도 돌
이나 한지가 지닌 재료의 특성을 가능한 억압하지 않고 인물의 특성
만을 간결하게 포착한다.[17]
　그래서 그는 작품이 자신의 것이라 생각하지 않는다. 그는 다만
자연이 그 스스로 형상을 드러내도록 옆에서 그저 조금 돕는 보조자

15 홍순모, "형태는 사상(思想)이다!",
　　http://www.kcaf.or.kr/art500/hongsoonmo/biogrphy.htm.
16 Ibid.
17 Ibid.

홍순모, 〈'미련한 자'는 명철을 기뻐하지 아니하고〉, 1990, 석회암, 30×20×20cm, 개인 소장

의 역할을 하고 있는 듯하다. 황지우는 그것을 이렇게 말한다.

그의 석조들은 안 만들어진 듯 만들어진 듯하다. … 굵은 자갈들이 그대로 박혀 있는 그의 〈어찌하여 곤고한 자에게 빛을 주셨으니〉(1996년)나, 돌의 결을 따라 코가 과장되게 휘어져 있는 〈흑암 중에 행하여 빛이 없을지라도〉(1996년)는 길에서 주어온 허드레 잡석이나 괴석에 입술만 살짝, 혹은 눈만 살짝 암시할 수 있을 정도로만 손을 댄 것들이라고 한다. 작가는 어떤 오브제를 '발견'하고 극히 제한된 부분에만 '개입'하여 하나의 조형을 말하자면 안 만드는 듯 만드는 것이다.[18]

18 황지우, "신성의 빛, 수난, 숭고: 홍순모 조각에 대하여",

예를 들어, 우측의 작품 역시 같은 성향을 보여준다. 돌의 모양에서 자연스럽게 얼굴의 형태가 나타나도록 다듬은 정도로 보인다. 그래서 이 작품은 작가가 의도한 것이 아닌 마치 사람처럼 생긴 돌로 보인다.

〈'미련한 자'는 명철을 기뻐하지 아니하고〉, 1990, 30×20×20cm, 석회암, 개인 소장

그의 현실에 대한 애착은 마치 결벽증과 같아 보인다. 그는 작품 제작의 방식뿐만 아니라 그 소재까지도 현실이라는 땅으로부터 가져오기 때문이다. 그가 작품을 하는 데 이용했던 오브제(objet)들은 대부분 무안 땅의 흙들이고, 목포형무소의 돌들이었다.[19] 만일 주제와 작품이 한국적이라 해도 그것에 사용한 재료가 서구적인 것이라면 우리는 거기서 뭔가 어울리지 않는 불편한 느낌을 받을 것이다. 홍순모는 이 같은 작품의 재료가 줄 수 있는 부정적 가능성을 그가 삶의 터전으로 삼고 있는 지역의 자연물로 극복하고 있다. 흙과 돌이라는 재료보다 더 자연스러운 재료가 어디 있겠는가.

http://www.kcaf.or.kr/art500/hongsoonmo/biogrphy.htm.
19 *Ibid*.

III. 여기 지금 신앙인으로 살아가기 위한 기독교교육

1. 우리 정서를 지닌 인간 교육

홍순모와 관련된 내용이 기독교교육에 던지는 첫 번째 물음은 '우리 정서'에 대한 것이다.[20] 정서는 관점에 따라 심성의 발현으로 또는 일정한 대상을 향한 감정으로 정의된다.[21] 전자는 안으로부터의 정의이고, 후자는 밖으로부터의 정의이다. 그러나 밖으로부터 온 것이 안에서 나간다고 생각하면 그 둘은 나누어져 있는 것이 아니라 서로 연관되어 있다고 보아야 한다. 대표적 정서이론이라 할 수 있는 감정이론이나 생리학적 이론, 인지주의적 이론 역시 통합적으로 볼 필요가 있다.[22] 감각을 중시하는 생리학적 이론이 정서의 외적인 동인이라면 감정을 중시하는 감정이론이나 믿음, 판단, 사고, 합리성 등을 중시하는 인지주의적 이론은 외적 자극에 대한 내적 반응이라 볼 수 있기 때문이다. "정신적·도덕적 문화는 개인이 아니라 민족이 만들어낸다."[23]

기독교교육이 민족 정서에 주의를 기울여야 한다고 말하는 것은 정서의 바로 이 외적·내적 차원 때문이다. 그동안 기독교교육은 정서의 외적인 측면을 동일시해왔다. 즉 환경이 어떻든 동일 반응을 보

---

20 '정서'는 '느낌', '감정'과 혼용되기도 한다. 그러나 느낌은 신체의 감각을 통하여 수용된 반응이고, 감정은 그 느낌이 좀 더 심화된 내적인 판단이라 볼 수 있을 것이다.
21 유문상, "정서교육의 범주와 유가 동학의 정서교육 방법 고찰", 「열린교육연구」 11:2(서울: 한국열린교육학회, 2003), 177-198.
22 정서이론에 대해서는 고미숙, "도덕교육에서의 정서에 관한 연구", 「교육철학」 22 (한국교육학회 교육철학회, 1999), 20-23 참고.
23 김종철 편, 『녹색평론선집』 2 (대구: 녹색평론사, 2008), 435.

인다고 생각하고 동일 형태의 기독교교육으로 처방하려 했다는 것이다. 그러나 앞에서 살펴보았듯이 정서는 외적 자극의 내용에 따라 내적으로 상이한 판단을 통해 외적으로 다양한 형태로 나타나는 것이다.24 그러니까 감정의 표출을 순서로 보면 먼저 외적 자극이 우선된다. 이 외적 자극 중에 가장 큰 범주가 바로 민족성이라고 할 수 있다.

우리의 민족의 정서는 '한'(恨)이라고들 말한다.25 고은은 '한'은 서구나 중국·일본 등에서 찾을 수 없는 한민족 고유의 감정내용으로 본다.26 사전에서까지 '한'을 우리의 고유한 정서로 본다.27 그러나 이 '한'은 체념적 성격이 짙어28 계승보다는 극복해야 할 것으로 논의된다.29 더구나 기독교교육의 주요 대상인 아동과 청소년의 경우 외침과 독재 그리고 빈곤을 경험하지 않은 세대이기에 그들의 가슴 속에 응어리진 '한'이 있다고 보기는 어렵다. 그렇지만 우리 민족에게만 고유한 어떤 전통적 정서는 심리적으로 유전된다고 볼 수 있으며,30

24 감정에 대한 뇌과학적 입장은 박문호,『뇌, 생각의 출현: 대칭, 대칭의 붕괴에서 의식까지』(서울: 휴머니스트, 2008), 297-309 참조.

25 천이두,『한의 구조 연구』(서울: 문학과지성사, 1993); 백상창,『恨(The Hahn)과 한국病』(한국사회병리연구소, 1993); 김진 외 공저,『한의 학제적 연구』(서울: 철학과현실사, 2004) 등.

26 고은, "恨의 극복을 위하여",「한국사회연구」2 (서울: 한길사).

27 이희승 편,『국어대사전』3판 수정판 (서울: 민중서림, 1998), 4258에는 '한'을 "한민족이 겪은 삶과 역사 속에서 응어리진 분노·체념·원망·슬픔 등이 섞인 고유의 정서"로 설명한다.

28 "한에는 현실 속에서 겪고 당하는 부당한 모순(고통·고난)을 자신의 힘으로 현실 안에서 극복·해결하겠다는 의지가 전혀 담겨있지 않다. '한'은 고통스러운 현실에 그냥 좌절하여 비애·패배의식·허무감을 느끼다가, 현실에서 모든 희망을 버려 버리고 체념하는 삶의 꼴을 말할 뿐이다" 김인식, "〈서편제〉의 한과 한민족의 정서",「우리문학연구」22 (우리문학회, 2007), 221.

29 고은, "이 땅에서의 恨은 무엇인가: 恨은 계승할 것인가 극복할 것인가",『고은 전집』34 (서울: 김영사), 21-28.

30 Steven Pinker, How the Mind Works, 김한영 역,『마음은 어떻게 작동하는가: 과

이는 현재의 환경을 통한 학습과 함께 학습자의 정서를 형성한다. 그 같은 예로, 한 일본 자동차 회사의 중국에서의 광고를 들 수 있다. 그 광고는 일본의 자동차에 대해 중국을 상징하는 돌사자가 고개 숙여 인사를 하는 모습 등을 담고 있었는데, 이 같은 광고 내용이 중국인들의 민족적 자존심을 거슬려 항의가 일자 자동차 회사가 중국인들에게 사과하는 해프닝까지 벌어졌다.[31]

　기독교교육이 민족적 정서를 고려해야 한다는 이와 같은 언급이 낯설게 느껴지거나 거부감이 든다면 그것은 기독교교육이 보편성을 띠고 있다고 믿기 때문일 수 있다. 즉 모종의 기독교교육이 있는데 우리는 그것이 당연하다고 생각하기 때문에 질문이나 비판을 제기할 필요성을 느끼지 않는다는 자세이다. 기독교교육연구의 대부분은 우리의 전통적인 예절과 혈연을 중시하는 유교적 정서와 젊은 층의 기성세대의 권위에 대한 경시와 반미감정 등을 고려하지 않는다.[32] 그리하여 기독교교육은 대단히 착한 무조건 순종하는 학습자를 전제로 행해진다. 그 반대의 경우도 마찬가지이다. 예컨대, 오스머(Richard

---

학이 발견한 인간 마음의 작동 원리와 진화심리학의 관점』(서울: 소소, 2007); Alan S. Miller and Satoshi Kanazawa, *Why Beautiful People Have More Daughters: From Dating, Shopping, and Praying to Going to War and Becoming a Billionaire-Two Evolutionary Psychologists Explain Why We Do What We Do*, 박완신 역,『처음 읽는 진화심리학』(서울: 웅진지식하우스, 2008) 참조.

31 문춘영, "「중국통신」 해외마케팅, 민족정서를 모르면 백전백패",「광고정보」(2004-9), 99-102.

32 여기서 사족 하나. 그렇다고 해서 우리의 정서가 무조건 옳다고 말하는 것은 아니다. 오히려 그 정반대일 수 있다. 우리의 정서는 서양의 정서에 비해 비이성적이며 그래서 서양인의 눈으로 보면 이해할 수 없는 경우가 많다. 그중의 하나가 2002년 솔트레이크시티 동계올림픽에서의 김동성 선수의 실격 사건에 대한 전 국민의 공분이다. 교수신문 편,『오늘의 우리 이론 어디로 가는가: 현대 한국의 자생이론 20』(서울: 생각의나무, 2003), 28-29.

R. Osmer)는 자신의 교육목회적 잣대를 남의 나라 교회에 들이댄다.33 그래서일까 오스머는 "타문화에 속한 회중과 지속적인 대화에 들어간다는 것은 위험부담이 있는 작업"임을 인정하면서 "타문화에 대하여 호전적인 자세로 간섭하거나 비판적 자세를 취하지 말고 문화적 경계를 넘어서서 배우고 경청"해야 한다고 말한다.34 한국의 기독교교육은 단지 이 땅에서 행한다는 이유만으로 한국 기독교교육이라고 강변하거나, 한국 기독교교육에 대한 방어가 불필요한 '일반성'이라는 무풍지대로부터 속히 나와야 할 것이다.

2. 삶 밀착적 기독교교육

홍순모의 작품은 모두 인물들이다. 그 인물들은 범상한 자들이 아니다. 그들은 그의 작업의 장이었던 목포 어디서나 볼 수 있는 사람들이다. 그리고 그들은 가난하지만 소박하게 살아가고 있는 전형적인 서민들이다. 기독교교육이 다루어야 할 소재로서 삶이 반드시 그런 인고의 인물들일 필요는 없다.35 홍순모가 다룬 인물은 그의 주변 어

---

33 Osmer, *The Teaching Ministry of Congregations.*

34 *Ibid.*, 5-6.

35 그러나 그 또한 필요한 일이기도 하다. 한국의 산하와 전통문화에 대하여 깊은 성찰과 모색을 추구하여온 송필용 역시 작고 낮은 이들에게 관심을 갖는다. "그의 그림은 본질로 작고 하찮은 것, 모나고 힘없는 것, 보잘것없는 것들을 돌보고 감싸 안고, 거기에 그치지 않고 스스로 낮고 외로운 자리에 함께 서고, 나아가서 그것들 속의 하나가 되고자 하는지 모른다. 그리고 그것이 미술의 참된 길이라고 여기는지도 모르겠다"(박영택, "민족적인 감성과 정서로 표출한 조형적 미감", 「미술세계」 89 [미술세계사, 1992·4], 101). 기독교교육이 이처럼 낮고 작은 사람 사람들에게 관심을 기울여야 하는 것은 성서의 뜻을 실현해야 할 책무 때문이다. 성서는 항상 낮은 자에 관심을 갖는데 그것은 거기에서 하나님의 최고의 관심인 생명이 가장 극명하게 드러나기 때문일 것이다. 그리고 그들이 바로 우리 자신이기 때문이다. 그들

디서나 볼 수 있었던 사람들이라는 것이 중요하다.

모든 교육의 목적은 사람이다. 그것은 기독교교육 역시 동일할진데, 우리의 시선은 지금 어디로 향하고 있는지 반성할 때이다. 기독교교육이 교육의 목적인 학습자를 향하지 않았다고는 말할 수 없을 것이다. 전적으로는 아니더라도 기독교교육은 그 연구의 한 분야를 학습자로 정하고 그것을 이해하고자 노력해왔다. 그렇지만 우리 기독교교육이 크게 잘못된 것은 학습자들이 '누구인가'에 대한 관심만큼 그들이 '무엇인가'에 대해서는 별로 관심을 기울여오지 않았다는 것이다. 즉 이 땅의 학습자들이 어떻게 살아가고 있는지를 보려 하지 않았고 이렇게 살아야 한다고 훈계만 하는 식이었다는 것이다. 또는 우연히 눈에 들어온 학습자들의 비상한 삶에 대해 '저런 삶도 있구나' 인식은 했지만 그것을 연구로까지 끌어들이지 못했다는 것이다.

기독교교육이 학습자의 삶에 주목해야 하는 이유는 삶이 학습자를 변화시키기 때문이다. 예를 들어 보자. 우리가 앞에서 본 홍순모의 예술이 본래부터 그랬던 것은 아니다. 그의 예술의 전기는 다름 아닌 그의 어린 딸에게서 일어난 대퇴의 탈골 현상이었다. 이때 부모로서 받은 충격과 절망은 그를 방황과 번민 속으로 빠뜨렸다고 한다. 이 어려운 시기를 겪으면서 그는 영적 체험을 하게 되었고 이 시기를 전후해서 그의 작품에 성경 구절이 제목으로 인용되고 있다는 점은 주목할 만하다. 이 점이 그의 작품을 예술 자체만으로 제한해서 논의하기 어렵게 만든다. 왜냐면 이후 그에게 있어서 예술 창작 행위는 그

이 우리의 정체성이다. 왕대일, "나그네(게르): 구약신학적 이해", 「신학사상」 113 (서울: 한국신학연구소, 2001·6), 101-121; 나동광, "나그네 신학의 기초", 「한국기독교신학논총」 20(서울: 한국기독교학회, 2001), 187-209; 김재성, "마태복음에 나타난 작은 사람들", 「신학사상」 133 (2006·여름), 73-104 참고.

자체가 그의 독실한 기독교적인 신앙과 근본적으로 연결되어 있다고 보이기 때문이다. 말하자면 세상을 바라보는 눈이 변했을 뿐만 아니라 그것을 표현하는 방식도 많이 변했다는 점이다.[36]

우리의 학습자들은 미국의 학습자가 아니다. 지금 그들은 미국에서 시작된 금융 위기로 구조 조정의 대상이며, 일자리가 없는 80만원 세대이며, 촛불을 들고 시위를 하는 디지털감성세대이며,[37] 일제고사를 치러야 하는 경쟁세대이다.[38] 학습자들의 삶이 그와 같음에도 불구하고 기독교교육은 학습자들의 표준적인 삶, 사실은 질풍노도의 삶과도 같음에도 마치 태풍의 눈만 보는 오류를 범해왔다. 이 나라의 학습자들이 최근 2~3년간에도 그들의 삶을 뒤흔들 수 있는 엄청난 삶의 소용돌이에 휩싸였지만, 기독교교육은 마치 아무 일도 없었다는 듯이, 그것은 백일몽일 것이라고 말하는 듯이 늘상 그래왔던 것처럼 어느 누구에게도 적용할 수 없게 된 원론만을 언급해왔다.

학습자에 대한 이와 같은 순진한 이해는 학습자들의 삶을 교회 안에만 두는 제한적 이해 때문이다. 여기에 삶의 문제를 개인적 차원에서만 보는 단선적 시각 때문이다. 그러나 삶이란 것이 교회 안에서만 영위되는 것이 아니고, 개인의 노력만으로 이끌 수 있는 것도 아니다. 교회는 사회 속에 있으며, 사회는 세계 안에 있다. 개인 역시 사회 안

---

36 이준, "한국적 풍모의 인간상, 그 전형을 찾아서".

37 김호기·고동현·김인정, '2.0 세대의 사회학: 시민사회와 장보사회의 시각' 한국사회학회 후기사회학대회 (2008. 12.), 19-20.

38 그렇다고 여기서 말하는 삶의 내용이 외적인 것만을 가리키는 것은 아니다. 오히려 우리가 관심을 가져야 할 것은 학습자의 내적 삶이다. 예를 들어, 이승수는 문학이 비롯되는 삶의 자리를 26개의 핵심어로 제시한다. 절망·여행·소멸·호기·거울·폐허·탄생·전장·모순·풍류·불안·광기·해학·분노·풍자·사랑·공포·유폐·이별·우정·동경·신념·한적·비애·죽음·고독 등이 그것들이다. 이승수,『문학이 태어나는 자리』(서울: 산처럼, 2009).

에 있으며 그 사회는 이미 세계화라는 막강한 흐름 안에 놓여 있다. 기독교교육은 이와 같은 학습자들의 상황을 모르는 것인지, 외면하는 것인지 알 수 없지만, 그래서 현실적으로 기독교교육은 무력하다.

이제 기독교교육은 삶과는 무관한 또는 별로 관계없는 소재들로부터 눈을 들어 우리의 학습자들이 어디에서 어떤 상황에 처해 있는지를 보아야 한다. 그와 같은 변화의 몸짓은 하나의 시대적 책무이며 소명이어야 한다. 그 구체적인 내용은 크게 두 가지가 될 것이다. 하나는 학습자의 삶을 교회 이상의 문맥에서 해석하는 일이다. 학습자는 최소한 가정, 학교, 직장 등의 장을 무대로 삶을 영위한다면 거기서 일어나는 사태들에 대한 기독교교육적 처방을 내려야 할 것이다. 특히 학습자들의 삶이 그가 삶을 영위하는 장과 태생적으로 얽혀있는 오늘날과 같은 상황에서 구조의 문제는 진지하게 탐구되어야 한다. 예를 들어 최근 미국의 서브프라임 모기지론(Sub prime mortgage loan, 비우량 주택담보 대출)[39] 부실사태에서 비롯된 금융 위기의 전 세계적 확산은 일상의 삶을 누리던 수많은 성실한 근로자들을 길거리로 내몰았는데, 이를 어떻게 해석하는가 하는 것이다.[40] 적어도 기독교교육은 모기지 사태가 인간의 탐욕으로부터 시작되었음을 볼 수 있어야 하고 탐욕보다는 나눔이나 자족 등의 가치에 대한 교육을 어찌해야 할지 모색해야 할 것이다.[41] 한편, 이 문제는 신자유주의[42]에

---

39 미국에서 신용등급이 낮은 저소득층을 대상으로 고금리로 주택마련 자금을 빌려 주는 비우량 주택담보대출. 연체율 상승으로 서브프라임 모기지에 투자한 펀드와 금융회사가 연쇄적으로 손실을 보면서 신용 경색 우려가 글로벌 금융 위기로 번졌다.
40 강수돌, "금융 위기와 노동자의 삶", <한겨레신문> (2008. 10. 29.).
41 "교회가 본 세계 금융 위기…그 해법은?", <연합뉴스> (2008. 10. 25.).
42 신자유주의란 전통적인 경제영역에서 시장을 즉각적·무조건적·무제한적으로 확대·강화하고, 비경제적인 영역까지 포함하여 인간생활 전반을 시장원리로 작동시키고자하는 정책이념이며, 따라서 시장에 전인격을 포획하고자 하는 기획이라고

대한 의구심을 갖도록 했으며 그에 대한 대안을 찾도록 도전하게 만든다.43 다른 하나는 전 지구적 차원에서의 지속 가능한 인류에 대한 기독교교육적 탐구이다.44 환경의 대반격으로 위기에 처한 지구, 9.11 이후의 새로운 지정학, 불평등이 폭발하는 세계화, 끝나지 않는 국가·민족 분쟁, 아시아의 급성장, 기아, 빈부의 격차, 인구 문제, 기아 등, 지구가 계속 지속될 수 있는가는 의문이다.45 위기에 처한 지구의 생존은 기독교교육에게는 저 먼 나라와 딴 나라 이야기일 뿐이다. 기독교교육은 그저 환경 문제 정도에서만 최소한의 언급을 하며 변명의 구실을 만들고 있을 뿐이다.46 기독교교육은 지구의 운명과 궤를 달

정리할 수 있다. 신자유주의에 대한 평이한 설명은 강상구,『신자유주의의 역사와 진실』(서울: 문화과학사, 2000); Richard Sennett, 3 *The Corrosion of Character: The Personal Consequences of Work in the New Capitalism*, 조용 역,『신자유주의와 인간성의 파괴』(서울: 문예출판사, 2002) 참고.

43 김형기,『대안적 발전모델: 신자유주의를 넘어서』(서울: 한울아카데미, 2007). 김 교수는 여기서 신자유주의와 사회민주주의를 넘어서는 대안 모델로 '혁신 주도 민주적 시장경제'를 제시한다. 민주적 시장경제란 시장의 불안정과 불공평성을 시정할 수 있는 제도뿐 아니라 신뢰와 협력의 공동체적 문화가 함께 가는 체제를 말한다. 그리고 Susan George, *Another World Is Possible, If...*, 정성훈 역,『수전 조지의 Another World: 폭압적 신자유주의 세계화에 대한 실천적 제안서』(서울: 산지니, 2008)도 참고. 신자유주의적 교육에 대한 극복 노력은 강내희,『교육 개혁의 학문 전략: 신자유주의 지식생산을 넘어서』(서울: 문화과학사, 2003) 참고.

44 Alex Steffen, ed., *Worldchanging: A User's Guide for the 21st Century*, 김명남·김병순·김승진·나현영·이한중 역,『월드 체인징 WORLD CHANGING: 세상을 바꾸는 월드체인저들의 미래 코드』(서울: 바다출판사, 2008) 참조.

45 Monde diplomatique, *L'Atlas*, 권지현 역,『르몽드 세계사: 우리가 해결해야 할 전 지구적 이슈와 쟁점들』(서울: 휴머니스트, 2008). 이 책은 우리에게 익숙해진 영·미 쪽이 주도해온 신보수주의와 신자유주의에 저항하고 대안적 반세계화운동을 주장한다. 예를 들어, '성장 없는 발전은 가능한가'라는 항복에서 지속적인 성장과 환경보전은 양립될 수 없을 뿐 아니라 무한발전전략 자체가 서구 지배를 영속화한다는 점에서 '지속 가능한 성장'은 가능하지 않다고 본다. 이 책이 제안하는 방도는 모든 민족의 기본욕구를 충족시킬 만큼의 한정된 경제성장을 꾀하되 과잉성장한 쪽은 줄여 형평을 취하면서 부에 대한 관념을 바꿔 생산과 소비를 줄이고 전통적 가치와 공공영역을 강화하는 쪽으로 나아가는 것이다.

리할 수 없다. 그런 까닭에 전 지구적 지속가능성과 관련된 문제들은 기독교교육적인 이슈가 아니라고 외면하는 어리석음을 저질러서는 안 된다. 전 지구적 생존 문제와 관련된 일을 자신의 것으로 인식하지 못한다면 그 기원이 자본주의, 시장자유주의, 신자유주의 등의 배경으로부터 온 것이 아닌가 의심하고 이미 우리에게 익숙한 그 터를 갈아엎고 새로운 파종을 할 준비가 되어야 할 것이다.

정리하면, 기독교교육은 그동안 학습자의 삶과 그 삶의 터에 무관심했다. 학습자에게 중요한 사랑, 죽음, 일 등에 대해 말하지 않았으며, 그들이 발을 딛고 있는 그 터전의 급격한 변화에도 불구하고 정태적 전제에서 모든 것을 처리하려고 해왔다. 학습자는 살아있는 유기체이며 그는 변화하는 세계 안에 있다. 기독교교육은 소용돌이 속의 학습자에게 손을 내밀 수 있는 힘을 길러야 한다.

3. 구원을 이루는 기독교교육

홍순모에게 신앙과 삶과 구원은 하나이다. 그는 신앙을 자신의 문제로 보며, 삶의 문제를 해결해주는 구원의 길로 본다. 그는 신앙으로 구원받고자 한다. 기독교교육 역시 마찬가지여야 할 것이다. 모든 교육의 목적은 인간이며 기독교교육에게 그것은 인간 구원이다. 기독교교육이 신학 일반과 갈라서는 지점이 바로 그곳이다. 신학은 성서적·전통적 명제 위에서 선언한다. 기독교교육은 성서·전통·신학을 행위적으로 서술한다.

---

46 1980년대에 정점을 이루었으며 지금도 근근이 명맥을 유지하고 있는 JPIC(Justice, Peace, and Integrity of Creation)에 근거한 논의들이 그것이다.

구원을 이루어가는 교육이기 위해 최소한 생각해 볼 것들이 있다. 무엇보다 먼저 기독교교육은 사람에 대한 관심을 회복해야 한다. 교육은 전적으로 인간 형성에 관여하는 것임에도 불구하고 어떤 인간을 형성해야 할 것이냐에 대한 논의는 부족했다. 그 같은 상황을 성서에 대한 해석과 전통 그리고 신학적 견해 차이로 미루어서는 안 된다. 인간 형성의 내용과 관련해서 현 단계에서 해야 할 일은 불일치보다는 공통점에 주목하는 일이다. 그 공통적 내용 중에 하나가 '구원'일수 있다. 기독교교육은 인간이 어떻게 구원받은 자로서 살아갈 수 있는지에 대한 내용을 제시해야 한다.

구원은 탈세상적이거나 영적인 것으로만 생각해서는 안 된다. 구원은 그처럼 비역사적이거나 단편적이지 않다. 구원은 역사적이며 전인적이다. 구원의 이 같은 성격을 고려해서 기독교교육은 분명한 구원관을 제시해야 한다. 한 예로, 성결교회 교육 인간상을 들 수 있다. 그것은 인간을 성경을 하나님의 말씀으로 믿고 따르는 사람(가치관), 예수 그리스도를 믿음으로 거듭나는 사람(구원관), 하나님의 은총에 의지하여 성결한 생활에 힘쓰는 사람(신앙관), 하나님의 나라를 이루기 위해 힘쓰는 사람(생활관) 그리고 그리스도의 재림을 대망하는 사람(역사관) 등으로 제시한다.[47]

구원을 이루어가는 기독교교육이 다음으로 생각해 볼 문제는 구원에서의 교육의 역할에 관한 것이다. 이 문제와 관련해서 두 가지가 언급될 수 있다. 하나는 개인과 관련해서이고 다른 하나는 교회의 교육과 관련해서이다. 개인과 관련해서 교육은 성령과 어떤 관계에 있

---

47 이에 대한 논의는 박종석,『성결교회교육의 비전과 실천』(서울: 기독교대한성결교회 출판부, 2008), 161-236.

느냐 하는 것이다. 즉 구원은 교육적으로 이루어가는 것인가, 아니면 위로부터 주어져 받는 것인가. 우리는 구원이 교육에 의한 것이라기보다는 믿음에 의해 주어진다는 데 원칙적으로 동의한다. 그럼에도 불구하고 앞에서 말한 역사적이며 전인적인 구원은 교육이 없이는 불가능하다고 생각한다. 성령과 교육은 따로가 아닌 함께 가는 것이다. 성령에 의한 구원은 교육에 의해 정리되며 교육에 의한 구원은 성령에 의해 확증된다. 이것은 교회교육의 차원에서도 같다. 교회에서 교육은 성령을 도외시했다. 교육은 구원으로 이끌 뿐 막상 구원을 이루시는 분은 성령이시다. 구원은 성령의 일이다. 이와 같은 전제에서 교육하다 보니 교회교육은 점차 구원과 상관없는 일에 치중하게 되었으며, 드디어는 교회교육은 구원과는 무관하다고까지 여기게 된 듯하다. 그러나 구원과 관련해서 개인적 차원에서 언급된 내용이 교회교육의 차원에서도 동일하게 적용될 수 있다. 교회는 위로부터의 구원을 믿음으로 받아야 한다. 그리고 그 구원을 역사적이고 전인적인 것이 되도록 교육해야 한다. 그런 면에서 교회의 교육은 다른 교육이 아닌 구원을 위한 교육이어야 한다.

구원을 이루어가는 기독교교육은 학문적으로 이론보다 실천에 더 우위를 두어야 한다. 종종 기독교교육은 이론과 실천의 균형과 조화를 이루어야 한다고 말한다. 틀린 말은 아니다. 그러나 실제로 그런가는 다른 문제이다. 즉 기독교교육이 이론과 실천의 조화를 꾀하다 보니 실제적으로는 아무래도 이론 쪽으로 더 비중이 가고 있는 듯하다. 한 편의 논문을 놓고 보더라도 긴 이론에 짧은 실천을 덧붙이는 형식으로 마무리되는 것이 보통이다. 이는 실천에는 이론의 창의적 적용과 현실성 여부 등이 따르기 때문으로 보인다. 그러니 이제는 짧은 이론에 긴 실천적 내용을 담으려는 노력이 필요하다. 사실 기독교교육에서 이론은 이론으로부터 오는 것이기 때문에 제시된 이론의 기원이 되는 이론보다 오히려 그 설명이 부실한 경우도 있으며 오해도 있을 수 있다. 그러므로 얼마나 근거가 되는 이론을 충실하게 잘 전달하느냐보다는 그것의 적용에서 논문의 우수성을 판단해야 할 것이다. 비록 가져온 이론에 대한 설명이 부실하다 해도 이미 그것 자체로 하나의 이론이며, 설사 적용의 근거가 되는 이론을 정확하게 이해하고 충실하게 설명했다 하더라도 그것 자체가 기독교교육의 이론이라고 할 수 없을뿐더러 의미도 없는 것이다. 기독교교육은 그동안 실천을 설명해주는 이론이 아니라 이론을 통해 실천을 설명하려고 하는 잘못된 절차를 밟아왔다. 이제 기독교교육은 실천의 중핵인 구원을 이루어가기 위해서 학문적으로 이론에서 시작해서 실천으로 가는 것이 아니라 실천을 염두에 둔 이론을 가져오는 역순의 방식을 취해야 할 것이다.

4. 다양성을 인정하는 기독교교육

교육의 중심적 문제는 '왜, 무엇을, 어떻게 가르치느냐'이다. 이 중 '왜'의 문제가 교육의 목적을 묻는 것이라면, '무엇을'은 교육내용을 그리고 '어떻게'는 교육의 방법을 묻는 질문이다. 이것들은 편의상 논의를 위해 분리할 수 있지만 사실은 모두 연속적이다. "어떤 교육목적이 설정되면 그 목적 속에 이미 일정한 내용, 방법이 함축되듯이 특정 내용도 그 속에 이미 일정한 목적을 전제하며 방법을 함의한다고 말할 수 있다." 더구나 특정 학문은 각기 나름대로 방법의 역사를

갖고 있다. 예를 들어 자연과학의 경우 '객관성'이 중요한 방법적 원리인 것과 같다.[48]

한편, 김수천은 종래의 교육내용 선정에 대한 준거가 주로 교과적 지식을 중시하느냐, 학습자의 경험을 중시하느냐에 따라 이루어졌다고 보고, 중요한 것은 지식이냐, 경험이냐가 아니라, '오히려 삶이란 무엇이며 질 높은 삶은 어떤 삶인가'를 문제로 보고 있다.[49] 삶이 무엇이냐는 문제는 복잡하고 난해하다. 그러나 현상적으로 볼 때 누구도 다른 사람의 삶과 같지 않으며 누구의 삶도 이해되어야 한다.

그런데 이 삶이라는 것은 교과 안에 이미 그 방법을 내포하듯,[50] 누구나 나름대로 살아가는 방식이 있고, 좋아하는 방식을 포함한다. 그러나 학습자가 선호하는 방식이 반드시 바른 것이라고는 볼 수 없다. 교육은 그의 삶을 최대최고로 발휘하고 발현할 방법을 찾아내고 그것으로 학습자를 인도해야 한다. 학습자가 선호하는 방식과 교육자가 감수성을 갖고 학습자를 관찰하여 찾아낸 방법이 만나는 곳에 삶이라는 내용과 그것을 위한 교육의 방법이 있다.

이와 같은 내용은 신앙 교육의 경우에도 해당된다. 기독교교육을 신앙 교육, 즉 학습자를 신앙인으로 양육하는 것이라고 하면 우리가 제시하는 교육의 내용이 학습자에게 적절한가는 그것이 학습자의 신앙의 질을 향상시킬 수 있느냐로 판단되어야 할 것이다. 여기서 한

---

48 김수천, "교육내용과 교육방법의 관계", 서울대학교 교육연구소 편,『교육학 대백과사전』(춘천: 하우동설, 1998), 579.
49 *Ibid.*, 578; 김수천, "서양의 교육과정사 연구: 삶과 교과의 관계를 중심으로",「교육연구」3 (1993), 92-107 참조.
50 John Dewey, *Democracy and Education: An Introduction to the Philosophy of Education*, 이홍우 역,『민주주의와 교육』개정증보판 (서울: 교육과학사, 2007), 165.

걸음 더 나아가 '교육의 내용에 적절한 방법을 사용하는가' 역시 물어야 한다. 내용이 좋아도 방법이 나쁜 까닭에 교육의 효과가 반감되는 경우를 흔히 볼 수 있기 때문이다.

교육내용과 방법의 근접성을 위해 그리고 학습자의 삶을 규정할 수도 있는 근거 면에서 그리고 천부적 은사로 볼 수 있다는 면에서 다중지능에 주의를 기울일 필요가 있다. 가드너(Howard Gardner)에 의해 주장된 이 이론은, 인간의 재능은 사람마다 다르며 그가 누구이든 적어도 개인 차원에서 보면 다른 것보다 더 잘하는 재능이 있다는 주장이다.[51]

전통적 지능이 주로 학교 교육과 연관되어 있는데 비하여, 가드너가 말하는 다중지능은 일상생활에서 무엇을 만들어 내거나 문제를 해결하는 능력과 관계가 있다.[52] 그러니까 가드너에게 "지능"(intelligence)이란 말은 "능력"(competence)이란 말과 같다. 즉 "언어적 지능"이라는 말은 "언어적 능력"이란 말과 같다. 가드너는 이 같은 능력과 관계된 지능을 일곱 가지로 말한다. 그것들은 언어적 지능(linguistic intelligence), 공간적 지능(spatial intelligence), 논리-수학적 지능(logical-mathematical intelligence), 신체-운동적 지능(bodily-kinesthetic intelligence), 음악적 지능(musical intelligence), 대인관계적 지능(interpersonal intelligence) 그리고 자기이해적 지능(intrapersonal intelligence 또는 self intelli-

---

51 다중지능에 대해서는, Howard Gardner, *Frames of Mind: The Theory of Multiple Intelligences,* 이경희 역,『마음의 틀』(서울: 문음사, 1996); Howard Gardner, *Intelligence Reframed: Multiple Intelligences for the 21st Century,* 문용린 역,『다중지능: 인간 지능의 새로운 이해』(서울: 김영사, 2001) 참고.
52 지능은 "문화 속에서 가치가 부여된 문제를 해결하거나 결과물을 창출하는 능력이다"(An intelligence is the ability to solve problems, or to create products, that are a valued within one or more cultural settings). Gardner, *Frames of Mind,* 60-61.

gence).이다[53] 최근에는 여덟 번째 지능인 자연탐구적 지능(naturalist intelligence)을 새롭게 목록에 첨가하였고, 아홉 번째인 실존적 지능 (existential intelligence)을 제시하기도 했지만, 아직 널리 인정되지는 않았다.[54] 가드너는 앞에서 제시한 아홉 가지 지능 외에도 많은 지능이 있을 수 있다고 하였다. 새롭게 제안되는 지능들을 살펴보면, 영성 (spirituality), 도덕적 감수성(moral sensibility), 성적 관심(sexuality), 유머(humor), 직관(intuition), 창의성(creativity), 요리능력(culinary [cooking] ability), 후각능력(olfactory perception [sense of smell]), 타 지능을 종합하는 능력(an ability to synthesize the other intelligences) 등이다.[55]

다중지능이 교육의 방법 차원에서 중요한 이유는 그 지능 자체가 교육 방식을 아주 분명히 알려주기 때문이다. 언어적 지능이 뛰어난 학습자는 언어를 사용하고, 공간적 지능이 뛰어난 학습자에게는 그림 등의 방법을 사용하는 식이다. 더구나 다중지능은 그가 현실적으로 어떤 삶을 살아가는 것이 좋겠는지를 알려주는 지표의 역할까지 할 수 있으니 학습자의 삶에 관심을 가져야 할 기독교교육에게는 더더욱 중요한 주제가 될 수 있다.

교육의 방법과 관련해서 교사의 역할을 생각해 볼 수 있다. 이제까지 교육 일반은 학습해야 한다고 여겨지는 내용을 학습자들에게 적립하는 식으로 해왔다. 그렇게 해서는 교육의 목적인 개인의 전인적 삶을 이룰 수 없다. 다중지능의 경우에서 보면 교사는 그저 학습

---

53 *Ibid.*, 270.

54 이 다중지능의 후보군에는 영적 지능(spiritual intelligence)도 들어간다. Gardner, *Intelligence Reframed*, 47.

55 Thomas Armstrong, *Multiple Intelligences in the Classroom* (Alexandria, VA: Association for Supervision and Curriculum Development, 1994), 13.

자 옆에 있어주면서 그들이 스스로 자신의 형상을 드러내도록 격려를 하고 조금 도와주는 역할을 하는 보조자이다. 홍순모가 자신의 작품을 자신의 것이라 생각하지 않았듯이 교사, 특히 부모는 자녀를 자신의 소유로 생각해서 자기 의견대로 형성해나가려고 해서는 안 된다. 교사는 학습자에게서 천부적 재능을 찾아 그 바탕 위에서 삶을 구성하며 그것으로 하나님의 나라를 건설하는 일꾼이 되도록 도와야 한다.

IV. 나가는 글

예술은 시간을 초월하는데, 그 이유 중의 하나는 그것이 사람과 그 삶에 대한 항상성 공감을 일으키기 때문이다. 따지고 보면 예술은 바로 삶에서 비롯되는 것이다. 그런 면에서 기독교교육 역시 예술이어야 한다. 학습자의 삶에서 그리고 삶에 대해 말해야 하기 때문이다. 그러하지 못했던 기독교교육의 자책감은 예술 관점에서 자신을 돌이킴으로써 치료될 수 있다. 이 글에서는 그 예술을 홍순모의 조각 행위로 보았다.

홍순모는 이 땅에서 이 땅의 사람들과 그들의 삶을 사심 없이 드러내고자 했으며, 그것을 가능한 작품에 개입하지 않는 방식으로, 즉 이 땅의 자연적 소재들이 그것들을 표현하도록 도왔다. 나아가 그는 척박한 삶을 피하거나 자포자기하지 않고 그것을 신앙으로 극복하고자 한다. 이 지점에서 그는 이 땅과 거기서 사는 사람들 그리고 작품의 내용과 방법, 나아가 신앙과 삶이 일치된다. 이 같은 일치는 기독교교육이 학습자와 그들의 삶을 위한 교육이어야 하되 그들을 구원시키는, 즉 전인적이고 역사적 교육을 하되 그들의 타고난 모습에 맞는 형식을 사용하는 것으로 나타나야 한다.

홍순모의 예술이 기독교교육에 주는 함의는 기독교교육이 그 목적이 되어야 할 학습자와 분리되어 있었음을 보게 해주며 그것과의 일치를 위해 어떤 방향으로 나가야 하며 무엇을 해야 할지를 시사한다. 그것은 구체적으로 한국적 기독교교육, 현실을 과제로 삼는 기독교교육, 삶과 신앙을 통합시키는 기독교교육 그리고 내용과 방법의 일치를 구하는 기독교교육이다. 기독교교육은 그것을 둘러싼 학문적 내적 환경인 전제, 전통, 취향과 같은 독자적 환경과 외적 환경인 시대성, 풍토, 민족성 등을 함께 고려하면서 서로의 상호작용으로 탐구를 할 수 있는 주제 및 실천적 표현들을 찾아내야 할 것이다.

이 글은 이질적인 두 영역으로 볼 수 있는 예술과 기독교교육의 만남에 대한 시도이다. 이 같은 간학문적 연구는 기독교교육이 자신의 정체성을 분명히 인식하면서도 타 학문에 개방적 정신이 있다면 더욱 권장되어야 한다고 본다. 한 영역의 발전은 다른 영역에 참여할 때 나타날 수 있는 통찰에서 비롯될 수 있기 때문이다. 학문과 예술은 한쪽의 발전이 다른 쪽의 발전을 부르는 선순환의 고리를 만들어갈 수 있다.[56]

---

56 예를 들어, 백남준의 비디오아트(video art) 작업, 2005년부터 해마다 과학기술부와 문화관광부가 주최하는 '과학과 예술의 만남' 행사에서의 아인슈타인(Albert Einstein)의 상대성이론(Theory of relativity)의 무용 표현(2006), '2050 Future Scope: 예술가와 과학자의 미래실험실전'(사비나미술관, 2009. 1. 29.-2. 28.) 그리고 가수 김장훈과 과학의 만남인 카이스트(KAIST) 기계공학부 '창의적과제의 구현'이라는 전공강의(2008년 2학기) 등의 예에서 보듯 학문 간 통섭(consilience)은 드물지 않다.

홍순모의 작품과 그의 예술 행위에서 볼 수 있는 삶과 신앙과의 밀착성은 기독교교육의 정형을 고수하려는 고집과 그 터부를 넘어서는 데서 오는 두려움을 없애주고 다시 기독교교육이 무엇인지 아주 처음부터 생각해 보도록 도전하게 만든다.

성서적 · 역사적 바탕 위에 선 교회의 무용 실천*

I. 들어가는 글

무용은 인간의 본성적 행위이다. 어린아이라도 박자에 반응하며 몸을 움직인다. 춤은 인간의 DNA에 새겨져 있다고 한다. 사람들이 무용하는 이유는 거기로부터 기쁨을 얻기 때문일 것이다. 춤을 출 때 기분을 좋게 만들고 통증을 줄여주는 엔도르핀이 분비된다. 나아가 사람들 사이의 소통을 돕고 사회적 유대를 강화한다.[1]

이처럼 무용에 대한 인간 본성적 선호도에 비추어 교회에서는 무용이 활발하지 못하며 그것을 신자들의 신앙을 성장시키는 데 효과

---

* 이 글의 출처는 "교회의 무용 실천: 성서적·역사적 바탕". 「영산신학저널」 48. 2019. 6.: 269-301이다.

1 "우리가 춤을 추는 과학적인 이유," <BBC 사이언스 HUMAN>, https://m.post.naver.com/viewer/postView.nhn?volumeNo=7826116&memberNo=15984097

적으로 활용하지 못하고 있다. 물론 교회에 무용이 전혀 없는 것은 아니다. 교회학교에서 율동은 빠질 수 없는 활동이고, 청소년이나 청년들은 워십댄스에 열광한다. 하지만 교회의 무용과 관련해서 일어나는 질문은 현재의 교회 무용은 정당한가. 즉 교회의 무용은 세상의 무용과 어떻게 다르다고 말할 수 있는지 그리고 교회의 무용은 어디서 어떻게 추어야 하는지 등이다. 우리는 이 같은 물음들에 대한 답을 찾기 위해 성서로 돌아갈 수밖에 없다. 그리고 우리의 신앙의 선조들이 과연 교회에서 어떻게 무용을 수행해왔는지에 대해서도 살펴보아야 한다.

이와 같은 문제 의식을 갖고 이 글은 무용이 무엇보다 신자들의 신앙을 성장시킬 수 있는 가능성이 있는지 타진한다. 신앙은 교회 사역의 목적이고 내용이다. 교회의 활동이 신앙과 무관하고 신앙을 성장시키지 못한다면 그것은 과연 무엇이란 말인가. 성서적이며 교육적으로 신앙은 전인의 형성과 긴밀한데, 무용에 이 같은 차원이 있는지도 검토되어야 할 것이다. 그 가능성을 발견하게 된다면 우리는 그것을 실천할 수 있는 바탕을 마련하기 위해 성서와 교회의 역사를 살피게 될 것이다.

성서와 교회의 역사에 대한 탐구로부터 거두어들인 수확물은 현재의 교회 현장에서 유익하게 누려야 할 것이다. 이 일을 위해 여기서는 가능한 한 케리그마 등 교회의 사명을 위해 또는 그와 같은 사명들을 감당하기 위해 제한적이지만 무용의 구체적 활용 방안에 대해서 구상해볼 것이다.

II. 성서와 교회사에서의 무용

1. 성서의 무용

예배에서의 무용은 성서적인지에 대한 검토가 우선으로 되어야
한다. 다시 말해 무용은 허용될 수 있는가. 성서는 예배에서의 춤에
대해 언급한다. 특히 예배의 중요한 요소인 찬양과의 관계에서 춤이
언급된다.

구약성서에서 무용에 대한 언급은 흔하지 않다. 언급은 하더라도
(욥 21:11; 시 30:11, 68:3-4, 87:7, 149:3, 150:4; 전 3:4; 아 6:14; 렘 31:4, 13;

애 5:15; 겔 32:10; 호 9:1), 실제
춤에 대한 내용은 많지 않다.
그리고 대부분 예배와 관련이
있다. 무용에 대한 언급이 드물
다는 것은 어쩌면 이스라엘에
서 무용이 일반적이었기 때문
일 수 있다.[2]

구약에서 춤에 대한 구체적
인 언급들은 다음과 같다. 홍해
의 기적을 행하신 하나님을 찬
양하는 미리암과 이스라엘 여
인들의 춤(출 15:19-20), 금송아
지 주위를 돌며 뛰노는 춤(출

마르크 샤갈, "탬버린을 든 미리암", 〈출애굽
이야기〉, 1966, 석판화, 50×37㎝, 파리, 뉴욕,
레온 아미엘

---

2 박영애 편역, 『기독교 무용사』(서울: 한성대학교 출판부, 2005), 20.

32:19), 여호수아의 여리고 점령 행렬 춤(수 6), 입다의 딸이 춘 영접 춤(삿 11:34), 실로 여자들의 춤(삿 21:23), 다윗의 승리의 개선을 환영하는 이스라엘 여인들의 춤(삼상 18:6, 7), 아말렉이 이스라엘 약탈을 즐기는 춤(삼상 30:16), 다윗을 성으로 옮기는 여호와의 궤 앞에서의 다윗의 춤(삼하 6:14, 16; 대상 15:29), 기럇여아림에서부터 하나님의 궤를 매고 나올 때, 다윗과 이스라엘 무리가 뛰놀며 하는 환호(대상 13:8) 등이다. 이와 같은 사건에서의 춤 말고도 시편의 예배 관련 춤(시 149: 1-3), 결혼식 춤(아 7:1) 등도 있다.

구약성서에서 대표적 춤은 요단강을 건너 이집트 탈출이 가능하게 하신 하나님께 감사하고 그분의 능력을 찬양하는 미리암의 춤(출 15:1-21)과 기럇여아림에 있던 하나님의 궤를 예루살렘으로 옮기는 과정에서 춘 다윗의 춤이다. 미리암은 소고를 치며 춤을 추고 다윗은 "온 힘을 다하여 힘차게 춤을 추었다"(삼하 6:14).

시편에서는 춤을 명한다(149:3; 150:4). 전도자도 춤출 때가 있다고 한다(전 3:4). 바빌론 포로기가 끝난 후, 다시 건설된 예루살렘에서 사람들이 소고를 치면서 춤을 출 것이라고 예레미야는 약속한다(렘 31:4). 성전에서 추는 춤은 성전이 파괴되면서 함께 끝났고, 엄격한 의미에서 종교적인 춤도 이스라엘 안에서 볼 수 없게 되었다.

성전이 파괴된 이후 종교적인 춤은 사라졌으나 바빌론 포로 귀환 이후에도 축제에서의 춤, 장례식과 결혼식에서의 춤(아 7) 그리고 여러 다른 축제적인 계기에서 춤을 추는 것을 랍비 유대교에서는 한 번도 금지한 적이 없었다. 유대교 가정에서는 안식일에도 빈번하게 사람들이 춤을 추었다.3 구약성서에서 춤을 금지했다는 기록은 없다.

---

3 Theo Sundermeier, 채수일 편역, 『미술과 신학』(오산: 한신대학교 출판부, 2007),

이를 근거로 에스터오레틀리(W. O. E. Oesterley)는 이스라엘 예배에서 춤이 일상적으로, 반복적으로 그리고 빼놓을 수 없는 행위였다고 주장한다.[4]

구약과 비교해서 신약에서 춤은 흔치 않으며 성격 역시 다르다. 신약에서는 구약에서처럼 춤이 언급되지는 않지만, 그렇다고 춤에 대해 반대한다고 생각해서는 안 된다. 신약에서 무용에 대한 언급은 탕자의 귀향(눅 15:21-29), 헤로디아의 딸(마 14:6-8), 예수의 장터 비유(마 11:16-17; 눅 7:32), 복과 화의 선포(마 5:12; 눅 6:23) 정도이다.

이상의 예들 외에 춤과 유사한 동작이 등장한다. 예수의 예루살렘 입성 시 사람들은 겉옷을 벗어 길에 펴며 종려나무 가지를 흔들며 큰 소리로 하나님을 찬양하며 소리쳤다(눅 19:28-38).

이스라엘 사람들은 결혼식에서 노래하고 춤을 추었다(마 9:15, 25:10; 막 2:19; 요 2:1-11; 마 25). 마태복음 25장의 열 처녀 비유에서는 신부가 신랑을 기다린다. 신랑의 집에까지 가는 길에 친척들은 북을 치고 피리를 불며, 그에 맞추어 춤을 추었다.[5] 신약에서 춤은 기쁜 소식에 대한 반응이며, 궁극적으로는 구원의 기쁨을 상징한다고 볼 수 있다.[6] 이상의 예들을 통해서 볼 때 성서는 춤을 인정하고 즐겼으며 권한다고 할 수 있다.

203.

4 W. O. E. Oesterley, *Sacred Dance in the Ancient World* (New York: Dover Publications, 2002) 참고.

5 한재선, "성서에 나타난 기독교 무용의 유형과 현황 연구" 박사학위 논문 (용인대학교 대학원, 2008), 65.

6 *Ibid.*, 66.

2. 신앙과 무용

신앙은 지정의의 차원을 갖는다. 성서가 그렇게 말하고 있다. 구약에서 신앙은 하나님을 신뢰하고 그의 약속을 믿는 것이다(창 15:6; 사 7:9, 28:16, 53:1). 구체적으로 신앙은 이스라엘 백성을 돌보신다는 약속을 믿는 것이고(출 4:31, 14:31; 시 106:12), 하나님은 당신의 약속을 지킬 수 있는 분임을 믿는 것이다(민 14:11; 시 106:24; 왕하 17:14). 신약성서에서 신앙은 하나님께서 구세주를 보내신다는 약속을 믿는 것이다. 창세기 15:6과 이사야 28:16, 53:1과 연관된 이 신앙은 메시아를 보내 구원하시겠다는 하나님의 약속에 대한 믿음이다.[7] 즉 구약성서에서의 이스라엘 백성을 돌보시겠다는 하나님의 약속은 신약으로 넘어오면서 하나님의 약속을 믿는 모든 이들에 대한 구원의 약속으로 심화되면서 확장된다. 이와 같은 믿음 안에는 하나님의 약속에 대한 인식을 전제로 그 약속을 하신 하나님에 대한 신뢰 그리고 약속의 내용과 약속하신 분을 믿기로 하는 의지라는 요소가 들어있다.

일반적으로 신앙은 "초자연적인 절대자, 창조자 및 종교 대상에 대한 신자 자신의 태도로서, 두려워하고 경건히 여기며, 자비·사랑·의뢰심을 갖는 일"이다.[8] 성서적으로도 신앙은 하나님에 대한 충성이고(눅 18:8; 살후 1:4), 신뢰이며(마 6:30; 눅 8:48), 자신을 맡기는 위임이다. 나아가 신앙은 믿음(believing)의 표현이며(롬 6:8), 도리(doctrine believed)이다. 이는 집약된 교리를 믿는 것을 말한다(유 1:3).[9]

---

7 신문철, "영산 조용기 목사의 신앙론," 『성령과 신학』 제21호 (2005), 128-130.
8 "신앙"<네이버 국어사전>.
  https://ko.dict.naver.com/#/entry/koko/f99776b33ac84091b659b470d67be3
9 L. Harold DeWolf, *Teaching Our Faith in God*, 조향록 역, 『신앙과 교육』(서울:

신앙의 내용이 신학적 목회적으로 규정된 예는 조용기의 신앙 개념에서 볼 수 있다. 그는 신앙을 지적인 믿음, 일시적인 믿음, 구원받는 믿음, 하나님을 믿는 믿음 그리고 기적을 낳는 믿음 등으로 말한다. 여기서 지적인 믿음에서 구원받는 믿음은 신앙의 지·정·의적인 차원과 나란히 상응하며 하나님을 믿는 믿음은 일종의 초월적 정서성을 의미한다.[10] 신앙의 전인적 차원은 이와 같은 믿음의 바탕을 이루는 4차원 영성에서도 볼 수 있다. 4차원 영성의 요소는 생각, 믿음, 말 그리고 꿈이다. 여기서 생각은 신앙의 지적인 차원과 상응하며, 믿음의 신뢰로서 정서적 차원과 말과 꿈은 신앙의 의지적 차원과 대응한다.[11]

이제는 우리가 관심을 갖는 무용이 과연 이 지·정·의의 전인적 신앙 양육에 도움이 되는가 하는 검증의 문제가 남았다. 즉 무용은 지·정·의적인 면을 갖고 있는가 하는 점이다.

3. 무용의 전인성

시간과 공간 등의 무용의 요소들은 신체를 중심으로 연관되어 있다. 신체 없는 무용은 존재 자체가 불가능하기 때문이다. "무용은 우리 자신들이 재료가 되는 유일한 예술이다."[12] 시간과 공간을 고려하지 않는다면 무용은 신체 그 자체가 재료이고 작품이다. 신체는 몸이

대한기독교교육협회, 1969), 27-31.

10 신문철, "영산 조용기 목사의 신앙론," 143-145.

11 김정준, "영산의 4차원의 영성과 영성교육적 과제," 「영산신학저널」 Vol. 18 (2010), 125.

12 Carla DeSola, *Dance in Christian Worship* (Washington, DC: The Pastoral Press, 1984), 221.

기도 하다. 현상학자인 에드문트 후설(Edmund Husserl)은 몸의 의미를 두 가지로 구분하고 있다. 하나는 물리적인 사물로서 '쾨르퍼'(körper)이며, 다른 하나는 세계를 대면하는 '라이프'(leib)이다. 라이프로서 몸은 심리와 정신의 토대이자 그 셋은 서로 얽혀 있다. 신체는 인간의 감정과 사고를 표현하는 전달 매체라고 할 수 있는 동작 어휘를 실현하는 전인이다.[13]

몸은 어떤 것이 우리에게 의미를 갖게 되는 방식뿐만 아니라 이러한 의미가 발전되고 다듬어지는 방식과 우리가 경험으로 이해하고 사고하는 방식 그리고 우리의 의지적 행위에 직접적인 영향을 주는 실재이다. 인식은 이성의 단독적 기능이 아니다. 인식은 신체의 고유한 운동 방식과 시·공간적 특성들의 윤곽 내에 위치한 대상에 대한 상호작용의 형식들에 의해 형성된다.[14]

나아가 신체는 감정과도 중첩되어 있다. 감정과 자극, 쾌, 고통 등의 정서는 그것을 경험하는 몸과 떼어서 생각할 수 없다. 모든 정감은 기본적으로 몸에 의해 이루어지며,[15] 윌리엄 제임스(William James)의 말대로 "순수하게 체화되지 않은 인간의 감정은 허구적인 것이다."[16] 무용에서 신체는 의지를 지닌 하나의 주체로 기능한다. 시간의 연속성 속에서 공간에 어떤 표현을 할 것인지는 신체의 의지 안에

---

13 권선영, "무용은 어떻게 우리를 행복하게 하는가?: 무용의 문화예술교육적 가치 실현을 위한 무용향유체험의 질적 분석" 박사학위 논문 (서울대학교 대학원, 2017), 115.

14 Mark Johnson, *The Body in the Mind: The Bodily Basis Of Meaning, Imagination, And Reason*, 노양진 역, 『마음속의 몸: 의미·상상력·이성의 신체적 근거』 (서울: 철학과 현실사, 2000), 35.

15 Richard Shusterman, 『삶의 미학』 김진엽 역 (서울: 이학사, 2012), 224.

16 William James, *The Principles of Psychology* (Cambridge, Mass: Harvard Univercity Press 1983), 1067-1068.

있다. 만일 의지 없는 신체가 있다면 그것은 이미 살아있는 신체이기를 거부하는 것이다.

무용수는 신체운동적 차원에서 삶의 단면에 보이는 신성함으로 주의를 돌리도록 표현하고자 하는 대상에 대한 내면의 감정, 그 신체적 표현인 몸동작과 형태 그리고 몸놀림의 리듬 등을 결합시킨다.[17] 동일 방식으로 무용수는 영성의 추상적인 형태까지도 인간 신체의 절묘함을 리듬과 동작으로 드러낸다. 무용수는 몸과는 이질적인 정신과 영혼까지 몸과 일체가 됨으로써 표현한다. 이로써 우리는 무용을 전인을 추구하는 신앙과 유사한 차원을 지녔다고 말할 수 있으며 교회에서 활용 가능성에 대해 말할 수 있는 근거를 확보하게 된다.

4. 교회 역사에서의 무용

1) 초대교회

현존하는 가장 오래된 기독교 무용의 증거는 120년경에 쓰인 것으로 보이는 '예수의 찬양'(Hymn of Jesus)이라는 외경이다. 이 문헌에서 예수는 최후의 만찬 석상에서 일반적으로 알려진 것과는 달리 빵과 포도주를 나누는 대신에 춤을 춘다. 예수는 제자들에게 서로 손을 잡고 당신을 둥글게 둘러싸게 한다. 그리고 돌면서 예수의 찬양에 대해 '아멘'으로 응답하라고 한다. 예수께서는 제자들이 당신들과 함께 춤을 출 때 당신과 연합되어 당신을 깨닫게 될 것이라고 한다.[18] 여기

---

17 DeSola, *Dance in Christian Worship*, 221.
18 박영애 편역, 『기독교 무용사』, 32-33.

요티 사히, 〈댄스의 주〉, 1980, 캔버스에 유채

서 성만찬은 우주의 거룩한 춤으로 재해석되고 있다. 즉 성만찬에서의 떡과 잔을 통한 그리스도와의 합일은 이제 원무를 통해 인간뿐만 아니라 존재하는 모든 것, 우주로까지 확장된다.[19]

2) 초기교회

초대교회에는 춤에 대한 두 가지 전통이 있었다. 하나는 예루살렘적인 것이고, 다른 하나는 디아스포라적인 것이다. 예루살렘의 유대적 전통에서 춤은 규범적이다. 춤은 하나님을 섬기는 방법이었다. 그 섬김은 몸을 통한 것이었다. 무용은 구원의 기쁨을 표현하는 자연스러운 방법이었다. 춤은 천상의 기쁨으로 드리는 하나님 숭배였다.[20] 130~150년경 '헤르마스의 목자'(Shepherd of Hermas)에는 10편으로 된 비유 중 아홉 번째 비유에 헤르마스가 하나님이 거하시는 시온 산에 가서 열두 명의 흰옷을 입은 천사들을 만나 춤을 추었다는 내용이 나온다.[21]

19 손호현, "춤의 신학: 한국인의 미의식에 드러나는 문화신학적 함의,"「한국기독교 신학논총」제79집 (2012), 189.

20 Ronald Gagne, Thomas Kane, and Robert VerEecke, *Introducing Dance in Christian Worship* (Washington DC: The Pastoral Press, 1984), 36.

21 박영애 편역,『기독교 무용사』, 41.

나아가 춤은 성서적 선포와 교육의 한 가지 방식이었다.[22] 춤은 교회 생활의 일부(fabric of the church's life)였다.[23] 디아스포라적 헬라적 전통에서 교회는 이방인들의 춤을 허락했다.[24] 하지만 히브리 예루살렘 교회에서는 이방인의 춤을 부정한 것으로 여겨 중단시켰다.[25]

시간이 지나면서 교회는 춤을 수용했다. 순교자 저스틴(Justin Martyr)은 『콰이스티오네스』(Quaestiones, 질문)에서 이렇게 썼다: "어린이들이 교회에서 노래만 하는 것이 아니라 노래와 음악을 연주하는 것과 같은 방식으로 악기를 연주하며 춤을 추고 방울을 흔든다"[26]

처음 3세기 동안 교회는 이교도 배척, 유대교와 구별 그리고 성서적 토대 마련이라는 과제를 풀어가기 위해 새로운 방식을 찾아갔다. 이와 같은 배경에서 교회는 그리스 극에서 분위기를 강조하거나 중요한 의미를 드러낼 때 사용한 합창무용인 코로스(chorós)를 수용했다. 코로스는 그 조화로운 움직임으로 인해 뛰어난 아름다움과 위엄을 지니고 있었는데, 교회는 이 코로스를 예배 행위로 수용하였다.[27]

초기교회 교부들은 춤의 긍정적인 면과 신학적 의미를 적극적으로 교회 전례에 수용하고자 하였다. 그들 입장의 근거는 언약궤 앞에서의 다윗의 춤과 장터 아이들의 비유였다. 알렉산드리아의 클레멘트(Clement of Alexandria)는 규칙적이고 율동적이며 조화로운 것은

22 Hal Taussig, *Dancing the New Testament* (Austin: The Sharing Company, 1977), 5.

23 *Ibid.*, 11.

24 E. Louis Backman, *Religious Dances in the Christian Church and in Popular Medicine* (London: George Allen & Unwin, 1952), 9.

25 Doug Adams, *Congregational Dancing in Christian Worship* (Austin: The Sharing Company, 1983), 7.

26 박영애 편역, 『기독교 무용사』, 43.

27 *Ibid.*, 46.

신성하다고 보면서 무용을 옹호했다.28 타우마투르구스(Gregory Thaumaturgus) 역시 코로스를 종교적인 즐거움을 표현하는 자연스럽고 자발적인 방법이라고 하며, 천사들이 하늘에서 예수 그리스도 주위를 돌며 춤추면서, 하나님의 영광을 노래하고 땅 위의 평화를 선포한다고 하였다.

초기 기독교인들은 하나님께 찬미와 구원 그리고 그 기쁨을 표현하기 위해 춤추는 것을 자연스럽다고 생각했다. 또한 순교를 통해 영생을 소유했다고 믿는 순교자들을 기리기 위해서도 춤을 추었다.29 신약과 중세 사이의 기독교에서 무용은 자연스럽게 예배의 행위에 포함되었다. 하지만 교회에서의 무용은 고대 세계에 널리 퍼져 있던 세속 무용에 의해 영향을 받은 것으로 보인다. 그 과정에서 이교 예식의 춤도 교회로 스며들어온 것으로 보인다.

기독교가 공인되면서 춤에 대한 변화가 일어났다. 325년에 니케아공의회(Council of Nicea)는 개인과 단체의 춤을 구분했다. 개인 무용은 제재되었지만 미사와 관련하여서는 사제, 부제 및 성가대 소년들에게 무용이 허락되었다.30

4세기 말에 이방인들이 기독교로 개종하면서 그들의 이교적인 문화의 영향으로 교회와 순교자의 묘지에서 여자들이 무질서하여 비난받을 만한 춤과 비도덕적인 노래를 부르곤 하였다. 이런 일이 빌미가되어 무용에 대한 부정적인 견해가 싹트기 시작했으며, 교회 지도자들이나 성직자들은 무용의 이단적, 관능적인 면을 강력하게 비난하였다.31

---

28 *Ibid.*, 46-47.
29 한재선, "성서에 나타난 기독교 무용의 유형과 현황 연구," 65, 68.
30 Adams, *Congregational Dancing in Christian Worship*, 34.

평신도들에 대해서는 그들이 천국에 도착했을 때 보좌를 둘러싼 천사들과 춤출 수 있다는 것을 알고 자신의 몸보다는 영혼으로 춤을 추도록 격려받았다. 그러나 사람들은 춤을 멈추지 않았고, 춤에 대한 금지는 계속되었다. 모든 사람에게 허락된 한 가지 춤은 교회의 바닥 위에서 추는 미로 댄스였다. 춤을 추며 가운데로 들어갔다가 다시 바깥으로 나오는 춤이었다.

무용은 기독교인들에게 있어 기쁨과 감사를 표현하는 매우 자연스러운 수단이었다. 교회는 처음 5세기 동안 춤을 예배의 자연스러운 부분으로 긍정적으로 수용하였다.[32] 초대교회 시대에는 남녀노소 할 것 없이 모두 성자나 순교자의 축일에 춤을 추었는데 그때의 무용은 교인들의 결속을 위한 수단이 되기도 했다.[33]

3) 중세 교회

중세 시대에 무용은 음악, 건축, 연극 등의 예술에 비하여 무시되거나 금지되어 발전하지 못했다. 다만 교회에서 허락되었으나 그것도 교회의 예식이나 절기 중 사제들의 행위와 연관된 것이고, 여러 면에서 제약받았다.[34] 중세 초기의 무용은 종교적 축일과 제일에 장

---

31 박영애 편역, 『기독교 무용사』, 50; 박영애, "중세시대의 교회무용에 관한 연구," 「한국무용기록학회」 제11권 (2006), 5.

32 Marilyn Daniels, *The Dance In Christianity: A History of Religious Dance Through the Ages* (Ramsey, NJ: Paulist Press, 1981), 21; 박영애 편역, 『기독교 무용사』, 38.

33 Harvey Cox, *The Feast of Fools: A Theological Essay on Festivity and Fantasy*, 김천배 역, 『바보제: 제축과 환상의 신학』 (서울: 현대사상사, 1973), 87.

34 Dennis J. Fallon and Mary Jane Wolbers, eds., *Focus on Dance X: Religion and Dance* (Reston, VA: A.A.H.P.E.R.D., 1982), 42.

지 등에서 추어졌다.[35]

무용은 교회 예식과 축제와 연관되어 원무(round dance)나 고리무(ring dance), 행진무(processional dance) 등의 형식으로 행해졌다. 무용은 종교적 축제, 성인 축일, 결혼이나 장례식에서 교회에서나 교회 마당, 주변 마을에서 추었다. 무용은 보통 찬송이나 캐롤을 따라 했다. 캐롤을 부른다는 것은 춤을 춘다는 의미이다.[36]

시간이 흐르면서 교회는 예배 의식이나 세례 예식에서의 로마의 이교적 전통에 의존한 무용을 타락이라 보고 이를 금지하였다. 교회는 영적인 무용은 좋게 평가했지만, 이교적인 무용은 근절시키고자 했다.[37] 무용에도 위계가 정해지고 규제를 하게 되었다. 사제, 부제, 평민들이 언제 누구와 춤을 추어야 하는지 날짜를 지정하기도 했다. 원칙적으로 무용은 통제되었다.[38]

그렇게 무용을 강력하게 탄압하게 된 데에는 기독교의 종교적 교리 외에도 형이상학적인 플라토니즘, 즉 이원론적 사고와 스토아 철학의 금욕주의가 작용했는데, 거기에 영지주의도 한몫을 담당했기 때문이다.[39] 그러므로 교회 밖으로는 무용에 대한 검열이 더욱더 강화되며 금지령이 선포되는 반면, 교회 내에서는 무용을 더욱 공식적으로 사용하면서 무용의 종교적 역할, 예배 수단으로서 역할을 장려하는, 상반된 현상이 나타났다. 교회는 오히려 그 어느 시기보다도

35 송수남, 『한국무용사』(서울: 금광, 1988), 20.
36 Doug Adams, *Involving the People in Dancing Worship: Historic and Contemporary Patterns* (Austin: Sharing, 1975), 6.
37 박영애, "중세시대의 교회무용에 관한 연구," 5.
38 Adams, *Involving the People in Dancing Worship*, 5.
39 Johannes Hirschberger, Geschichte der Philosophie. Band 1: Altertum und Mittelalter, 강성위 역, 『서양철학사 상: 고대와 중세』(대구: 이문출판사, 1983), 357.

예배에 드라마틱한 묘사와 표현 형태를 수용하면서 무용을 전례 형식의 하나로 사용했는데, 교회 축일에는 성직자가 일반 사람들보다 더 많이 춤에 참여했다.[40]

6~12세기에 교회는 더욱 권위적으로 되어 모든 전례 형식들을 단속하고 법으로 특정한 무용들을 금지하는 강경책을 사용했다. 하지만 그레고리안 성가에 맞춘 분명한 규정으로 추는 상징적인 춤은 발전했다.[41]

7~8세기에 치유를 위한 춤 전염병이 생겨났다. 그리고 8~9세기에 걸쳐 기독교적인 성격의 무용은 유럽 전역으로 퍼져 나갔으며 성인들과 순교자들의 유물을 가지고 행렬을 지어 나갈 때 춤을 추는 것이 하나의 관습이 되어 교회 축제 속에 포함되었는데, 성직자들은 그러한 교회 무용에 적극적으로 참여했다.[42]

중세기 교회가 그 권위를 강화하면서 춤에 대한 검열은 지속되었다. 춤은 여전히 예전적 형식으로는 수용되었다. 그러나 춤은 점차 더 공연적이고 연극적이 되었다. 사람들이 미사에 대한 관심이 사라지면서 교회는 성가, 행진, 심지어는 성가대에서 예식적 무용을 수행할 수 있도록 노력을 했다. 그러나 이와 같은 무용 중심의 예배 역시 평신도들의 관심을 돌이키지 못하면서 무용에 연극적 요소를 도입하게 된다. 평신도에 대한 호소력을 증가시키기 위해 소극(short plays)이 예전에 도입되었다. 종교극이 대부분 문맹자였던 평신도들의 이해를 돕기 위한 수단으로 사용되면서 그에 따라 무용의 사용도 증가

---

40 장한기, 『연극학 입문』(서울: 우성문화사. 1981), 193.
41 박영애, "중세시대의 교회무용에 관한 연구," 5.
42 Margaret F. Taylor, *A Time to Dance* (Philadelphia: United Church Press, 1967), 85.

했다.[43] 즉 무용은 연극에 종속되는 방식으로 행해졌다. 연극은 예배라기보다 일종의 오락으로 받아들여졌는데, 그러다 보니 무용 또한 극적인 성격의 것이 되었다.[44] 12세기 초에는 미사 중 종교극에서 성직자와 수녀 그리고 성가대 소년들이 배우로서 음악에 맞춰 영창(chant)을 하며 춤을 추었다.[45]

한편 '죽음의 춤'(dance of death)과 무도광(dancing mania)의 유행 때문에 무용에 대한 교회의 검열이 강화될 수밖에 없었다. 죽음에 대한 우려와 공포심 때문에 사람들은 공동묘지와 장지를 찾아 '죽음의 춤'을 추었다.[46] 무도광은 유럽 전역에 걸쳐 재난, 전쟁, 화재, 질병 등이 그치지 않자 이 고통과 죽음의 비참한 환경에서 벗어나고자 극도로 흥분된 상태에서 추었던 일종의 신들림의 한 형태로 해석되는 춤이다.[47] 대중들이 이와 같은 무용에 무분별하게 광적으로 참여함에 따라 심각한 사회적 혼란이 야기되었다. 이후 무용에 대한 억압이 심해지면서 교회 무용을 포함한 중세 무용이 전반적으로 통제당하면서 결국 전체적으로 무용이 쇠퇴하게 되었다.[48]

---

43 박영애, "중세시대의 교회무용에 관한 연구," 6.

44 *Ibid.*

45 Taylor, *A Time to Dance*, 89.

46 박희진, 태혜신, "무용사회학 관점에서 본 중세시대 무용예술의 의미,"「한국무용기록학회」제 11권 제2호 (2011), 30. '죽음의 춤'의 형태에 대해서는 Curt Sachs, *World History of the Dance* (New York: W. W. Norton & Company, 1963), 315.

47 심정민, "중세 무용의 특성에 관한 연구,"「대한무용학회논문집」제45권 (2005), 67. 무도광은 타란티즘(Tarantism)과 다르다. 이에 대해서는 박영애, "문헌을 통해 본 무도광(Dancing Mania)과 타란티즘(Tarantism)에 대한 비교연구,"「한국무용기록학회」제10권 (2006), 31-48.

48 박영애, "중세시대의 교회무용에 관한 연구," 7.

III. 교회에서의 무용

1. 예배와 무용

오늘날 무용은 크게 기독교 무용과 교회 무용으로 나뉘어 행해지고 있다. 전자는 예술로서 무용 성격이 강하다.[49] 교회 무용은 교회 현장에서 행해지는 무용이다. 교회 무용은 일정한 지침이 없으며 교회 무용을 공부한 사람들이 소속 교회에서 취향대로 종종 행하고 있을 뿐이다.[50] 기독교 무용은 소위 예술로서의 무용이다. 그것은 여기서 다룰 분야가 아니다. 여기서 논의는 교회 현장에서 행해지는 교회 무용에 한정한다. 이하에서는 복음을 선포하는 케리그마(Kerygma), 하나님께 드리는 예배인 전례(Leitourgia), 가르치는 디다케(Didache), 신자들과의 사귐인 코이노니아(Koinonia) 그리고 이웃을 향한 봉사인 디아코니아(Diakonia)를 염두에 두고, 성서적, 역사적 무용 실천을 중심으로 언급할 것이다. 이것들을 바탕으로 구체적으로 교회에서 어떤 무용을 실시할 것인지는 각기 사정이 다른 개교회에 위임될 수밖에 없다. 중요한 것은 창의성일 텐데, 성서적, 역사적 근거와 오늘의 교회 상황의 조화를 꾀하는 일이다. 구체적으로는 과거와 현재를 결합하고, 바꾸고, 비트는 과정을 거쳐야 한다.

히폴리토스(Hippolytus)는 춤을 기독교 의식의 일부로서 말한다. 2세기 후반에는 무용이 예배의 일부로 편입되었다. 무용의 지위 변화에 따라, 주교 등 고위성직자들까지 직접 무용에 참여하면서 교회에

---

49 이에 대해서는, 우리나라에서 기독교 무용과 교회 무용의 발전을 위해 노력하는 국제기독교무용협회(CDFK)의 활동 참고.
50 이기승, "예전춤(liturgical dance)," 「활천」 제550권 (1999년 9월호), 60-63.

서의 무용은 확대되었다. 4세기에는 예배에서 춤과 반주가 따랐다.

교회 무용에서 우선 무용을 활용할 영역은 예배다. 예배는 그 자체가 전인적 교육이다. 예배는, 어떤 외적인 동기나 목적이 아닌 예배 자체이지만 그리고 예배가 의도적이고 체계적 교육은 아니지만, 의식적 경험의 결과로서 변화를 가져온다고 말한다. 예배를 통해 배울 수 있는 것은 기독교 영성의 중심에 있는 감정, 경험 및 태도의 모든 범위에 걸쳐 있다.[51] 윔벌리(Anne E. Streaty Wimberly)는 예배를 교회교육의 중심이 되는 문맥으로 본다.[52] 예배 안의 설교와 음악과 기도의 요소들을 통해 신앙과 소망이 양육된다고 말한다.

성서에서 춤은 예배와 경배, 기쁨과 감사, 예언, 절기와 축제 그리고 유희와 여흥을 위해 추었다.[53] 예배와 연관해서 구약성서에서는 네 종류의 춤을 볼 수 있다. 그것들은 행진 무용(시 26:6; 68:24 등), 원무(round the sacred object dance, 시 30:11, 149:3, 150:4; 렘 31:4, 13; 출 15:20, 32:19; 삿 11:34, 21:12; 삼상 18:6, 21:11, 29:5; 아 6:14 등), 예언 무(ecstatic dance, 삼상 10:5–6 등) 그리고 승전무(victory dance, 출 15:19–21; 신 20:1-4 등)이다.[54] 이 중에서 행진과 원무가 두드러진다. 교육에 활용하기에 적합한 일반적인 것으로 생각되어 살펴본다.

---

51 Jeff Astley, "The Role of Worship in Christian Learning," Jeff Astley, Leslie Francis and Colin Crowder, ed., *Theological Perspectives on Christian Formation* (Grand Rapids, MI: W.B. Eerdmans Publishing, 1996), 244.

52 Anne E. Streaty Wimberly, *Nurturing Faith & Hope* (Cleveland, OH: Pilgrim Press, 2004), xxvi.

53 박영애, "성경에 나타난 춤의 의미 및 특성에 관한 연구,"『한국무용기록학회』제18권 (2010), 35.

54 Kathleen S. Turner, *And We Shall Learn through the Dance: Liturgical Dance as Religious Education*, Dissertation (New York: Graduate School of Religion and Religious Education of Fordham University, 2012), 160.

행진무용은 구약성서에서 볼 수 있는 대표적인 유형이다. 행진무용은 또 다른 대표적 유형인 원무와 더불어 기독교적 의식이나 축제행사의 주요 표현 수단이었다. 행진무용은 일반적인 종교의식이나 행사에 대체로 포함되었던 것으로 보인다.[55]

원형 춤, 즉 원무는 하나님께 대한 예배나 감사, 축제 그리고 절기를 지킬 때 추었던 무용이다.[56] 예배와 경배에서의 무용은 기쁨에 넘쳐 뛰고 도약하는 형식이었다. 때로 행진을 하며 둥근 대형을 이루어 빙빙 돌면서 추기도 했다. 하나님께 대한 경배를 표현하기 위해 무릎을 꿇거나 허리를 굽히는 동작도 했다.[57]

예배 무용은 교회의 역사를 통해 볼 때, 배타적으로 그리고 지속적으로 사제의 영역에 속했다. 예를 들어, 교회에서 부활절 이브에 행한 본래 춤을 가리키는 부활절 캐롤이나 원무와 유사한 고리무[58]의 경우, 대주교가 부활의 노래를 부르면서 교역자들은 둘씩 짝을 지어 둥글게 움직이고, 그 뒤를 유력 인사들이 같은 방식으로 따랐다. 캐롤의 경우에는 보통 성당 · 수도원 등의 지붕이 덮인 회랑(cloister)에서 교회로 이동하고 성가대 주위를 지나서 교회 중앙부의 회중석(nave)으로 나아갔다. 그동안 모든 사람은 '세상의 구주'(Salvator Mundi, Savior of the World)라는 찬송을 불렀다.[59] 오늘날 예배 시 춤의 예는 다음과 같다.

---

55 박영애, "성경에 나타난 춤의 의미 및 특성에 관한 연구," 24.

56 *Ibid.*

57 *Ibid.*, 33.

58 John Arthur Smith, *Music in Ancient Judaism and Early Christianity* (New York: Routledge, 2016), 49.

59 Taylor, *A Time to Dance*, 22.

흰 예복을 입은 여인들이 회중의 찬송에 맞추어 흰 유리잔에 담긴 촛불을 양손에 들고 춤추며 회중석 뒤에서부터 통로를 따라 앞으로 나와 강대상 아랫 부분에서 계속 춤을 추었다. 회중 찬송이 끝날 즈음에 그들은 다시 통로를 따라 퇴장했다.[60]

초기교회에서 기도를 마칠 때는 지상의 몸이 하늘로 들어올려지고자 하는 소망을 나타내기 위해 발을 구르며 손을 머리 위로 들어올렸다. 무용이 경배에서 기도로 인식되어가는 변화로 보인다.[61]

2. 성가대와 무용

성가대(choir)는 2세기부터 예배 시에 어린이들의 노래와 춤을 포함시켰다. 후에는 어린이들이 소년들로 대체되고, 중세에는 성직자들이 성가대에 참여하기도 했다. 성가대는 가슴 높이의 칸막이로 둘러쳐진 제단으로부터 분리된 높은 위치에서 하나님을 찬양하면서 상징적인 움직임들을 보여주는 춤을 추었다.[62]

10~15세 연령으로 구성된 성가대는 성체축일 축제(Corpus Christi) 등에서 제단 앞에서 캐스터네츠에 맞추어 노래하며 춤을 추기도 했다.[63]

---

60 이기승, "예전춤(liturgical dance)," 60.
61 박영애,『기독교 무용사』, 44.
62 *Ibid.*, 93.
63 박영애, "중세시대의 교회무용에 관한 연구," 12.

3. 예전과 무용

교회는 춤을 예배에서뿐만 아니라 성찬식이나 세례식에서도 활용했다. 중세에는 성찬식에서의 춤을 차례로 순서가 이어지거나 바뀌는 로테이션 방식으로 추기도 하였다. 분명한 동작은 알 수 없으나 성찬식 참여자들을 대상으로 한 것으로 추측된다. 앞에서 '예수의 찬양' 문헌에 나온 예를 성찬식에 응용할 수도 있겠다. 성찬식에 참여한 신자들이 손을 잡고 주례자를 둘러싸고, 주례자는 성만찬의 떡과 포도주를 동작과 함께 나눌 때, 참여자들은 거기에 따르는 동작을 하며 '아멘'이라고 응답하는 식이다.

오늘날 볼 수 있는 성찬식에서의 예전 춤은 다음과 같다. 회중의 찬송에 맞춰 춤추는 신자들이 성찬 용구들을 들고 두 줄로 입장한다. 맨 앞에는 십자가, 그다음 두 사람은 촛불 점화기, 그다음 둘은 "떡상, 그다음 둘씩 두 줄은 포도주잔을 들고" 들어와 성찬상에 진설한다. "진설이 끝나면 그들은 회중 앞에서 회중 찬송에 맞춰 예전 춤을 추며 회중 찬송이 끝날 무렵 찬송에" 맞추어 퇴장한다.[64]

초기교회의 세례식에서 사람들은 세례를 받을 때 춤추며 앞으로 나아갔다. 그들은 관습에 따라 팔을 서쪽을 향해 뻗어 악마와 결별하고, 다시 예루살렘이 있는 동쪽을 향해 절하며 신앙고백을 한 후에, 세례를 할 때 사용되는 물을 보관하는 세례대(또는 세례반)를 향해 빠른 발걸음으로 춤추며 나아갔다.[65] 남성과 여성들이 원 대형으로 돌며 행진하는 종교적 합창인 코로이(choroi)에 참여했다.[66]

---

64 이기승, "예전춤(liturgical dance)," 63.
65 Backman, *Religious Dances in the Christian Church and in Popular Medicine*, 27; 박영애, 『기독교무용사』, 65 참고.

성서의 예언서들을 봉독할 때도, 성가대는 찬송하며 춤을 추었다.[67] 가톨릭의 중심지였던 스페인의 여러 도시, 세비야(Seville), 톨레도(Toledo), 헤레스(Jeres), 발렌시아(Valencia) 등지의 교회들에서는 성체와 성혈 앞에서 춤추는 것이 관습이었다.[68]

4. 절기와 무용

1) 주요 절기

성서는 절기를 축하하기 위해 춤을 추었다고 전한다(사 30:29; 레 23:41; 출 23:14-16; 삿 21:21, 23; 시 149:3 등). 절기와 축제에서의 춤은 대체로 행진이나 둥근 대열을 지어 원형이나 나선형으로 빙글빙글 도는(to whirl) 형태였다.[69]

부활절에 무용 활용에 참고할 수 있는 내용에 베르게레트(Berge-rette)가 있다. 베르게레트는 프랑스 여러 지역에서 추었던 전통적인 부활절 무용이다. 그 무용은 은총과 구원으로서 부활에 관한 가사에 서정적 가락의 독창인 영창에 맞추어 행렬을 지어 추었다.[70]

성령강림절에 주로 수도원에서 춘 베르게레트는 설교가 끝난 후, 교구나 수도회에서 주교나 수도원장의 자문에 응하여 행정에 관한

---

66 박영애, 『기독교 무용사』, 47.
67 Gaston Vuillier, *A History of Dancing from the Earliest Ages to Our Own Times* (HardPress Publishing, 2013), 47.
68 *Ibid.*, 50.
69 박영애, "성경에 나타난 춤의 의미 및 특성에 관한 연구," 34.
70 Backman, *Religious Dances in the Christian Church and in Popular Medicine*, 74.

미로무용

모든 안건을 심의하는 참사회 위원들과 성가대 소년들 그리고 성직자들 최연소자와 최연장자가 인도한 무용이다. 처음에 서로 손을 잡고 원형을 이루어 같은 동작으로 줄을 맞추어 방향을 바꾸며 추는 라인댄스나 원무 또는 뱀이나 미로 형태를 따라가는 행진 춤으로 구성되었다.[71] 무용이 끝난 후에는 천상에서의 만찬을 상징하는 식사에서 예수 그리스도의 보혈을 상징하는 적포도주를 마셨다.[72]

추수감사절의 춤은 악기를 연주하며 추었다. 기쁨과 감사를 위한 이와 같은 춤은 발을 구르고 뛰어오르고 빠르게 도는 활기찬 동작들로 구성되었다.[73]

무용을 포함해 의식은 인간의 전인적 차원에서 변형을 가져온다. 의식은 의미 있는 전인적 존재나 상태로 변화시킬 수 있는 문화적, 인격적 경험들을 재조직하거나 재해석함으로써 변형을 수행한다.[74]

---

71 Taylor, *A Time to Dance*, 110-111.

72 Backman, *Religious Dances in the Christian Church and in Popular Medicine*, 74.

73 박영애, "성경에 나타난 춤의 의미 및 특성에 관한 연구," 36.

2) 성탄절

성탄절하면 캐롤이 떠오른다. 하지만 부활절과 장례 캐롤 등도 있다. 캐롤은 원무를 뜻하는 이태리어 카롤라(carola)에서 유래된 것으로 보인다. 처음에는 11~14세기경 북부 프랑스의 음유 시인인 트루베어(trouvère)들이 천천히 둥글게 돌아가며 노래하던 형태를 일컫던 말이었다.[75] 캐롤 무용은 1223년 성탄절에 성 프란치스코(San Francesco d'Assisi)가 예수상 주위를 돌며 추었던 춤으로부터 유래되었다. 천사들의 원무를 상징하는 캐롤 무용은 대주교와 사제 등 성직자들이 교회 예배당 또는 마당에서 추었다. 때로 그 지역 유지들이 참여하기도 했다. 그때 추는 무용은 대개 깡충 뛰는 호핑(hopping) 스텝이 포함된 원무 형태였다.

'캐롤'은 '서 있다'나 '정지하다'를 뜻하는 스탠자(stanza)와 '춤'을 의미하는 코러스로 나뉘었다. 그래서 코러스 부분에서 춤을 추었고, 스탠자에서는 움직임이 없었다. 코러스 동안의 가장 평범한 스텝은 '세 걸음'이라는 뜻의 트리푸디움(tripúdĭum)이다. 이것은 앞으로 세 걸음, 뒤로 한 발자국 물러서는 동작을 반복하며 추는 춤이다. 박자는 보통 4/4박자 또는 2/4박자였다. 보통 다섯 명이나 열 명의 사람들이 팔짱을 끼고 거리나 교회 근처로 나가 다른 사람과 함께 줄을 지어 행진하는 대중적 춤이었다. 이는 교회 공동체의 연합과 평등을 상징

---

74 Michael Aune, *Religious and Social Ritual: Interdisciplinary Explorations* (New York, NY: State University of New York Press, 1996), 13; Chung, Tae-Young, "Changed Rituals and Changed Lives: Cross-Disciplinary Thoughts on the Transformative Power of Rituals,"『신학과 선교』제44집 (2014), 190 재인용.

75 John G. Davies, *Liturgical Dance: An Historical, Theological and Practical Handbook* (London: SCM Press, 1984), 54.

하는 것이기도 했다.

성직자들은 여름을 환영하는 축제인 성 요한의 날(Sant Joan)에도 춤을 추었고, 부제들은 성 스테판의 날(St. Stephen's Day)과 할례축제(1월 11일)와 현현절에 춤을 추었다. 후자는 나중에 바보제(Festival of Fools)가 되었다. 순교축일(Innocent's Day)에 추는 성가대 소년들의 무용은 나중에 어린이 축제(Children's Festival)가 되었다.[76]

무용과 관련해서 선교 무용이 있다. 이는 전도를 위한 무용을 가리키는데, 조규청의 예수 찬양 댄스가 참고가 될 수 있다. 그는 성서의 주요 주제인 Jesus(예수), Love(사랑), Faith(믿음), Hope(소망), Praise(찬양) 등에 대해 신학적 의미를 담아 구체적 동작을 개발하였다.[77] 무용을 통한 노방전도를 할 수 있다. 중요한 것은 사람들의 이목을 끌 수 있어야 한다는 점이다. 성탄절기 등에 플래시몹(flash mob)을 시도해 볼 수 있다.

5. 생애와 무용

기독교 교회는 신자들의 생애 주기, 특히 죽음과 연결시켜 활용할 수 있는 춤도 추었는데 순교자 축일 무용이 그렇다. 기독교는 초대교회 때부터 순교자 축일 무용을 추었다. 공간이 좁았음에도 불구하고 카타콤(catacomb)에서도 순교자를 기리는 축제에서 원무를 추었고 오랫동안 지속되었다.[78]

---

76 Backman, *Religious Dances in the Christian Church and in Popular Medicine*, 51.

77 조규청, "예수찬양 댄스의 동작개발과 맥락적 탐색," 『한국체육과학회지』 제25권 제4호 (2016), 23 참고.

초기교회에서 순교자는 존중을 받았는데, 춤이 이것과 연결되었다. 기독교인들은 순교자들과 천사들이 세상에 남겨진 사람들과 춤을 추러 내려온다는 믿음을 갖고 있었다. 그런 신념을 갖고 그들은 묘지에서 춤을 추었다.[79] 바실리우스(Basilius)는 이렇게 썼다.

> 그리스도의 십자가 이후, 애도의 본질이 바뀌었다. 우리는 더는 성인들의 죽음을 슬퍼하거나 애통해하지 않는다. 오히려 우리는 성인들의 무덤 주변에서 신적인 원무를 춘다.[80]

4세기 이후에는 순교자 축일 무용이 일상적이었다. 이 무용은 신자들이 순교자의 묘지나 유적지 또는 예배 의식의 일부로 순교자들의 믿음을 기리며 도움을 청하는 춤이었다.[81] 무용은 사제가 인도했으며, 독창이나 합창에 맞추어 추었다. 한 명 이상의 원무나 행진 형태로 추었는데, 주교들과 고위성직자들이 성물 앞에서 추기도 하였다. 순교축일 무용은 대부분 찬송가나 시편에 맞추어 합창을 하면서 중간중간에 박수를 치거나 발을 구르며 하는[82] 합창 무용이었다. 동작들에는 한 발로 뛰거나 깡충 뛰는 호핑(hopping), 껑충 뛰거나 뛰어

78 Sundermeier, 『미술과 신학』, 203.

79 Backman, *Religious Dances in the Christian Church and in Popular Medicine*, 17.

80 F. J. Dölger, "Klingeln, Tanz und Händeklatschen im Gottesdienst der christlichen Melitianer in Aegypten," *Antike und Christentum. Kultur-und Religionsgeschichtliche Studien*, Bd. IV (Münster: Aschendorff, 1934), 252; Sundermeier, 『미술과 신학』, 203 재인용.

81 박영애, 『기독교 무용사』, 172.

82 안비화, "효과적인 합창무용 안무와 지도방법 연구," 『한국무용교육학회지』 제27집 제2호 (2016), 63.

오르는 리핑(leaping) 그리고 빙글빙글 도는 것들이 있었다. 때로 성찬식을 하는 것처럼 일정한 순서에 따라 교대하는 로테이션(rotation)을 하면서 하나님께로 나아가고자 했다.[83]

6. 교육과 무용

1) 성경공부

교회의 과거의 무용을 현재의 교회에서 교육적으로 활용할 수 있다. 무용을 성경공부와 연결시킬 수 있다. 예컨대 디모데성경연구원은 신약의 흐름을 이해하고 효과적으로 기억시키기 위해 무용적인 움직임을 사용한다. 구약 역시 흐름을 익히기 위해 77개의 모션을 활용한다.[84]

2) 프로그램과 무용

중세 시대의 무용 중에는 교회학교의 부서 수련회에 활용할 수 있는 것들도 있다. 중세 시대에는 두 가지 특별한 축제가 있었다. 하나는 '바보제'이고 다른 하나는 '어린이 축제'이다. 바보제는 절대 권력인 교황과 신부 등을 바보로 만들어 조롱하고 비판하는 행사였다. 어린이 축제는 학교와 학생들의 후원자였던 그레고리 교황을 추모하기

---

83 Backman, *Religious Dances in the Christian Church and in Popular Medicine*, 38-39.
84 이를 응용한 무용동작은 최명희, "예술로서 기독교 무용의 교육적 활용 가치 방안 연구" 석사학위논문 (우석대학교, 2016), 60-69.

위한 축제였다. 그러나 바보제는 무분별한 집단 참여와 이교적인 요소들의 침투로 633년 이후 금지되었다.[85]

15세기에 들어와서는 어린이 축제만 허락되었다. 어린이 축제의 경우 로스 세이세스(Los Seises) 무용을 포함하는 모사라베(mozárabes) 의식을 장려하기도 했다. 모사라베는 8세기 초 이베리아반도에서 산 기독교인들을 말하며, 이들은 서고츠풍의 전례 양식을 고수했다. 이들은 아랍의 영향을 받아 형성된 독특한 양식을 발전시켰다. 특히 채식수사본의 경우에, 화려한 색상이나 표현 방법에서 동시대 다른 필사본과 구별된다.[86] 사로스 세이세스 무용은 일년에 두 차례, 성심축제(Feast of the Sacred Heart)와 그리스도의 성체축일(Octave of Corpus Christi)에 추는 '세이세스'(Seises)라고 하는 소년들이 깃털 모자와 홍색과 황색 줄이 있는 의상을 입고 성당 제단 앞에서 노래와 리본으로 꾸민 캐스터네츠에 맞추어 추는 춤이었다(여섯 명에서 시작해 16명까지 늘었으나 지금은 10명의 소년이 참여한다). 음악이 시작되면 두 줄이 전진하고 후퇴하고 겹친다. 돌아서서 원을 그리며 춤을 춘다.[87] 하지만 이마저도 곧 교회의 비난 대상이 되었다. 어린이 축제마저 교회가 통제하면서 르네상스 시대에는 완전히 그 모습을 감추게 되었다.

---

85 자세한 내용은 박영애, 『기독교 무용사』, 177-90 참고. 그리고 바보제에 대한 신학적 해석은 Cox, *Feast of Fools;* Max Harris, *Sacred Folly: A New History of the Feast of Fools* (Ithaca, NY: Cornell University Press, 2011).

86 "Facsimiles of Illuminated Manuscripts of the Medieval Period". http://www.library.arizona.edu; "Mozarabs," Wikipedia, https://en.wikipedia.org/wiki/Mozarabs.

87 The Ancient Dance of Los Seises at the Cathedral (Nov 7, 2008). https://www.tripadvisor.com/ShowTopic-g187443-i284-k2351148-The_ancient_dance_of_Los_Seises_at_the_Cathedral-Seville_Province_of_Seville_Andalucia.html.

미로에서 하는 무용도 활동 프로그램에 응용할 수 있을 것이다. 미로 무용은 대성당의 본당 회중석 바닥에 그린 미로를 따라 나선형으로 행렬하는 무용이다.[88] 교회에서는 남성과 여성이 서로 손을 잡고 인도자를 따라 미로의 중심으로 들어갔다가 밖으로 데리고 나오는 형식으로 행해졌다. 미로 무용은 어떤 사람들에게는 예수께서 지하세계로 내려가 사탄을 이기고 영혼들을 구원하여 돌아오는 죽음과 부활을 상징했다. 다른 사람들에게는 치유를 위해 하늘로 갔다가 지상으로 돌아오는 여행이기도 했다.[89] 예루살렘으로 가는 순례를 상징하는 '예루살렘으로 가는 길'이라는 장엄한 미로 무용도 있다. 그 무용에서는 성가의 마지막 음절과 예루살렘을 상징하는 중심에 도착하는 것이 일치하도록 윤무를 했다.[90] 특히 팔레스타인을 잃었을 때는 믿지 않는 사람들도 이 무용을 통해 예루살렘 순례를 할 수 있도록 허용했다. 그 경우 순례자들은 무릎을 꿇고 기어서 미로의 중심까지 도달하기도 했다.[91]

미로에서 하는 무용 중에는 펠로타(pelota 또는 pilota)라는 공을 가지고 추는 무용도 있었는데 그것은 일종의 놀이춤이라고 할 수 있다. 하나님의 존재는 놀이와 함께 구현되며 춤추는 자에게는 만족과 기쁨이 주어진다.[92] 그 무용은 주교와 대주교, 참사회 의원 그리고 아랫

---

88 Taylor, *A Time to Dance*, 92.

89 Backman, *Religious Dances in the Christian Church and in Popular Medicine*, 71.

90 Robert C. Lamm, *The Humanities in Western Culture*, 이희재 역,『서양문화의 역사 II: 중세 르네상스편』(서울: 사군자, 1996), 170.

91 Backman, *Religious Dances in the Christian Church and in Popular Medicine*, 71.

92 Jürgen Moltman, *Theology of Play* (New York: Harper and Row, 1972), 23; 윤영훈, "놀이로 세우는 공동체: 문화시대 신학과 목회를 위한 놀이의 재발견,"『신학과

사람에 이르기까지 함께 원 대형으로 서서 손을 잡고 영창하며 노래 리듬에 맞춰 움직이는 것으로서, 먼저 수석사제나 그의 대리인이 새로 취임한 대성당 참사회 의원으로부터 공을 받아 한팔로는 공을 안고 다른 손은 바로 옆 사제의 손을 잡은 형태로 시작했다. 그리고 반주에 맞추어 부활절 노래를 부르면서 미로를 따라 도는데 그때 트리푸디움을 추었다. 그리고는 서쪽 끝에서 수석사제가 춤추는 사람들 중 한 명 또는 여러 명에게 공을 번갈아 던져주었는데, 그렇게 무용과 노래를 마치면 함께 식사를 하고 마지막에 저녁기도를 드렸다.[93]

무용의 기능 중에는 친교의 기능이 있다. 즉 유희와 여흥으로서의 춤이다. 성서에서 이 성격의 춤은 우상 주위를 돌며 추는 춤이거나 유희, 오락적인 성격의 춤으로(출 32:6, 19; 왕상 18:26; 삿 16:25 등) 신성하고 종교적인 춤과는 거리가 있어 부정적이다. 또 즉흥적이면서 다듬어지지 않아 교회에서 권장할 만하지 않다. 이들 춤은 기분 내키는 대로 발로 장단을 맞추거나 구르기도 하며, 건너뛰는 스키핑(skipping), 한 발로 뛰거나 깡충 뛰는 호핑(hopping), 껑충 뛰어오르는 리핑(leaping) 등 뛰놀며 재주를 부리는 아주 자유스러운 움직임과 리드믹한 발동작들이 포함되었을 것으로 보인다.[94]

그밖에 오늘날 교회에서의 무용은 '리듬 합창', '동작 합창', '상징 운동', '움직임의 예배', '제의 무용' 그리고 최근에는 '성무 합창'과 같이 다양한 이름으로 불리며 드물게 행해지고 있다.

선교』 제54집 (2018), 208 재인용.

93 Taylor, *A Time to Dance*, 113-114.

94 박영애, "성경에 나타난 춤의 의미 및 특성에 관한 연구", 35.

IV. 나가는 글

우리는 앞에서 무용이 인간 본성에 부합하여 교회에서 잘 활용할 경우 신앙의 성장에 기여할 수 있을 것이라는 전제하에 성서와 교회사에 나타난 무용을 살펴보았다. 그 결과 성서에서 무용은 예배 등에 사용되었고 이에 따라 교회는 초기에서부터 중세까지 무용에 대해 대체로 긍정적인 입장에서 사용해왔다는 것을 알았다. 교회의 무용은 이 같은 성서와 교회사의 무용을 반성해야 할 것이다.

교회와 교회사에서의 무용의 원리들을 추려내기는 쉽지 않다. 다만 그 내용들을 오늘날 교회에서 교회의 사명과 교육의 영역에서 어떻게 활용할 수 있는지를 있는 그대로 소개하는 식으로 제시했다. 무용 자체가 시간예술인 까닭에 지나가 버린 과거 당시 무용의 모양새를 건져 올리는 것은 불가능하다. 과거는 우리에게 흔적을 남기고 그것을 상상력을 동원하여 복원하는 것은 차후의 과제가 될 것이다.

시대는 변했고 교회는 새로운 유형의 무용이 필요할 것이다. 그 몸동작들을 꾸며 내는 일은 창의력이 요구될 터인데, 이때 도움이 될 수 있는, 오늘날 무용의 큰 갈래인 발레와 한국 무용 그리고 현대 무용에 대해 교회의 입장에서 살펴보지 못한 것은 이 글의 한계이다. 이 또한 추후 과제가 될 것이다. 과거와 현재의 무용이 서로 부대끼며 하나를 이루어가는 곳에 신앙의 성장에 크게 도움이 되는 교회의 무용이 탄생할 것이다.

예배음악에 대한 신앙 교육적 반성과 제안*

I. 들어가는 글

예배는 교회의 사명 면에서 보면 하나님을 경배하는 의식(레이투르기아)이다. 예배는 구속의 은혜를 받은 자가 그 은총에 대한 응답으로 감사하고 경배하며, 하나님의 말씀을 듣고 그의 임재를 경험하며, 그를 찬양하고 기쁘시게 하는 행위이다. 신자는 하나님을 기쁘시게 하기 위해 예배에서 믿음으로 하나님께 나아간다(히 11:6). 믿음의 내용은 하나님이 존재한다는 사실을 믿고 그분께 나아가면 그분은 자기를 찾는 자들에게 보상하신다는 사실이다. 이것은 아주 기본적인 교리다.[1] 이로부터 우리는 예배가 신자의 믿음과 긴밀함을 알 수 있다.

---

* 이 글의 출처는 "예배음악에 대한 신앙 교육적 반성과 제안," 「영산신학 저널」 51 (2020. 3), 7-33이다.
1 김달수,『히브리서』 대한기독교서회 창립 100주년 기념 성서주석 46 (서울: 대한기독교서회, 1999), 238.

교육적으로 볼 때 예배는 신앙의 성장을 위한 원초적인 장이다. 기독교 공동체는 하나님께 경배하며 신앙이 자라가는 예배 의식을 자연스럽게 발전시켜왔다. 하지만 종종 예배는 의식에 치우쳐 형식적이 되는 바람에 신앙의 못자리라는 기능을 상실하곤 했다. 이 글은 예배야말로 신자들 신앙의 성장을 위해 피해갈 수 없는 교육의 장소로 보고 부각시키려고 한다. 예배와 교회의 가르침 사이에는 매우 밀접한 관계가 있다. 신앙은 예배 안에서 표현되고, 예배는 신앙을 강화하고 전해주는 일에 봉사한다.[2] 특히 예배에서 음악은 신앙의 표현으로 큰 비중을 차지하고 있어 신앙의 성장을 위한 구상에서 이를 지나칠 수 없다는 당위성과 더불어 일반적으로 음악이 지닌 인간에 대한 강력한 영향력에서 추정된 신앙 성장의 가능성 탓에 주목해야 할 영역이다.

이와 같은 동기에서 이 글은 교회교육과 동일시되는 기독교교육은 신앙의 성장에 기여하는 학문으로서, 교회 사명의 활성화에 기여함으로써 신앙 성장에 기여할 수 있다고 본다. 이런 취지에서 이 글은 교회의 사명 중에서 레이투르기아의 중심인 예배에서 중요한 요소인 설교, 찬송, 기도 그리고 성가대 등이 교육의 차원과 공유된다고 보고 그와 같은 요소들이 신앙 성장에 어떻게 더 기여할 수 있는지를 논의할 것이다. 이를 위해 대체로 기독교교육에서 합의된 신앙이라는 개념에 대해 검토하고, 그와 같은 신앙의 차원적 내용들이 음악에도 존재하는지 살펴볼 것이다. 이와 같은 논의를 통해 먼저 신앙 성장을 위한 음악의 기여 가능성을 따질 것이다. 다음으로 신앙 성장의 차원에서 예배의 주요 요소들에 대해 교육적 입장에서 구체적이지만 실

---

2 정교회 소개, https://www.orthodoxkorea.org/%EC%A0%95%EA%B5%90%ED%9A%8C-%EC%86%8C%EA%B0%9C/.

험적 방안들을 제안할 것이다.

II. 음악의 신앙적 차원

1. 신앙의 차원

신앙이란 무엇일까. 여러 접근에 의한 다양한 정의가 있다. 일반
적으로 신앙은 "초자연적인 절대자, 창조자 및 종교 대상에 대한 신
자 자신의 태도로서, 두려워하고 경건히 여기며, 자비·사랑·의뢰심
을 갖는 일"이다.3 성서적으로 신앙은 하나님에 대한 충성이고(눅
18:8; 살후 1:4), 신뢰이며(마 6:30; 눅 8:48), 자신을 맡기는 위임이다. 나
아가 신앙은 믿음(believing)의 표현이며(롬 6:8), 도리(doctrine be-
lieved)이다. 이는 집약된 교리를 믿는 것을 말한다(유 1:3).4 특히 신
앙은 하나의 존재와 성격에 관한 명제를 받아들이는 일과 관련이 있
다. 히브리서 11장 6절 "믿음이 없이는 하나님을 기쁘게 해드릴 수
없습니다. 하나님께 나아가는 사람은, 하나님이 계시다는 것과, 하나
님은 자기를 찾는 사람들에게 상을 주시는 분이시라는 것을 믿어야
합니다"는 "한 인격에 관한 사실들을 지성을 가지고 받아들임 없이
는, 그 인격에 대한 신앙을 가지는 것이 불가능"함을 알려준다.5 이상

---

3 국립국어연구원 편, 『표준국어대사전』 ((주) 낱말).
  http://krdic.naver.com/detail.nhn?docid=23856400
4 L. Harold DeWolf, Teaching Our Faith in God, 조향록 역, 『신앙과 교육』 (서울:
  대한기독교교육협회, 1969), 27-31.
5 J. Gresham Machen, What is Faith?, 김효성 역, 『신앙이란 무엇인가?』 (서울: 성광문
  화사, 1980), 44.

의 내용으로 보아 신앙은 삼위일체 하나님의 역사적 행동을 알고 인격적인 관계 안에서 신뢰의 행동을 보이는 것이다.

기독교교육에서 신앙은 그 정체성과 관련해서 탐구되지 않으면 안 될 내용이다. 기독교교육에서 신앙은 하나의 학문이 독자성을 인정받기 위해 가장 중요한 필수적인 조건인 고유한 탐구영역이기 때문이다.6 그래서 신앙은 기독교교육학의 정체성과 긴밀하다. 기독교교육을 이 신앙을 가르치고 배우는 행위라고 생각할 때 신앙에 대한 탐구는 우선되어야 할 학문적 작업이다. 기독교교육은 신앙에 대해서 차원의 면에서 언급한다. 기독교교육에서 신앙은 지정의의 차원을 가진 전인적 성격을 지닌 실재이다.

기독교교육에서 신앙은 일반적으로 전인적인 차원에서 지정의적인 요소로 구성된다고 알려졌다. 기독교교육학자 리(James M. Lee) 등은 신앙을 지·정·의의 차원에서 정의한다. 기독교교육에서 신앙은 지·정·의적인 차원으로 구성된 전인이다. 즉 신앙은 성경, 교리 그리고 전통 등에 대한 지적 승인이며, 역사와 개인적 삶 안에서 하나님의 개입에 대한 인정과 신뢰 그리고 하나님을 사랑하고 이웃을 사랑함으로써 하나님 나라를 건설해가는 헌신적 행위이다.7 이 신앙에 대

---

6 오만록, "교육학의 학문적 발전과정과 성격에 관한 고찰,"『논문집』4 (동신대학교, 1991), 4; Marc Belth, *Education as a Discipline: A Study of the Role of Models in Thinking* (Boston: Allyn and Bacon, 1965), 6-15.

7 James M. Lee, T*he Shape of Religious Instruction: Social Approach* (Mishawaka, IN: Religious Education Press, 1971), 13-34; Lawrence O. Richards, *A Theology of Christian Education*, 문창수 역,『교육신학과 실제』(서울: 정경사, 1980), 66-67; John H. Westerhoff III, *Will Our Children Have Faith?*, 정웅섭 역,『교회의 신앙교육』(서울: 대한기독교교육협회, 1983), 52-90; Thomas H. Groome, *Christian Religious Education: Sharing Our Story and Vision*, 이기문 역,『기독교적 종교교육』(서울: 대한예수교장로회총회교육부, 1980), 95-106; James W. Fowler, "Faith and the Structuring of Meaning," Christiane Brusselmans, ed., *Toward Moral and*

해 좀 더 살펴보자.

웨스터호프 3세(John H. Westerhoff III)는 신앙을 모든 사람이 소유하는 삶의 지각 방식으로 본다. "그것은 우리의 전인격의 한 기본적 지향성이고 우리가 거기에 의해 사는 거점이다."[8] 이 신앙은 지적으로는 믿음, 태도적으로는 신뢰, 행위적으로는 예배 등으로 나타난다. "신앙은 아는 것과 지향하는 것을 모두 포함하는 행동 양식(a way of behaving)이다"[9] 파울러(James W. Fowler)는 신앙이 인간 보편적인 것으로,[10] 의미를 찾는 행위로 본다.[11] 신앙은 주체와 객체를 결합시키는 관계적 가치와 힘이며(shared center of value and power),[12] 나아가 신앙은 앎의 행위이다. 신앙의 앎은 사물을 존재의 깊이 내지는 초월적인 근원에 비추어 이해하는 행위이다.[13] 끝으로, 신앙은 인간적이다. 이는 하나님과의 관계가 사람과의 관계에서 출현한다는 의미이다. 그룸(Thomas H. Groome)에게 "기독교신앙은 예수 그리스도 안에 있는 하나님의 나라에 대한 응답 속에서 생활하는 삶이다"[14] 이 신앙의 차원은 셋이다. 첫째, 지적 차원이다. 이것은 지적으로 믿는 것으

Religious Maturity(Morristown, NJ: Silver Burdett Company, 1980), 32-37. 그리고 Charles Y. Glock, "On the Study of Religious Commitment," *Religious Education* 57, Research Supplement (July-August 1962), 98-110 참고.

8 Westerhoff III, *Will Our Children Have Faith?*, 256.

9 *Ibid.*, 89.

10 James W. Fowler, *Stages of Faith: The Psychology of Human Development and The Quest for Meaning* (San Francisco: Harper & Row, 1981), 38.

11 *Ibid.*, 4.

12 *Ibid.*, 16-23.

13 James W. Fowler, "Faith and the Structuring of Meaning", Christiane Brusselmans, ed., *Toward Moral and Religious Maturity* (Morristown: Silver Burdett Company, 1980), 19.

14 Groome, *Christian Religious Education*, 95.

로서 신앙이다. 이것은 일반적으로 공식적으로 언급된 교리들에 대한 지적 승인이다. 둘째, 정적 차원이다. 이것은 충성, 사랑, 애착과 같은 감정으로 신뢰하는 것으로서 신앙이다. 셋째, 행위적 차원이다. "행함이라는 것은 아가페의 삶을 체현하는 것, 즉 자기 이웃을 자기처럼 사랑하므로 하나님을 사랑하는 것이다"[15] 생동감 있는 기독교 신앙은 이상의 세 가지 차원들, 즉 믿는 것, 신뢰하는 것 그리고 행하는 것을 포함한다. 한편, 지적인 인식과 신뢰로서 정서 그리고 행함으로 의지를 지닌 3차원의 신앙은 그 대상과 방향이 초월자를 향한 것임은 당연히 전제된다. 나아가 지적인 인식과 신뢰로서 정서 그리고 행함으로 의지는 분리된 것이 아니다. 이것들은 함께 협응하며 전인을 이룬다. 신앙은 하나님을 향한 기지 · 정 · 의의 차원을 가진 전인적 실재이다. 그런데, 기독교교육에서 신앙의 차원이라고 하는 지 · 정 · 의적 성격이 음악에도 있는가. 이하에서는 이에 대해 살펴봄으로써 음악을 통한 신앙 교육의 가능성을 타진해보자.

2. 음악의 전인성

음악은 "박자, 가락, 음성 따위를 갖가지 형식으로 조화하고 결합하여, 목소리나 악기를 통하여 사상 또는 감정을 나타내는 예술"이다.[16] 간단히 말하면 음악은 소리를 바탕으로 하여 지적인 우리의 생각이나 감정적인 느낌을 외적으로 나타내는 예술이다. 음악이라는 사전적 정의에 이미 음악의 지정의적인 성격이 드러나고 있다. 음악

---

15 *Ibid.*, 106.
16 국립국어원, 『표준국어대사전』(1999).
   https://ko.dict.naver.com/#/entry/koko/926c1338d9a846b78ddebf69aa28432f.

은 애초에 인문학 범주에 놓여 있었다. 인문학자 카우프만 (Walter A. Kauffmann)은 "인문학이란 철학과 문학, 종교와 역사, 음악과 미술을 통틀어 일컫는다"고 말한다. 말하자면 음악이 지향하는 바는 이른바 '전인성'이다.17

이는 음악의 요소와 활동에서도 마찬가지이다. 음악의 요소와 활동은 지·정·의의 차원을 지니고 있으며 전인적이다. 전자는 내적인 면에서, 후자는 외적인 면에서 전인적이다. 음악은 소위 음악의 삼요소인 리듬, 가락 그리고 화성의 결합에 의해 탄생한다. 음악의 삼요소란 음악을 만드는 데 필요한 세 가지의 요소, 즉 리듬, 가락, 화성을 말한다. 리듬은 일정한 규칙에 의해 이루어지는 셈여림의 진행이나 길고 짧은 소리의 진행, 즉 수평적 진행의 질서 있는 운동을 말한다. 이것은 장단의 시간적인 배합이므로 박자는 리듬의 근본적인 단위가 된다. 리듬은 음악의 토대가 되고 기초를 이루는 가장 중요한 요소이다. 가락은 여러 가지 높고 낮은 음을 리듬에 맞춰 연결해 놓은 것이다. 가락은 높고 낮은 음들의 시간적 배합이므로 여기에는 리듬의 요소도 포함되어 있다. 가락은 음악의 표면이라고 할 수 있으며, 가장 알기 쉽고, 감동을 줄 수 있는 정서적 힘을 지니고 있다. 화성은 높이가 다른 두개 이상의 화음이 울릴 때 서로 조화 있게 연결되는 상태를 말한다. 화성은 음악적 수직 구조로 음색의 효과를 더하기 위한 의지적 행위이다.

음악 활동의 세 분야는 음악을 만드는 작곡, 창작된 작품을 소리음으로 표현하는 연주, 소리로 만들어진 것을 듣고 느끼는 감상이다. 작곡은 일반적으로 음악적 전문가에 의한 의지적 행위이지만 그 내

---

17 문학수, 『아다지오 소스테누토: 어느 인문주의자의 클래식 읽기』(서울: 돌베개, 2013). 351.

용은 자신의 느낌이나 생각을 표현하는 정서와 지적 차원도 품고 있다. 연주는 먼저 작품이 지니는 음악적 내용과 작곡가의 의도를 이해하고(지적 차원) 창작자의 가슴 속에 담긴 정서적 감동에 공감하여(정서적 차원) 연주자의 개성적 소화 과정을 거쳐 감상자에게 전달하는 (행위적 차원) 전인적 행위이다. 감상은 음악을 듣고 즐겨 감동을 느끼는 정서적 차원에 머물지 않고 그에 대해 평가를 하는 인지적 차원으로 이어진다. 이로써 작곡, 연주 그리고 감상은 각각 지·정·의의 전인적 차원을 지니고 있으면서, 서로 간에 관계적 응답을 통해 이 세 차원을 심화시킨다.

음악사에서 보더라도 음악의 표준이라고 할 수 있는 고전파 음악의 경우 뚜렷한 가락에 풍요로운 화음이 수반되고 곡의 형식이 엄격한 '소나타 형식'을 취하고 있어 대체로 논리적이고 정돈된 느낌을 준다. 고전파 음악은 자연스러운 감정 표출, 단순한 형식, 이해 가능한 세계성으로서 보편성을 강조하였다.[18] 고전주의의 이 세 가지 특성은 서로 충돌하는 것 같으나 함께 음악 자체의 전인성에 기여한다.

음과 텍스트의 결합인 음악은 메시지를 기억하는 데 효과적이다. 특정한 멜로디는 그것이 담은 메시지를 소환하는 기능을 하는데, 이 때 노래와 연관된 과거의 상황과 감정까지를 상기시킨다.[19] 음악의 영향은 인간의 뇌파를 자극하여 기억력이 향상되거나 가사를 통한 메시지의 전달도 가능하다. 또 음악을 통해 민주주의와 민족, 자유, 평화, 평등, 환경, 이웃, 사회 등에 대한 메시지를 전하기도 한다.[20]

---

18 홍정수 · 김미옥 · 오희숙, 『두길 서양음악사』 2 (파주: 나남출판, 1997), 21.

19 Jeremy S. Begbie, *Theology, Music and Time*, Cambridge Studies in Christian Doctrine (Cambridge: Cambridge University Press, 2000), 95.

20 김형찬, 『음악의 재발견: 과학+인문학의 융합적 시각으로 본 음악이야기』 (서울:

발달적으로 볼 때, 음악은 정서 발달뿐만 아니라 신체, 감각, 지적 발달 등에도 영향을 준다. 음악은 인간의 내면, 정신세계와 직결되어 있고, 몸의 일부인 귀를 통해 인지된 음악은 인간의 마음을 자극하여 정서적 반응을 이끌어낸다. 음악은 직관이라는 통로를 통해 인간의 영혼에 직접 호소함으로써 인간에게 의미 있는 것과 가치 있는 것에 가여하도록 도전한다. 자신의 생각과 감정의 표현이다. 사람은 생각과 감정을 표현함으로써 정서적 안정과 풍부한 심미적 감각을 소유하게 되고 더욱 더 즐겁고 풍요로운 생활을 누리게 된다. 음악교육은 정서 발달뿐 아니라 신체, 감각, 지적 발달 등에도 영향을 준다.[21] 예배에서 음악은 인간의 감성을 움직여 닫힌 마음을 빨리 열게 한다. 또한 인간 영혼 깊은 곳에 작용하여 인간의 마음, 의지, 지성을 움직임으로써 반응을 일으키게 되므로 회중으로 하여금 예배에 적극적으로 참여하게 한다.

음악의 정서적 차원과 관련해서 제기될 수 있는 문제는 음악, 예배에서의 찬송 등의 음악으로 인한 정서적 고양과 순화가 인간의 감각적 기능이 아니냐는 것이다. 이는 아우구스티누스의 고민이었고 종교개혁자들과 청교도들의 고민이기도 했다. 인간적 감정과 성령의 역사 구분이 어렵더라도 음악을 통한 성령의 역사는 분명 존재하고 그것이 성령의 역사임은 내적으로는 찬송에 참여한 사람들에게 확신으로 나타나고, 외적으로는 회중의 연합으로 나타난다(고후 13:14).

예배에서 찬송은 음악적 행위이다. 음악 하다. 찬양이 단지 예배 상의 순서가 아닌, 찬양 자체가 기도이며, 치유와 회복 그리고 성

태림스코어, 2016).

21 "음악 들으면서 공부하지 말라고?… 'NO! 집중력 더 좋아진다!'", 「동아닷컴」 (2015. 8. 17.), http://www.donga.com/news/article/all/20150817/73087463/3.

령님의 임재하심을 경험하도록 한다. 나아가 음악은 공동체의 일치를 강화하고 전례에 능동적으로 참여하게 한다. 예배는 공동체적 특성을 갖는 것이므로 공동체 구성원 상호 간의 일치는 중요하다. 일치를 위해 음악보다 더 효과적인 방편은 없다. 그것은 음악 자체 안에 사람들의 마음을 통하게 하고 일치시키는 힘이 있기 때문이다.[22] 특히 찬송의 가사 내용은 공동체가 함께 믿고 지향하는 바를 담고 있기에 음악을 통해 공동체는 더욱 강한 일체감을 갖게 되는 것이다.[23]

우리는 앞에서 음악의 인지적, 정서적, 의지적 차원에 대해 살펴보았다. 그와 같은 차원들을 각기 독립적으로 전개된다기보다 연관이 되어 함께 발생한다고 보아야 할 것이다. 예를 들어 인지과학은 정서 또한 인간 뇌의 정보처리 과정에서 발생한다고 주장하는 데 바로 음악의 전인성을 설명할 수 있는 내용이다. 이로써 우리는 신앙과 음악이 만날 수 있는 공유적 차원을 확인하게 되었다. 이제 교회의 예배에서 음악을 바르고 효과적으로 활용함으로써 신앙의 성장을 기할 수 있는 내용에 대해 탐색해보도록 하자.

III. 예배의 요소와 음악

1. 예배음악

교회에서 음악이라 하면 대체로 교회의 사명인 레이투르기아

---

22 요셉 라칭거, 김병철 역, "전례와 교회음악", 「사목」 113 (1987 · 9), 69.
23 박원주, "전례 활성화를 위한 성음악의 역할과 구체적 실행", 「사목연구」 32 (2013 · 겨울), 331.

(leiturgia), 즉 예배와 많은 관련이 있다. 하나님의 백성은 함께 모일 때 찬양을 하였고(대하 5:11-14), 그리스도인들은 모일 때마다 찬송하라는 말을 듣는다(고전 3:16). 그런데 예배에서의 음악은 기독교음악이나24 교회음악과 구태여 구별할 수도 있다. 예배음악을 예배시에 사용하는 음악이라는 뜻으로 받아들이면, 기독교음악이나 교회음악보다 그 폭이 좁다고 할 수 있을 것이다. 예배음악은 회중이 기도와 찬양을 통해 하나님을 경배하는데 사용되는 음악이다.

예배음악은 회중이 하나님께 드리는 음악으로 삼위일체 하나님 한 분만이 찬양과 감사의 직접적인 표현 대상이 된다. 회중은 직접 하나님께 바로 노래한다. 따라서 예배음악에서 대명사들은 모두 1인칭, 2인칭 단수, 1인칭 복수이다.25 정리하면 예배음악은 회중이 삼위일체 하나님께 여러 방식으로 직접적으로 표현하는 신령한 찬양을 말한다.

예배에서는 회중 찬송, 성가대 찬양, 묵도송, 오르간 등의 음악적 요소가 전체 예배의 35~50%를 차지할 만큼 음악의 비중이 크다.26 여기서 음악적 요소는 오르간 전주, 후주, 간주, 행렬송, 묵도송(입례, 기도송, 봉헌기도, 축도송), 4~5곡의 회중 찬송, 봉헌송(성가대 혹은 오르간), 성가대의 찬양 등으로 구성된다. 이하에서는 이 중에서 예배 순서를 구성하는 주요 내용으로, 신자들의 신앙 성장을 위해 언급할 필요가 있다고 생각하는 설교, 찬송, 기도 그리고 성가대에 대해 살펴

---

24 기독교음악에 대한 전반적 내용은, 박종석,『아름다움의 프락시스: 기독교 예술의 이해와 실천』(서울: 예술과영성, 2019), 139-174 참고.

25 David B. Pass, *Music and the Church: A Theology of Church Music*, 이석철 역, 『교회음악 신학』(서울: 요단출판사, 1997), 163.

26 최석조, "선교적 관점에서 본 교회음악의 기능: 예배, 찬송, 선교, 교육활동",「활천」 507:2 (1996 · 2), 98.

보기로 한다.

2. 찬송 설교

1) 음악의 선포적 성격

예배에서 설교는 중핵이다. 예배가 하나님의 말씀이 계시되고 선포되며 회중의 응답이 일어나는 곳이라면 예배와 설교는 분리될 수 없다.[27] 설교는 교회의 사명인 케리그마(kerygma)와 관련이 있다. 케리그마는 세상을 향해 복음을 선포하는 교회의 기능이다. 무엇보다 설교는 예배에서 예수 그리스도의 강력한 주권과 예배자 사이의 만남을 가능케 하는 강력한 기제이다.[28] 물론 이는 언어가 아닌 음악으로도 가능하다.

"찬송은 하나님께 영광을 돌리고 복음을 선포하는 예술"이다.[29] 음악을 통한 말씀의 선포는 오랜 것이다. 하나님은 오래전부터 자기 백성에게 음악을 통해 말씀을 전하였다. 대표적인 경우가 신명기 31:19-22이다. 여기서 하나님은 직접 모세에게 노래를 가르친다.

그러므로 이제 너희는 이 노래를 써서 이스라엘 자손들에게 가르쳐 그들의 입으로 부르게 하여 이 노래로 나를 위하여 이스라엘 자손들에게 증거

---

27 Michael J. Quicke, *Preaching as Worship: An Integrative Approach to Formation in Your Church*, 김상구·배영민 역,『예배와 설교』(서울: 기독교문서선교회, 2015), 193.

28 John Killinger, *The Centrality of Preaching in the Total Task of the Ministry* (Waco, Texas: Word Books, 1969), 51.

29 한국찬송가공회,『찬송가』(서울: 대한기독교서회, 2006), 머리말.

가 되게 하라(신 31:19).

하나님은 음악을 통해 당신의 뜻과 경고의 말씀을 한다. 그 구체적 내용이 '증거의 노래'라고 하는 신명기 32장이다. 구약에서 음악의 역할은 창조주이며 이스라엘과 함께 하는 '여호와 하나님'과 그가 한 일들을 찬양하고 경배하는 것이다(대하 15; 시 33). 성경의 노래 가사들은 율법적이며 예언적인 요소를 내포하고 있다. 이런 면에서 노래는 하나님의 말씀이 선포되는 것을 돕고 있다.

신약 누가복음 2:8-14에는 예수 탄생의 기사가 나온다. 천사가 구세주가 탄생했다는 복음을 선포하는데 그 매개가 음악이다.

> 홀연히 수많은 천군이 그 천사들과 함께 하나님을 찬송하여 이르되 지극히 높은 곳에서는 하나님께 영광이요 땅에서는 하나님이 기뻐하신 사람들 중에 평화로다 하니라(눅 2:13-14).

신약에서 찬송은 그리스도가 누구인지 그리고 그의 구속 사역과 관련된다(눅 1-2; 계 7; 빌 2:6-11; 롬 11:36; 골 1:15-20; 딤전 3:16).[30] 그 밖에 음악은 가사를 통해 예수께서 십자가 사건을 통해 이루신 구원을 증거하는 내용 외에도 회개와 구원과 그에 대한 감격, 내세, 하나님 나라, 전도와 선교, 봉사, 충성, 주와 동행, 제자의 길, 평안과 위로 등 기독교 교리에 대한 것과 제자직, 윤리, 봉사 등의 메시지를 담을 수 있다.[31] 이 같은 선포로서 음악은 메시지 전달에 의미를 두므로

---

30 Bob Kauflin, *The History of Congregational Worship* (Sovereign Grace Ministries Press, 2006).

31 오영걸, 『성경에서 비춰본 교회음악 개론』(서울: 도서출판 작은우리, 2000), 24.

수직적인 성향을 지닌다.

캘빈 M. 요한슨(Calvin M. Johansson)은 "신학은 전문적인 신학자의 주된 수단인 언어로만 표현되는 것이 아니다. 신학은… 음악가의 매체인 청각적인 형태로도 표현된다"고 했다.[32] 요한슨에 따르면, 이는 ① 음악의 추상적인 신비로움과 진실성으로, ② 보편적인 삶의 진리 탐구를 가능케 함으로, ③ 특정 주제의 진실을 음악적으로 탐구하게 함으로써 기독교적인 신비를 보다 효과적으로 이해할 수 있게 하여 준다는 것이다.[33]

물론 청각적 음악이 언어적 설교를 대체할 수는 없다. 그럼에도 불구하고 하나님의 말씀이 음악화되고 표현되었을 때 선포되는 복음의 깊은 의미가 잘 드러날 수 있다. 독일의 신학자 쾬겐(Oskar Söhngen)은 음악과 말씀이 서로 구분이 되나 말씀이 음악화될 때 가장 깊고 궁극적인 것이 드러난다고 했다. 초대교회 때 케리그마(kerygma)와 증거가 찬송적 언어로써 드러났으며, 이 케리그마는 예술적 음악과 분리될 수 없을 정도이다.[34]

음악을 통한 말씀선포의 효과는 첫째, 곡이 노랫말을 증언, 선포 그리고 해석한다. 둘째, 말로 표현하기 어려운 부분도 반복적인 노래로 표현했을 때 회중이 쉽게 이해할 수 있으며, 무의식적으로 노래말을 믿고 암기하게 된다. 셋째, 설교자와 회중, 회중과 회중간의 의사소통과 하나님과 회중의 대화를 잘 이루어지게 한다. 넷째, 언어적

---

32 Calvin M. Johansson, *Music and Ministry: A Biblical Counterpoint* (Peabody, MA: Hendrickson Publishers, 1988), 90.

33 *Ibid.*

34 홍정수, 『교회음악 예배음악 신자들의 찬양』 (서울: 장로회신학대학교출판부, 2002), 145.

설교로는 충분하지 않은 감동과 설득력을 준다. 다섯째, 음악의 치유적 가능으로 전인격적인 삶의 변화를 가져올 수 있다. 여섯째, 노래하는 회중이 자연스레 예배에 능동적으로 참여할 수 있다. 일곱째, 인간 정서에 직접적으로 작용하여 선포되는 말씀에 대해 신속한 수용적 반응을 보일 수 있다.[35]

2) 찬송 설교의 유형

음악을 활용한 설교에는 세 가지 유형이 있다. 첫째, 일반적인 설교에 적절한 음악을 이용하는 것이다. 성경을 분문으로 전개하면서 필요할 때마다 찬송이 소재로 사용된다.[36] 주가 되는 것은 성경본문이고 찬송은 그 본문의 이해를 위한 보조 역할을 한다. 그래서 성경본문 내용의 선포와 전달에 도움이 된다면 고전적이거나 공식적인 찬송가의 찬송뿐만 아니라 현대 기독교 음악(Contemporary Christian Music, CCM)을 사용하기도 한다.[37] 이와 같은 성경 본문 중심의 찬송 설교는 여전히 성경 본문이 중심이 된다는 면에서 음악에 관한 내용으로 이루어지는 전적인 찬송 설교는 아니다. 이 같은 찬송 설교에서는 음악 사용에 대한 강박이 성경 본문의 내용을 왜곡할 가능성이 있다는 점에 주의해야 한다. 부자연스러운 음악과 잘못된 음악 사용은 음악이 성경 본문의 이해를 돕는 것이 아니라 본문이 음악을 추종하게 하는

---

35 박순희,「음악을 통한 말씀선포의 가능성 모색」석사학위논문 (이화여자대학교 신학대학원, 2005), 55-56.
36 이에 대한 예는 정인교,『청중의 눈과 귀를 열어주는 특수설교』(서울: 두란노아카데미, 2007), 84-104 참조.
37 *Ibid.*, 81.

위험성을 안고 있다.

둘째, 소위 찬송 설교라고 해서 찬송가를 본문 삼아 설교하는 것이다. 이 설교는 낯설어 보일 수 있지만 서구 교회에서 이미 르네상스 시대부터 즐겨 사용해온 방식이다.[38] 이 설교는 크게 세 부분으로 나뉜다. 서론이라고 할 수 있는 부분에서는 찬송가가 지어진 배경에 대한 설명, 본론이라고 할 수 있는 단계에서는 찬송가 각 절의 가사에 대한 강해를 하고, 결론에 해당하는 부분에서는 찬송을 회중의 삶에 적용한다. 물론 대부분의 찬송은 성경 본문과 연결되어 있으며, 그것이 찬송가에 분명하게 기재되어 있다. 그런 까닭에 찬송 설교라 해서 반드시 찬송의 내용만으로 구성해야 하는 것은 아니다. 예를 들어 찬송가 94장 '주 예수보다 더 귀한 것은 없네'의 경우, 이 세상에서 예수님이 가장 귀한 분임을 선포하며 사는 삶의 행복과 강력함에 대해 관련된 성경 본문(마 13:44-45, 행 3:1-10 등)에 대한 언급도 뒤따를 수 있다.

찬송 설교의 기본적 방식은 찬송가 절이나 관련 성구를 강해한 후에 회중이 함께 찬송을 부르는 것이다.[39] 그 경우 그 찬송은 선포적 성격을 띤다. 찬송가를 함께 부를 때, 회중은 선포된 메시지에 참여하는 것이며, 결과적으로 설교자와 회중이 함께 만들어가는 설교가 형성되는 것이다. 이는 듣기만 하는 설교보다 더 기억에 남고, 감정적 영적 체험을 생산할 수 있다.

하지만 현실적으로 음악 관련 설교가 성경 본문을 중심으로 하느냐, 찬송의 가사를 중심으로 하느냐로 확연히 구별되는 것은 아니다.

---

38 *Ibid.*, 53.
39 정회승,「교회공동체와 성도의 삶을 위한 찬송가의 적실한 활용에 관한 연구」 박사학위 논문(풀러신학대학원, 2016), 115.

성경 본문을 중심으로 하면서 찬송을 이용하는 경우처럼 찬송가 가사 위주의 설교 역시 청중 설득을 위한 자연스러운 전개를 위해서는 성경 본문을 이용하지 않을 수 없다. 결국 찬송 설교는 성경 본문과 찬송가 가사 사이의 적절한 균형이 필요하다. 여기서 찬송 설교의 세 번째 형태가 등장한다.

셋째, 성경 본문과 찬송가 가사가 동일한 경우의 설교이다. 예를 들어, 시편 찬송을 이용할 경우가 그렇다. 시편은 유대교 예배에서 정규적으로 노래되었다. 예수의 제자들 역시 유대인이었기 때문에 자연스럽게 이 시편을 노래했다. 초대교회는 예수 그리스도를 기리는 새 찬송들을 노래했지만, 시편은 여전히 중요한 위치를 차지했다. 하지만 성직자 중심의 중세에 접어들어 예배에서 찬송을 라틴어로 부르면서 회중들은 이 시편 찬송을 상실하게 되었다. 종교개혁자들은 이 잃어버린 시편 찬송을 회복시키고자 했다. 특히 칼뱅은 '오직 성경으로'(Sola Scriptura)라는 종교개혁 정신에 따라 예배 중에는 오직 시편만을 자국어로 찬송하려는 계획을 추진해서[40] 1562년 시편 150편 모두와 십계명, 시므온의 노래(Nunc Dimittis)[41]를 포함한 최종판 『제네바 시편가』(*Genevan Psalter*)가 발행되었다.[42]

---

40 칼뱅은 당시 궁정시인이었던 마로(Clement Marot)에게 그리고 그의 사후에는 베자(Theodore de Bèze 또는 Beza)에게 시편의 운율화를 의뢰했고, 부르주아(Louis Bourgeois)에게는 운율화된 시편에 곡을 붙이도록 했다. 하재송, "시편 찬송에 대하여" 하재송의 교회음악 이야기, 「기독신문」 (2018.12.7.). http://www.kidok.com/news/articleView.html?idxno=112840.

41 누가복음 2:29-32에 나오는 시므온의 노래를 말하는데, 마리아의 노래(눅 1:46-55, 마그니피카트[Magnificat]), 사가랴의 노래(눅 1:68-79, 베네딕투스[Benedictus])와 더불어 신약의 대표적 비운율적인 성경적 가사의 찬송가(캔티클[canticle])이다. 하재송, 『교회음악의 이해: 성경적 교회음악론』 (서울: 중앙아트, 2017), 161.

42 현행 『21세기 찬송가』에는 제네바 시편가 중 1장 '만복의 근원 하나님' 그리고 548장 '날 구속하신' 등 두 편이 실려 있다. 하재송, 『교회음악의 이해』, 61.

내용만으로 볼 때 시편 찬송은 찬송의 가사와 성경 본문의 일치를 보인다는 면에서 이상적인 찬송 설교의 대상이 될 수 있다. 물론 내용이 시편에 한정되어 있기에 그 범위 내에서 그러하다. 하지만 시편의 범위를 넘어서 찬송의 내용을 담은 성경 본문이 있어[43] 작곡된다면[44] 찬송 설교를 하는데 유용할 것이다.

3) 찬송 설교의 방식

찬송 설교에서 음악의 사용 방식은 다양하다. 설교자와 회중이 찬송가의 전체 또는 일부를 함께 부르는 방식, 설교자나 회중 가운데 지정된 사람이 독창하는 방식 또는 중창 방식 그리고 이 세 경우의 혼합 방식이 있을 수 있다. 하지만 단선율(monophonic music) 독창형

---

43 성경에는 여러 곡의 노래가 들어있다. 찬송 설교의 커리큘럼으로 활용할 수 있을 것이다. 그것들에는 모세의 노래(출 15:1-18), 모세의 마지막 노래(신 32:1-43), 드보라와 바락의 노래(삿 5:1-31), 한나의 노래(삼상 2:1-10), 다윗의 노래(삼하 1:19-27), 다윗의 승전가(삼하 22:1-51), 포도밭 노래(사 5:1-7), 구원된 이들의 감사 노래(사 12:1-6), 주님의 종의 첫째 노래(사 42:1-9), 주님의 종의 둘째 노래(사 49:1-6), 주님의 종의 셋째 노래(사 50:4-9), 주님의 종의 넷째 노래(사 52:13-53:12), 세 젊은이의 노래(단 3:26-45, 52-90), 하박국의 노래(합 3:1-19), 마리아의 노래(눅 1:46-55), 스가랴의 노래(눅 1:68-79), 천사들의 노래(눅 2:1-20), 시므온의 노래(눅 2:29-32), 말씀을 기리는 노래1(요 1:1-5), 말씀을 기리는 노래2(요 1:6-18), 사랑의 노래(고전 13:1-13), 주님의 노래(빌 2:6-11), 그리스도를 기리는 노래(골 1:15-20), 하나님 찬미가(롬 11:33-36) 등이 있다. 민남현, 『성경의 노래: 성경인물들과 함께 부르는 내 삶의 노래』(서울: 바오로딸, 2012) 참고.
44 가사에 어울리는 곡을 붙이기 위해서는 첫째, 합창곡 또는 단성음의 독창곡을 붙이고, 둘째, 음정이 고음보다는 적당한 높이의 음으로 한 옥타브의 음역으로 배열하며, 셋째, 쉽게 기억되어지는 반복적인 선율이 들어 있어 그 부분을 온 회중이 제창(unison song)으로 화답하거나 선포자(독창자)와 회중이 교창(antiphon)할 수 있는 곡을 만든다. 넷째, 창작곡에는 전문적인 음악적 능력과 음악성이 함께 나타나야 한다. 다섯째, 회중의 배경(연령층)이 고려되어야 한다. 박순희, 「음악을 통한 말씀선포의 가능성 모색」, 50.

식이 효과적이다. 이는 준비가 용이하다는 현실적 이유 외에도, 말씀을 듣는 회중이 가사에 집중하면서, 명확한 가사전달로 선포내용을 이해할 수 있도록 돕기 때문이다. 또 선포자가 음의 길이를 조정하여 부르는 동안 회중이 그 가사의 의미를 생각할 수 있는 시간도 준다.[45]

찬송 설교에서 노래의 가사가 강조될 수 있다. 그 경우 찬송 가사의 일정한 부분을 낭독할 수 있다. 음악이 아닌 낭독은 생소해 보일 수 있다. 하지만 칸타타 등에서도 낭독이 포함되곤 하는데, 이는 낭독이 음악적 성격을 띠기 때문이다. 예를 들어 신명기 32장의 노래만 보더라도 악보가 누락되었지만 음악보다 가사가 더욱 중요시되는 인상을 준다. 사실 "이 노래는… 말로 가르쳐진다"는 주장도 있다.[46] 분명 하나님 말씀이 선포되는 것을 노래가 도왔지만 그 노래에 사용된 음악은 아리아적 요소보다는 가사의 전달을 중요시하는 레시터티브적인 요소가 강했을 것이다. 더구나 "불렀다, 노래하였다"는 동사 "다바르"를 RSV나 NIV의 경우, "말하다"(speak) 또는 "낭송하라"(recite)로 번역하고 있어 노래 가사의 낭송 가능성을 열어놓는다.[47] 찬송 가사의 낭독은 설교자가 할 수도 있고 회중이 할 수도 있다.

또 악기를 사용하여 배경음악을 연주할 수도 있을 것이다. 필요에 따라 악기만의 찬송 연주를 할 수도 있다. 찬송에서 악기 사용은 당연시되지만 이를 반대하는 사람들도 있다. 예를 들어, '그리스도의교회'는 신약성경에 예배음악에 대해 언급하는 구절이 여덟 구절(마 26:30;

---

45 *Ibid.*, 56.

46 Duane L. Chistensen, *Word Biblical Commentary Vol. 6b, Deuteronomy 21:10-34:12*, 정일오 역,『신명기 (하) 21:10-34:12』WBC 성경주석 6 (서울: 도서출판 솔로몬, 2007), 531.

47 김철웅, "찬양인도자가 가져야 할 설교자로서 자세, 두 번째",「예배음악」(2014.10.1.). http://www.worshipmusic.co.kr/3152.

행 16:25; 롬 15:9; 고전 14:15; 엡 5:18-19; 골 3:16; 히 2:12; 약 5:13)이 있는
데, 그중에 악기가 배제되었고, 역사적으로도 악기가 사용된 것은 서
기 6세기 이후라면서 예배음악에서 악기 사용은 본래적이 아닌 것으
로 반대한다.[48]

　　악기 사용 문제는 어느 악기를 사용하느냐 아니냐의 문제가 아니
라 악기를 연주하는 사람의 마음이 그리고 그로부터 나오는 연주 태
도가 문제인 것 같다. 과한 연주는 찬송의 목적인 회중이 가사와 메시
지에 집중하며 마음이 하나님께 향하는 것을 방해한다. 연주자들은
자신의 연주 실력을 드러내고자 하는 과한 연주는 사람들의 마음을
하나님께로가 아닌 연주자께로 향하게 한다. 찬양의 주인은 하나님
이어야 한다.[49]

3. 동적 찬송

1) 회중의 노래

　　"찬송은 거룩하고 신령한 예배를 위하여 만들어진 노래이다"[50]
찬송은 '노래로 하나님을 찬양하는 것' 또는 '하나님을 찬양하는 노래'
를 가리킨다. 역사적으로 이러한 견해는 633년 제4차 톨레도 종교회

---

48 '그리스도의교회'. http://thechurch.kr/thechurch. 2020. 1. 19. 검색. 그 밖에 악기
　사용 문제에 대한 교회사적 내용은 이유선, 『기독교음악사』(서울: 기독교문사,
　1992), 13; Piero Weiss and Richard Taruskin, *Music in the Western World: A
　History in Documents*(Cengage Learning 2007), 23 참고. 최근의 주장들에 대해
　서는 "교회음악 악기연주 색소폰·드럼 사용 가능한가",「경향신문」(1995. 10. 8.).
49 Don Moen, Don't Overplay,
　https://www.youtube.com/watch?v=kXS0RKa5TXI.
50 한국찬송가공회, 『찬송가』, 머리말.

의(the 4th Council of Toledo)에서도 그대로 받아들여졌다. 개역개정판 성경에서 '찬송'이라는 용어를 찾아보면, 혀로(시 66:17), 기쁜 입술로(시 63:5), 노래로(시 28:7, 33:3), 지혜의 시로(시 47:7) 찬송할 것을 말씀하고 있는데, 이러한 표현들 역시 '노래'와 관련된 것이라고 할 수 있다.[51]

찬송과 유사한 말에 '찬양'이 있다. 찬양이라는 말은 일반적으로 '하나님을 높이고 그에게 영광을 돌리는 모든 행위'를 의미한다. 찬양은 하나님의 성품과 사역에 대한 인격적인 반응으로서 하나님께 영광을 돌리거나 격찬을 드리는 행동이다.[52] 그러니까 어떤 방식으로든 하나님을 경배하는 행위를 가리킨다.[53] 하지만 실제적으로는 찬송은 찬양과 교호적으로 사용된다. 시편 146편 2절, "나의 생전에 여호와를 찬양하며 나의 평생에 내 하나님을 찬송하리로다"에 사용된 찬양과 찬송은 같은 말이다.

교회의 찬송은 유대교의 예배음악에 뿌리를 두고 있다. 기독교 초기 그리스도인들은 유대교 공동체의 시가인 시편들을 불렀다. 예수가 열두 제자들과 다락방에서 불렀던 '찬송'(막 14:26; 마 26:30)도 시편 찬송의 일종인 '할렐'(Hallel)이었을 것이다. 초대교회에서 찬송을 예배에 사용한 예는 신약의 여러 곳에서 확인된다(엡 5:13; 딤전 3:16, 6:15 이하; 딤후 2:11-13; 계 15:3, 4, 22:17). 특히 골로새서 3:16과 에베소서 5:19에서는 찬송과 시편을 구분하고 있어 유대교 찬송과 독립된 형

---

51 하재송, 『교회음악의 이해: 성경적 교회음악론』(서울: 중앙아트, 2017), 34.
52 *Ibid.*, 33.
53 Jack R. Taylor, *The Hallelujah Factor: An Adventure in the Principles and Practice of Praise*, 이석철 역,『찬양 중에 거하시는 하나님: 찬양의 원리와 실제』(서울: 요단출판사, 1985), 23.

태의 찬송이 형성되었음을 암시하고 있다.

우리는 예배에서의 회중 찬송을 당연시한다. 중세 가톨릭에서는 미사 전례시에 전문적인 훈련을 받은 성가대가 라틴어로 된 그레고리오성가를 불렀다. 회중은 청중으로만 머물러야 했다.[54] 회중의 찬송을 본격적으로 되찾은 것은 종교개혁을 통해서였다. 루터(Martin Luther)는 신자들에게 독일어 된 찬송가를 가르쳤다.[55] 이후 개신교회의 회중이 함께 부르는 찬송의 전통은 영국교회 찬송가를 거쳐 오늘날의 교회음악 형태로 발전하였다. 미국교회의 경우는 대부흥운동의 결과까지 겹쳐 찬송가의 다양화와 복음성가가 출현하였다. 우리나라에서는 1892년 감리교 선교사 존스와 로드와일러가 편집한『찬미가』가 출판된 이후『합동찬송가』,『개편찬송가』,『새찬송가』등 3종이 사용되다가 한국찬송가공회가 새로 조직되어서 1983년에『통일찬송가』를 발행함으로써 한국교회가 공동찬송가로 사용하게 되었다. 이후 한국찬송가공회는 교회의 다양한 요구와 찬송가 관련 연구의 성과를 반영하여 2006년 새로운『21세기 찬송가』를 펴냈다. 이 찬송가는 우리의 정서로 표현된 곡들을 지난 찬송가의 17곡에서 대폭 늘려 128곡을 수록하였다. 그 결과 찬송가는 이전의 558곡에서 645곡으로 늘어났다. 찬송을 내용에 따라 분류하면 경배찬송, 감사찬송, 고백찬송, 기원찬송, 헌신찬송, 선포찬송, 파송찬송을 비롯하여 성가대용 행렬송, 입례송, 기도송, 헌금송 그리고 축복송 등이 있다.[56]

---

54 이성호,『바른 예배를 위한 찬송 해설』(서울: SFC[학생신앙운동], 2018), 17.
55 조숙자·조명자,『찬송가학』(서울; 장로회신학대학 출판부, 1988), 58-60; 이성재, "개혁주의 교회 예배의 역사적 고찰과 한국 장로교 예배의식의 갱신에 관한 연구",「개혁신학」8 (August, 1992), 369-370 참고.

2) 참여적 찬송

찬송을 부르는 방식하면 우리는 제창만 생각한다. 즉 같은 찬송을 동시에 함께 노래하는 방식만 떠올린다. 그러나 역사적으로 찬송의 방식은 훨씬 더 다양했다. 중세 교회음악에서 예배에서의 찬송은 다음과 같이 행해졌다. ① 사제가 모든 신자가 잘 알아들을 수 있도록 힘을 주어 큰 소리로 읽거나 노래하는 악첸투스(Accentus)와 사제의 악첸투스에 대해 회중이 화답하는 응송(Responsorium 또는 Responsum),57 ② 사제가 긴 전례문이나 성가(시편)를 선창하면 회중이 이를 받아서 노래를 한 구절씩 주거니 받거니 하는 교창(Antiphona),58 ③ 전례문 중에 제창이 어려운 층계송, 봉헌송 등의 부분을 전담하여 선창하는 독창인 칸토레스(Cantores) 등이다.

이상의 내용으로 볼 때 찬송하는 방식에는 특정한 것이 없다. 하지만 오늘날 예배에서의 찬송이 정적인 경향이 강하므로 균형을 위해 위에서 언급한 찬양 방식을 수용할 필요가 있다. 특히 교창의 경우가 그렇다. 일반적으로 두 편으로 나누어 교대로 노래하는 방식인 교창법(Antiphony 혹은 Antiphonal singing)은 구약성경 안에서도 자주 등장한다.59 교창 권장의 이유는 교창이 회중의 집중도와 참여도를 높이기 때문이다. 회중이 편을 나누어 하나의 노래를 부를 때, 자연스

---

56 그 구체적 내용에 대해서는 전희준,『교회 성장을 위한 예배와 음악』(서울: 미드웨스트, 2006) 참고.

57 이에 대해서는 박원주, "화답송은 노래다: 미사 전례 안의 화답송과 시편의 노래", 「사목연구」 28 (2011·겨울), 146-169 참고.

58 박원주, "전례 활성화를 위한 성음악의 역할과 구체적 실행", 「사목연구」 32 (2013·겨울), 337.

59 *Ibid.*

레 상대편의 목소리에 귀를 기울이며 자신들의 차례를 기다리게 되고, 자신들의 차례가 되면 자신들의 몫을 노래하게 된다. 이렇게 양편이 서로 노래를 주고받는 과정에서 회중들 사이의 친밀감이 높아지고, 공동체가 일치를 이루게 된다.[60]

　　찬송 방식은 아니지만 자세 면에서도 성경에는 다양한 찬송 모습이 나온다. 손을 들고(시 134:2), 손바닥을 치고(시 47:1), 서서(대하 5:12; 시 134:1), 무릎을 꿇고서(시 95:6), 몸을 굽혀 얼굴을 땅에 대고(느 8:6), 걷기도 하고 뛰기도 하며(행 3:8), 춤추는(시 149:3) 등 역동적 찬송 모습을 볼 수 있다.[61] 이 같은 내용은 우리의 찬송 자세를 돌아보게 한다. 예배 역사의 전통을 가장 많이 물려받고 있는 정교회는 예배 전체를 서서 드리고, 그 중간인 천주교는 무릎을 꿇고, 서고, 앉는 식으로 그리고 개신교는 주로 앉아서 드리는 형태를 취하고 있다. 하지만 대부분 개혁교회는 찬송은 철저히 일어서서 부르고 있다.[62] 한국의 개신교가 좌식 예배를 드리는 여러 이유가 있겠지만, 그래도 본질적인 것은 예배에서 서 있는 행위는 하나님을 공경하여 마음을 가다듬는 의미라는 점이다.[63] 예배는 지성, 감정, 감각 등 인간 전체를 포함한다. 물론 이 모든 것을 담고 있는 신체 역시 예외가 아니다. 이는 역으로 신체가 인간 전인에 영향을 준다는 말이기도 하다. 종교적 의식에서 신자는 전인으로 참여한다. 몸 역시 참여한다. 몸은 다양한 자세를 취할 수 있는데 해당하는 행위에 맞는 몸의 자세가 해당

---

60 *Ibid.*
61 하재송, 『교회음악의 이해』, 34.
62 정장복, "예배 중에 일어서는 이유", 「기독정보넷」.
　　https://www.cjob.co.kr/church_information2/462.
63 *Ibid.*

행위의 효과를 고양시킬 것이다. 기도송을 제외한 모든 찬송은 기립해서 하는 것이 전통적이고 경험적으로는 은혜롭다.

찬송과 연관해서 교육적 면에서 한 가지 부언한다면 찬송에 해설이 따르도록 한다는 점이다. 찬송에는 신앙의 선조들과 찬송을 지은 사람들의 신앙고백이 담겨있어 오늘 그 동일한 찬송을 부르는 회중도 공유할 수 있다. 찬송 해설은 찬송 설교에서 당연시되지만 그 밖의 찬송 역시 해설이 따름으로써64 예배에서의 신앙 교육의 기능을 원만히 수행할 수 있을 것이다.

4. 기도송

기도 역시 일종의 찬송이라 할 수 있다. "찬송은… 하나님께 영광을 돌리(는)… 곡조 있는 기도"이다.65 아니면 적어도 찬송의 성격을 가미할 때 더욱 기도다울 수 있다. 기독교 예배에 많은 영향을 끼친 회당예배에서는 기도의 비중이 컸다. 그리고 대부분의 기도는 음악을 통해 표현되었다. 보통 열여덟 개의 기도를 담고 있기에 수 18을 뜻

"Gaudeamus omnes"(모두 함께 기뻐하세), 그레고리오 성가 입례송 악보

---

64 오소운, 『알기 쉽게 쓴 21세기 찬송가 해설』개정판 (서울: 성서원, 2015) 참고.
65 한국찬송가공회, 『찬송가』, 머리말.

하는 '스모네 에스레'(Shmoneh Esreh) 또는 기도의 전형을 보여주기에 '트필라'(Tefilla)라고도 하는 기도를 말한다. 이 아미다는 처음 하나님을 찬양하는 세 개의 기도, 이어서 열두 개의 청원 기도, 끝으로 세 개의 찬양과 감사의 기도로 구성되어 있다.[66] 모든 기도에는 '찬양 받으소서'라는 말이 붙는다. 다음은 신앙고백(Credo), 출애굽기 15장의 "바다의 노래"를 부르고 다시 아미다를 드린다. 오후 기도는 아침 기도의 축소형으로 드렸다. 저녁기도에는 아가와 시편을 낭독하며 노래하고 아미다를 드린다. 하드발라(Hadbala)라는 아름다운 의식이 뒤따른다. 안식일 아침에는 시편 84편 4절과 146-150편의 할렐루야 편과 그 외의 성서를 크게 소리를 내어 읽었다(낭창).[67] 기도를 찬송에 담는 이 같은 방식은 그대로 중세 가톨릭으로 이어졌다. 가톨릭교회 전통에서 성가는 교회의 성스러운 의무인 성무일도는 매일 정해진 시간에 하나님을 찬미하는, 교회의 공적이고 공통적인 기도이다. 여기서 찬송은 사제나 수도자들이 하루 동안 바치는 공적기도에서 아침과 저녁기도에 사용되었다.[68] 그러니까 가톨릭에서 찬송은 태생적으로 기도와 관련이 있다.

개신교 예배에서 기도와 관련된 찬송에 송영이 있다. 송영(Doxo-logy)은 헬라어 Doxa(영광)와 logos(말씀)의 합성어이다. 그래서 송영은 '영광에 대한 말씀'이라는 뜻이다. 그러므로 찬양은 하나님의 영광을 노래로 찬양하는 것이다. 송영은 하나님의 영화로우심을 기리는 일로, 하나님을 찬양하거나 영광을 노래하는 것이다.

---

66 김창선, "안식일과 회당 예배", 「성서마당」 (2008 · 여름), 94.
67 이유선, 『기독교음악사』, 17-18.
68 김종헌, "미사 중에 찬송가를 불러도 되나요?" 성가 이야기, 「빛」 (2012 · 1), https://www.lightzine.co.kr/last.html?p=v&num=1526.

송영은 예배의 시작과 마지막에 들어가는 기도 형식의 송가이다
(마 6:13; 계 1:6). 유대교에서는 이러한 송영을 찬송이나 기도의 첫머리
에(대상 29:10; 시 29:1-2; 눅 1:65) 또는 마지막에(대상 16:35-36; 시 41:13),
긴 기도의 마지막에 그리고 하나님의 이름을 언급할 때마다. 또 유월
절이나 초막절 등 절기 때 사용하였다. 특별히 시편에는 여러 형태의
송영들이 있다(시 41:13; 72:18-19; 106:48; 150:1-6). 신약의 송영에는 예
수님의 탄생(눅 2:14), 예수님의 예루살렘 입성(눅 19:37-38), 주기도문
말미(마 6:13), 사도 바울의 감사 기도 첫머리(고후 1:3-4; 엡 1:3; 벧전
1:3), 서신서 마지막 권면(딤전 6:15; 벧전 5:11; 벧후 3:18) 등이 있다. 그
내용은 하나님의 존귀와 능력(딤전 6:16), 위엄(유 1:24-25), 영광(롬
16:27; 히 13:20-21), 구원의 능력(계 19:1) 등이다. 일반적으로 송영은
주로 시편 66:1, 89:5, 100:1, 113:2, 요한계시록 1:6 등으로 인식된
다. 찬송가에서는 1–7장이 '송영'으로 분류되어 있다.[69]

개신교 예배에서 송영은 각각 부름의 말씀, 신앙고백, 기도 그리
고 축도 등의 순서 이후에 성가대에 의해 입례송과 기도송, 축도송이
라는 이름으로 이어진다. 송영은 예배 순서 사이의 공백을 메우거나
예배의 장식을 위한 순서로 오해하는 경우가 있다. 거의 모든 교회는
기도 후에 송영을 빠뜨리지 않는다. 그 경우 기도자가 제자리로 돌아
가도록 돕는 장치로 사용되는 인상을 준다. 송영이 대체로 교회 현실
에서 기도 성격의 순서에 이어진다면 송영은 기도에 대한 응답을 구
하는 성격으로 행해진다고 볼 수 있다. 기도의 응답은 기도자만이 아
니라 회중이 함께 구해야 할 것이지 성가대만의 전유물은 아니다.[70]

---

69 가스펠서브 편, 『교회용어사전』(서울: 생명의말씀사, 2013).
70 성가대를 위한 송영곡집이 있을 정도이다.

그러므로 적어도 기도송으로 송영은 회중에게 돌려주어야 한다. 기도송의 뜻을 살려 기도가 끝난 후에 신자들이 회중의 간구도 담은 기도자의 대표기도가 응답을 바라는 마음으로 불러야 할 것이다. 그러므로 기도송은 리듬이 너무 복잡하거나 빠르고 화려한 곡은 적당하지 않다.[71] 『21세기 찬송가』에는 기도송으로 630-632장이 수록되어 있는데, 비교적 익숙한 곡이라 회중의 거부감이 크지 않을 것이다.

예배의 주요 요소인 기도와 관련해서 기도송을 개발하는 일이 필요하다. 그 밖에 성경에 나와 있는 다양한 고백들과 찬양들에 옷을 입히는 것이다. 사도신경, 십계명, 주기도문, 모세의 노래, 이사야 40장, 하박국 3장의 고백 등에 대한 새 곡조도 기대된다.[72]

5. 소통하는 찬양대[73]

'찬양대'라는 말은 라틴어로 '코루스'(chorus)인데, 이는 헬라어 '코로스'(χορός)에서 나온 말이다. 하지만 코로스는 단순히 노래만이 아닌 무용이나 연극 등을 병행한 대규모의 집단이기에 우리의 찬양대와는 내용이 다르다. 교회의 찬양대는 전적으로 노래만 한다는 면에서 칠십

---

71 전희준, 『예배용 송영곡집』(서울: 교회음악사, 1975), 2-3.
72 안재경, "예배중의 찬송", 「개혁정론」(2015.3.26.),
　　http://reformedjr.com/board04_04/2689.
73 찬양대는 성가대라는 말로도 사용된다. 하지만 세속음악과 구별되는 종교음악으로서 성가를 부르는 것이 아니고, 성경에도 나오지 않는 말이라는 이유로, 하나님을 찬양한다는 뜻의 찬양대라 부르는 것이 옳다는 의견이 다수이다. 하지만 가톨릭에서는 단순히 노래만이 아닌 그 자리와 거기에 앉는 사람들을 모두 포함하는 의미로 여전히 성가대라는 말을 사용한다. 박원주, 「한국 가톨릭 성가의 올바른 직무 실천: '성가대 직무 지침서' 발간을 위한 논문 자료」(천주교 서울대교구 성음악위원회, 2017.2.22.), 4.

인역에서는 '노래하는 자들'이란 뜻을 가진 '아돈테스'(ἄδοντες)를 사용하고 히브리어 성경에서도 같은 의미를 지닌 '함쇼르림'(המשררים)이라는 말을 사용한다.[74]

찬양대의 역사는 오래다. 구약에서 대표적인 예로 다윗이 '하느님의 궤'를 예루살렘으로 옮겨올 때, 악기가 동원된 찬양대가 등장한다(대상 15:16). 솔로몬의 성전 봉헌 때에도 레위인 찬양대가 나오며(대하 5:12-13), 느헤미야에는 성가대에 관한 자세한 기록(느 12:40-47)이 있다. 회당에도 규모는 크지 않고 악기를 동반하지 않았지만 예루살렘 성전의 찬양대를 본으로 삼아 시편창(psalmody)을 단성합창으로 응창식(responsorially) 혹은 교창식(antiphonally)으로 불렀다.[75] 초기 기독교회는 박해 등으로 이 같은 찬양대의 전통을 이어가지 못하고 주로 신자들이 함께 부르는 회중찬송을 중심으로 발전되었다.[76]

일반적으로 찬양대가 부르는 음악의 종류에는 성공회의 예배식에서 쓰이는 합창음악인 앤섬(Anthem), 가톨릭 미사에서 사용되는 다성 합창곡인 모테트(Motet),[77] 합창과 독창, 중창 그리고 주로 오르간에 의한 기악 반주와 함께 연주되는 칸타타(Cantata), 칸타타보다 규모가 크고 서사적이며 극적인 내용으로 되어 있어 관현악 반주가 따르는 오라토리오(Oratorio)의 일부 악장 그리고 찬양대는 종교개혁 이전 로마 가톨릭 교회를 배경으로 모테트와 더불어 발전된 '미사 곡'

---

74 *Ibid.*, 4.
75 James G. Smith, "Chorus," Stanley Sadie, ed., *The New Grove Dictionary of Music and Musicians,* vol.5 (New York: Macmillan Publishers Ltd., 2001), 768.
76 *Ibid.*
77 Andrew Wilson-Dickson, *The Story of Christian Music: From Gregorian Chant to Black Gospel: An Authoritative Illustrated Guide to All the Major Traditions of Music for Worship* (Minneapolis, MN: Fortress Press, 2003), 52.

(missa 曲)의 한 악장을 노래하기도 하고, 찬송가 편곡을 노래하기도 하며, CCM 편곡이나 CCM 풍의 찬양곡, 흑인영가 편곡, 국악풍의 찬양곡 등을 노래하기도 한다.[78]

찬양대는 기독교의 유구한 전통 위에 서 있는 여러 가지 다양한 교회음악 장르의 곡들을 노래함으로써 신자들을 신앙의 선조들과 연합시키면서 유구한 기독교의 전통 안에 세움으로써 신앙의 성장에 기여할 수 있다. 나아가 신학적 편견을 보류하고 교회가 인정해온 음악을 예술로서 수용할 때 교회의 일치에도 기여할 수 있을 것이다.

찬양대는 무엇보다 회중을 음악적으로 감상이라는 행위에 동참시킨다. 찬양대는 종종 회중과는 분리되어 그들만의 찬양을 드리는 인상을 준다. 비록 성가대가 찬양한다고 해도 회중도 어떤 방식으로든 그 성가대의 찬양에 참여하는 것이 공동체 찬양의 본질이다. 이런 면에서 감상은 정적인 성가대 찬송에의 참여라고 할 수 있다. 감상은 음악을 들으며 그것을 느끼고 이해하는 체험 행위이다. 그런데 성가대의 찬양 내용, 즉 가사가 잘 전달되지 않는 경우가 흔하다. 가사를 안다면 찬송에 대한 이해와 더불어 감상의 심화에 기여할 수 있을 것이다. 찬양대가 찬양을 시작하기 전에 지휘자가 찬양에 관한 중요한 내용을 알려주고 찬양에 맞추어 모니터에 가사를 올리는 방식을 사용할 수 있다.

여러 가지 제약이 따르겠지만 극복될 수 있을 경우, 회중이 적극적으로는 찬양대의 찬양에 동참하는 것이다. 이때 회중은 찬양대원이 하나님 앞에 선 개인으로 찬송함과 동시에, 연합된 찬양대원으로

---

78 하재송, "찬양대 곡(曲)의 종류" 하재송의 교회음악 이야기, 「기독신문」 (2019. 1. 25.). http://www.kidok.com/news/articleView.html?idxno=113526.

한목소리를 내는 것을 인식하며 찬송하듯이 참여해야 한다. 회중이 함께 노래할 때 서로에게 속하게 된다. 함께 노래한다는 것은 그리스도의 몸의 공동체성을 표현하는 중요한 방법 중 하나이다.[79]

찬송을 통한 공동체성은 당대에 속한 것만이 아니다. 신앙 유산으로서 찬송 안에는 초대교회 이후 지금까지 이어져 온 기독교의 역사와 교회라는 신앙공동체의 정선된 경험들이 누적되어 있다. 찬송은 성경의 인물 및 믿음의 선진들과 현재의 우리를 이어주는 가교 역할을 하며 모두 동일한 신앙의 뿌리를 지니고 있음을 인식시켜, 신앙공동체를 더욱 건강하게 굳건히 서게 해준다. 나아가 찬송을 함께 부름으로써 그 안에 담긴 신앙 유산이 후대에게로 전달되는 교육적 기능을 하기도 한다.[80]

IV. 나가는 글

우리는 위에서 그리스도인 신앙공동체로서 교회의 사명 중에서 레이투르기아, 그중에서도 그리스도인의 정체성이라 할 수 있는 예배에서 음악이 신앙 성장 면에서 기대만큼의 역할을 못 하고 있다고 보고 교육적 입장에서 신앙 성장에 기여할 수 있는 방안들을 제안하였다. 구체적으로는 음악이 교회의 사명이 목표로 하는 신자들의 신앙을 성장시킬 수 있다는 점에 대해 논의하였다. 신앙은 기독교신앙

79 Constance M. Cherry, *Worship Architect: A Blueprint for Designing Culturally Relevant and Biblically Faithful Services*, 양명호 역, 『예배 건축가: 문화에 적절하고 성경에 충실한 예배 디자인 청사진』 (서울: 기독교문서선교회, 2015), 292.
80 정회승, 「교회공동체와 성도의 삶을 위한 찬송가의 적실한 활용에 관한 연구」, 64.

교육에서 지정의의 전인적 차원에서 논의되고 있는데, 그 같은 차원들이 음악에도 존재한다는 점을 말하였다. 다음으로 음악이 신앙 성장에 기여할 수 있는 구체적 방안들을 예배의 주요 구성 요소 안에서 기본적이고 최소한의 수준에서 제안하였다. 예배가 신앙 성장에 기여할 수 있는 방안들로 제안된 내용은 첫째, 설교에서 음악의 선포적 기능 강화이다. 설교에서 음악에 담긴 신앙적 차원, 신앙에 대한 이해와 고백 그리고 신앙적 체험 등을 활용할 필요가 있다. 둘째, 기도에서 송영의 대안으로 기도송을 제안하였다. 셋째, 찬양대의 찬양은 회중과 증폭된 소통이 필요하다는 것이었다. 마지막으로 예배에서의 모든 찬송은 회중의 적극적 참여가 이루어지는 방향에서 기립해서 불러야 한다는 것이었다. 결론적으로 이 글의 주장은 하나님의 은혜와 신자들의 찬양으로서 응답인 예배의 본질 회복을 위해서 음악을 더 적극적으로 더 많이 활용하자는 것이다. 이를 위해서는 전통적인 예배에 대한 반성을 바탕으로 성경적이면서도 기독교 전통을 바탕으로 한 설득력 있는 새로운 교회 음악에 대한 탐구가 필요하다. 이 글에서 제안된 내용은 제안 이상으로 교육되고 훈련을 통해 이루어야 할 내용이다. 그 같은 내용은 해당 영역에서 앞으로의 과제가 될 것이다.

찬송으로 하는 사역에는 예배에서의 설교와 찬송 외에, 찬송가 QT, 찬송가 연주 묵상기도회, 찬송가 학교, 찬송가 구역예배, YouTube와 SNS를 활용한 찬송 사역 등이 있다.[81] 이것은 이 연구와 관련해서 다루지 못한 탐구되어야 할 과제들은 넓은 차원에서 교회의 다른 사명인 코이노니아, 디아코니아 등의 영역에서 다룰 수 있을 것이다. 전통

---

81 이에 대해서는 *Ibid.*, 121-142 참고.

예배와 다른 찬양 예배 또는 찬양 집회는 전통예배보다 더 음악의 비중이 크기 때문에 현재 상황을 비판적으로 검토하면서 새로운 방향을 위한 논의가 필요하다. 찬송가와 구별되는 것이 아닌 하나님을 찬양하기보다 자기감정을 표현한다는 비판을 받는 CCM의 위상을 확보하기 위해서는 CCM의 설교에서의 활용 기회를 넓힘으로써 그와 같은 경험들이 되먹임(피드백)되어 CCM의 부정적 측면을 순화시키는 환류적 기능도 필요하다.

사진과 생애 주기*

I. 들어가는 글

기독교교육에서 왜 사진인가. 교회교육의 현장에서 동영상이 아닌 정지된 이미지의 사진을 활용하는 예는 거의 없는 것을 보면 기독교교육과 사진의 관계는 요원한 것 같다. 하지만 교회에서의 형식적 교육과 교회 외에서의 비형식적 교육을 모두 포함해서 본다면, 신자들은 어떤 면에서 사진들에 둘러싸여 살아가고 있다고 할 수 있다. 얼핏 보더라도 교회에서는 교회학교에서 성경공부 시간에 사용되는 교재에 사진이 실려 있으며, 설교 시에도 사진이 자주 이용된다. 수련회나 특별한 절기에는 기념하는 사진들을 어김없이 찍는다. 교회 외의 사회에서는 어떤가. 스마트폰의 보급으로 사진은 남녀노소를 불문하고 일상화가 되었다. 사진은 이처럼 신자의 일상이 되었지만, 그

* 이 글의 출처는 "사진과 기독교신앙 교육: 생애 주기를 중심으로". 「神學 思想」 174, 2016 가을: 223-259이다.

것이 무엇을 의미하는지 그리고 오늘날 사진이 인간에게 어떤 의미가 있다면 그에 대한 이해와 나아가 인간의 성장을 위한 활용 가능성에 대한 탐구는 찾아보기가 쉽지 않다. 특히 신앙의 성장을 위해 사진의 활용 가능성을 예측할 수 있지만 교회 차원에서 사진에 대한 연구는 찾아보기 힘들다. 따라서 이 글에서는 오늘날 사진이 인간을 둘러싼 중요한 환경이 되었음을 전제로 그것이 신앙적 · 교육적으로 의미하는 바와 그 활용에 대해서 생각하고자 한다. 이를 위해 전제되어야 할 내용에 대해 생각해 보자.

기독교교육은 신자의 신앙 성장을 돕는 것을 목적으로 한다. 기독교교육 그리고 그 체계인 기독교교육학이 무엇이냐에 대한 의견은 다양하다. 하지만 부인할 수 없는 내용은 그것이 신앙을 위한 것이어야 한다는 점이다. 즉 기독교 신앙이 자라도록 하는 교육을 말한다. 구체적으로는 기독교교육이란 기독교 신앙을 가르치고 배우는 행위를 말한다. 그리고 그 가르치고 배우는 행위는 흔히 생각하듯이 교회학교의 영역에 국한된 것이 아니라 기독교인의 삶의 영역 전체에 걸쳐 있다. 즉 기독교 신앙 교육은 기독교인 삶의 영역 어디에서나 발생할 수 있다는 것이다.[1] 한편 기독교교육이 추구하는 기독교 신앙이란 무엇인가. 기독교교육에서는 그것을 일반적으로 지 · 정 · 의의 전인으로 본다. 이 전인은 삶에 다름 아니며 생의 주기에서 독특한 형태로 등장한다. 기독교교육학자들은 전인으로서 교육을 염두에 두기 때문에 대체로 신앙을 이처럼 삶이라는 넓은 의미로 사용한다. 예를 들어 대표적 기독교교육학자인 그룸(Thomas H. Groome)은 신앙을 기독교

---

1 이와 관련된 내용에 대해서는 박종석, 『기독교교육학은 무엇인가?』(파주: 한국학술정보, 2009), 95-157 참고.

교육의 직접적 목적으로 본다. 그 신앙은 "예수 그리스도 안에 있는 하나님의 나라에 대한 응답 속에서 생활하는 삶이다"[2] 그리고 삶으로서 신앙은 지적, 정서적 그리고 행위적 차원이라는 세 차원을 갖는다. 즉 신앙은 삶이며, 그 삶의 결정적 계기들은 생의 주기에서 출생, 취학, 졸업, 결혼, 죽음 등의 사건들과 연동된다. 기독교교육과 신앙의 의미에 대한 이러한 용법은 사진을 신앙 성장의 입장에서 검토할 수 있는 근거가 된다.

신앙 성장의 입장에서 사진을 바로 효과적으로 탐구하는 방식은 사진교육의 대상인 학습자에 대한 조건을 고려하는 것이다. 그 고려의 첫 번째 조건은 인간 발달이고, 그에 따른 발달과업이며, 이것들을 전인적 의미의 신앙적 차원에서 살피는 것이다. 그리고 그와 같은 인간발달과 관련된 신앙적 사건들은 중요한 생의 주기와 연관되어 있다. 그러니까 사진을 기독교교육적으로 탐구한다고 하는 것은 생애를 통해 발달을 하는 과정에 있는 학습자들이 발달과업이 포함된 신앙이라는 실재가 자라가는 데 있어서 사진이 어떤 의미이고 어떤 역할을 할 수 있는지에 대한 연구라고 할 수 있다. 즉 이 글은 전체적으로 사진교육에 대해 다루는데, 여기서 '사진교육'이란 말은 사진에 대한 교육이 아니라[3] 사진이 신앙과 어떤 관계가 있는지와 그 활용에

---

2 Thomas H. Groome, *Christian Religious Education,* 이기문 역,『기독교적 종교교육』한국교회 100주년기념 기독교교육연구시리즈 3 (서울: 대한예수교장로회총회 교육부, 1983), 95.

3 일반적으로 사진에 대한 교육은 실기 중심과 예술로서 교육으로 대별된다. 사진을 교육적으로 다룬 사람들에는 빅터 버긴(Victor Burgin), 사이먼 와트니(Simon Watney) 그리고 데이비드 베이트(David Bate) 등이 있으며, 교육적 실천을 수행한 이들로는 리차드 자키아(Richard Zakia), 웬디 이월드(Wendy Eward) 그리고 글렌 M. 랜드(Glenn M. Rand) 등이 있다. 남택운, "사진의 교육적 연구: 실기 중심 교육 과정에 반하여",「디지털융복합연구」14:2 (2016), 359-367 참고.

대한 교육을 말한다. 이하에서는 신자의 신앙을 성장시키고자 하는 목적의 사진 교육을 내용 그리고 방법적 차원에서 다룰 것이다. 사진 교육의 내용을 다루는 II장에서는 인간발달을 신앙의 여정으로 보는 관점에서 인생 주기의 주요한 사건들에서 사진의 기능과 의미에 대하여 생각해 볼 것이다. 사진교육의 방법을 다루는 III장에서는 인간의 발달과 생의 주기와 관련해서 다룬 내용들을 교회 현장에서 어떤 형태로 교육을 할 수 있는지 그 방안들에 대해 생각해 볼 것이다.

II. 사진과 생애 주기

1. 성인에 의한 어린이 사진

요즘은 취학 전 어린이들도 스마트폰을 이용해 사진을 찍는 모습을 종종 볼 수 있다. 하지만 대부분 어린이는 사진을 찍기보다 찍히는 편에 속한다. 가정에서, 길에서, 교회에서 어린이들은 피사체가 되는 경우가 많다. 태내 사진부터 출생한 후 백일, 돌 그리고 유치원 입학과 졸업 등 취학 전까지 어린이들은 수많은 사진의 주인공이 된다. 그와 같은 사진 찍기 행위는 어린이가 자신이 사랑받고 있다는 느낌을 제공하며, 사진찍기 행위를 통해서 가족과 친지의 우애를 확인하며 즐길 수 있다는 면에서 긍정적이다.

하지만 어린아이에 대한 사진 찍기 행위를 부정적으로 보면, 거기에는 사진을 찍는 사람의 어린아이에게서 볼 수 있는 순수성에 대한 회상의 욕망이 작용한다. 그런 면에서 어린아이를 사진 찍는 행위는 사진 찍는 사람의 일방적 욕망 충족 수단이다. 여기서 어린아이의 욕망은 전혀 고려되지 않는다. 어린아이는 단순히 어린 시절을 상기시키는 신체적 매체에 불과한 것일까. 사진을 찍을 때 대체로 어린아이에게 요구되는 정지 자세는 어린아이를 단지 물질적 피사체로 여기는 무의식적 의도를 반영한다.

어린이의 무력함을 생각하면 사진 찍히는 행위는 일종의 폭력이다. 어린이 사진은 대부분 어린이 자신보다 사진을 찍는 사람을 위한 것이다. 어린이는 찍히고 싶지 않아도 사진을 부모 등의 폭력적 강요에 의해 사진을 찍어야 한다. 어린이는 대부분 하나님의 이미지를 부모, 특히 아버지와 동일시한다.[4] 이 이미지는 사진을 억지로 찍게 한다는 등의 사소한 것 같은 행위 등의 누적으로 형성된다. 여기에 사진을 찍을 때 자세나 표정 등 어린이의 바람과 기분과는 상관없는 내용을 요구할 경우 어린이는 그 과정에서 형식과 위선을 자연스럽게 학습할 수도 있다. 결국 어린이 사진은 이미지는 어린이나 실제로는 어린이의 실체가 없는 그림자 사진이 된다.

2. 사회 편입으로서 증명사진

어린이가 학령기가 되면 초등학교에 입학한다. 학교에 입학하면 생애 처음으로 증명사진을 찍게 된다. 어린이는 증명사진 찍기를 통해서 자신이 가정으로부터 선생님과 친구들로 구성된 학교라는 더 넓은 세계로 들어간다는 기대를 품으면서 주위의 적절한 도움이 따

---

4 David Heller, *The Children's God* (Chicago/ London: University of Chicago Press, 1986), 65.

른다면 자존감이 향상될 수 있다. 증명사진은 학교의 요구에 의해 당연히 제출해야 한다. 하지만 어린아이가 초등학교에 입학하면서 처음으로 찍게 되는 증명사진에는 통제와 관리의 의도도 담겨있다.

증명사진의 전형적인 예는 주민등록증 사진이다. 주민등록증에 사용될 수 있는 사진은 찍은 지 6개월 이내여야 하고 머리가 귀를 덮고 있으면 안 된다. 그리고 당연히 웃으면 안 된다. 이와 같은 규정은 누가 정하는 것일까. 왜 그래야 할까. 예를 들어 미국에서는 증명사진을 찍을 때 웃으라고 한다. 그렇다면 우리의 증명사진은 왜 이런 기준을 갖게 되었을까. 그리고 왜 우리는 그것을 당연시하는 것일까. 이는 유관기관이 객관성, 구체적으로는 기록, 분류, 감시, 통제라는 이름 아래 하는 취향이다. 그리고 우리는 그와 같은 시각적 표현의 방식을 정하고 유통시키는 물길이 되어 있다.5

한편, 일종의 초상사진인 증명사진은 "초상사진처럼 드러내놓고 인물을 찬양하는 코드를 가지고 있지는 않지만 그 절제된 규격과 형식 속에는 개인에게 특별한 사회적 지위를 부여하는 기능이 숨어 있다"6 또는 반대로 경찰서나 정보기관에서 사용하는 증명사진은 감시나 체포의 자료로 사용되면서 사회적 자격이나 지위를 박탈한다.7 어린아이는 나름대로 다중의 정체성 또는 신분을 지니고 있다. 그는 이제까지 가정의 자녀이며, 오빠나 언니이고, 누구누구의 친구 등이다. 이와 같은 다양한 신분 또는 지위가 증명사진으로 상징되는 이미지 안에서 학교의 통제를 받아야 하는 대상이 된다. 어린아이는 다른 사람과 구별되는 나름대로 은사와 재능, 즉 그만의 고유성을 갖는데 이

---

5 이영준, 『사진, 이상한 예술』(서울: 눈빛, 1998), 101-102.
6 *Ibid.*, 36.
7 *Ibid.*, 146.

것들이 통째로 무시된다. 그리고 학생 지도의 대부분은 이 증명사진이란 이미지를 매개로 하여 학교 당국의 규율에 따라 학생의 신분으로서만 관리되고 통제된다. 그리고 이제 어린아이는 학교에서는 더 이상 고유한 성격을 지닌 개별적 존재가 아니라 학교의 원만한 운영에 협조해야 하는 행정적 비품으로 간주된다.

3. 빗나간 졸업사진

학교에 다니는 학생은 졸업을 한다. 그리고 졸업을 기념해 사진을 찍는다. 졸업사진은 하나의 과정을 잘 마무리했다는 데 대한 축하와 새로운 시작(commencement)을 격려하는 성격을 지닌다. 졸업사진을 통해 졸업생은 그동안 학교에서의 과업을 완수했다는 자랑과 더불어 자신을 격려하며 펼쳐진 미래를 향해 숨을 고르며 도전 의식을 지니고 나아갈 수 있다. 하지만 요즘의 졸업식은 시골 분교나 초등학교의 애틋하고 낭만적인 졸업식은 점차 사라져가고, 중·고등학교의 축제 형식의 졸업식, 80년대 군부 독재 시대의 정권에 대한 반항으로서의 졸업식, 사회 비판 기회로서의 졸업,[8] 그리고 최근의 청년실업의 피해자인 대학생들의 졸업식 등 시대상을 반영하고 있다. 요즘에는 졸업식에 참여하는 학생도 크게 줄었다. 실제로 졸업식을 대행하는 것은 졸업사진이다. 현실에서 졸업사진은 왜곡되었다. 친구들과 선생님들과의 우정과 사랑을 기념하는 사진이 아니라 억눌렸던 감정을 폭발

---

8 최근 SNS(Social Network Service) 상에서 화제가 되고 있는 의정부고등학교의 경우가 그 예이다. 하성태, "일베, 의정부고 아이들 졸업앨범은 그냥 둬라: 의정부고 졸업앨범 퍼포먼스가 보여준 한국사회의 일면" 게릴라칼럼「오마이뉴스」(2015. 7. 15.).

의정부고 졸업사진 중, 2016

하는 도구로서 이용되고, 연예인들을 모방하면서 졸업을 상업화한다. 어느 여대의 경우에는 졸업사진을 중매용으로 사용하기 위해 찍음으로써 자본주의를 공고화하는 데 기여한다. 졸업사진이 사회적 차별을 드러내며 그것을 당연시하는 우리 사회의 문제를 인정하는 행위는 아닌지 반성해야 한다.

졸업사진은 빗나간 길에서 돌이켜 제 자리를 찾고 사진의 본질적 성격인 기록과 재현으로서의 기능을 해야 한다. 졸업사진은 그 시선을 먼저 학교, 교육 그리고 친구 등에로, 그것이 자기들에게 무엇을 의미했었는지를 기록하는 것이어야 한다. 나아가 학생들의 외경, 의심, 두려움, 희망, 지식 그리고 무지 등을 재현함으로써 하나의 도전과 비전의 역할을 수행할 수 있어야 한다.

4. 인정욕구로서 셀프 카메라(Self camera, 셀카, 셀피[selfie])

셀카, 소위 셀프 카메라가 유행이다. 아니 일상화되었다고 볼 수 있다. 자기표현에 수동적이던 기성세대에 비하면 셀카는 이미지를 통해 자신의 독립성과 주체성과 개성을 알리면서, 헤쳐나가기 어려운 사회에서 자신감을 북돋아주는 것으로서 기능하며 셀카 이미지를 통해 자신을 돌아보는 계기도 마련해준다는 면에서 긍정적이다.

증명사진이 타인의 취향에 따른 피동적인 사진이라면 셀카는 능동적인 자기 기록 사진이다. 특히 여성의 경우에는 외모에 대한 관심 때문에 남성에 비해 더 셀카를 찍는 편이다. 여러 가지 방식으로 자신을 더 아름답게 보이기 위해 애쓰는 것을 보면 알 수 있다. 한편 셀카를 찍을 때, 손가락으로 턱을 브이(V) 자로 감싼다거나 손가락으로 브이 자 모양을 한다거나 주먹을 쥐고 파이팅을 외친다거나 하는 행동은 셀카가 외모와 경쟁을 중시하는 사회적 가치관을 반영하는 모습이기도 하다. 셀카를 단순히 유행을 좇는 철없는 10대나 20대의 문화로 보기 어려운 이유이다.

셀카의 일상화는 셀카가 페이스북(Facebook), 트위터(Twitter) 그리고 인스타그램(Instagram)과 같은 에스앤에스와의 결합 효과라 볼 수 있다. 스마트폰 등으로 자신의 얼굴 사진을 촬영해 하루에도 수억 장에 이르는 사진을 인터넷에 올리는 셀카에 젊은이들이 열광하는 이유는 무엇보다 자기표현의 욕망 때문일 것이다. 나아가 셀카 공유를 통해 타인들에게 좀 더 인정받고, 친근한 관계를 맺고 싶어 하는 욕망 때문이다. 이것은 소셜미디어(social media)의 대중화로 인한 사회적 자아 표현의 일종이라 할 수 있지만 나르시시즘적 요소도 곁들여 있다.[9] 베이비붐세대(baby boom generation)의 자녀들인 밀레니엄

---

9 하지만 한병철은 셀카를 "나르시시즘적인 자기애나 허영심이 아니라" "내면의 공허를 덮기 위해" "공허한 형태의 자아"를 재생산하는 행위로 본다. 한병철, 『아름다움의 구원』(서울: 문학과지성사, 2016).

세대(millenium generation)의 자기중심적 가치관, 높은 자존감, 강한 개인주의적 성향이 셀카를 통해 나타나는 것으로 볼 수도 있다. 정상적인 나르시시즘인 인정욕구의 발현으로서가 아닌 다른 사람과 자신을 비교하고, 경쟁한다거나, 인격장애로 발전하는 등의 부정적인 나르시시즘의 병리적 증상으로 나타나지 않도록, 셀카가 타자의 시선으로 자신과 세계를 바라보는 관점을 소유하도록 돕는 기능으로 작동되도록 이용해야 한다.10

5. 상품화된 결혼사진

성년이 되고 결혼적령기가 되면 대부분의 사람은 결혼한다. 결혼은 사랑의 열매이고 그 기쁨은 사진으로 남겨진다. 어려운 상황에서 결혼사진을 들추어 보며 새롭게 힘을 낼 수 있는 것은 결혼사진이 단지 심미적 이미지 이상의 결심과 의지를 다지는 환기의 기능을 하기 때문이다. 대부분의 가정에서 결혼사진을 눈에 띄는 곳에 걸어두는 이유일 것이다.

결혼하면 '결혼사진'이 먼저 떠오르는 이유는 무엇일까. 야외촬영에서 시작하여 결혼식, 폐백에 이르는 동안 수 없는 사진들이 찍힌다. 이는 "사진이 결혼식의 중요한 일부분이 되었을 뿐만 아니라, 하나의 당연히 치러지는 의식(儀式)으로서 자리를 차지하고 있음을 의미하는 것이다"11

---

10 이종림, "셀카심리학-IT의 삼자대면: 사람들이 셀카에 목숨 거는 이유는?" 「동아사이언스」 (2015. 8. 20.). http://www.dongascience.com/news/view/7881; 김평호, "셀피, 나르시시즘 그리고 신자유주의", 「뉴스타파 블로그: 뉴스타파 포럼」 (2015. 4. 3.). http://blog.newstapa.org/pykim55/1576.

결혼식은 시대와 사람들의 욕구를 반영하는데 그것이 사진을 중심으로 일어난다. 만약 사진을 찍지 않는다면 그 막대한 결혼식 비용을 지불하겠는가. 그런데 사람들은 왜 출혈이라고 할 정도의 결혼식을 하는가. "결혼은 다른 모든 사회적 의식과 마찬가지로 사회적 정체성을 표상하는 결정적인 장이다."12 결혼을 둘러싼 당사자들과 친지들은

아우구스트 샌더, 〈젊은 농부들〉, 1914

이 결혼식을 통해서 자신들의 사회적 정체성을 최대한도로 과장하려한다. '일생에 한 번'이라는 기회의 희소성을 내세워 도달 불가능한 왕이나 왕비의 복장을 한다거나 턱시도와 고급 웨딩드레스를 착용하는 것은 일종의 신분 상승 욕구이기는 하지만, 그 순간 안토니오 그람시(Antonio Gramsci)가 말한 지배적인 문화 패권(cultural hegemony)으로 자발적으로 진입하는 것이다.13 모든 시대의 지배적 사상은 지배계급의 사상일 수도 있지만(칼 마르크스, Karl Marx) 마치 그것을 자

---

11 이영준, 『사진, 이상한 예술』, 46.

12 Ibid., 51.

13 존 버거(John berger)는 시골 농부들이 상류층이 입는 양복을 입은 사진을 통해 계급 간의 불일치를 지시하며 그와 같은 사실을 보여준다. John Berger, "The Suit and the Photograph," About Looking (New York: Pantheon Books, 1980), 27-63.

신의 사상으로 생각하는 것이다. 지배계급의 문화는 힘이 아니더라도 제도, 사회관계, 관념 등의 연계망 속에서 피지배계급의 동의를 이끌어냄으로써 자신의 지배를 유지한다.[14]

결혼은 하나님 축복의 결합이 아니라 다다를 수 없는 신분 상승 또는 자기 과시의 허울이 된다. 결혼식에서의 과시는 사실은 환상의 추구인데 이는 사진사의 조작에 의해 정당화된다. 이는 결혼 또는 결혼식 사진의 상품화인데, 이미 이 물신화는 문화에 깊숙이 스며있어 당연시하게 되었다. 이를 통해 사진사는 신랑·신부에게 미리 정해놓은 코드의 시나리오를 따르게 함으로써 실제적 충족이 불가능한 환상을 좇게 만들며 신랑과 신부는 꿈꾸던 환상이 일시적으로 성취되었다는 착각을 하게 만든다.[15]

6. 지속과 연대로서 가족사진

결혼을 통해 가정이 형성되고 시간이 지나면서 가족은 확대된다. 살다 보면 가족들은 어떤 형태로든 소위 가족사진이라는 것을 찍는다. 가족사진은 가족들 간의 친밀함과 사랑을 과시하는 상징이라고 할 수 있다. 가족사진은 사진을 찍는 행위 자체와 남겨진 기록으로서 가족 간의 사랑을 나누고 서로 위로하고 격려하는 기능 그리고 그 모

---

14 Antonio Gramsci, *Selections from the Prison Notebooks of Antonio Gramsci* (New York: International Publishers, 1999); Walter L. Adamson, *Hegemony and Revolution: Antonio Gramsci's Political and Cultural Theory* (Brattleboro, V.T.: Echo Point Books & Media, 2014) 참고.
15 이영준,『사진, 이상한 예술』, 57. 물론 사진사가 피사체인 인물을 자기 의도대로 통제하는 일은 옛날에도 마찬가지였다. Roland Barthes, *Chambre Claire: Note sur la Photographie*, 김웅권 역,『밝은 방: 사진에 관한 노트』문예신서 326 (서울: 東文選, 2006), 28.

든 것들을 회상할 수 있는 상기의 기능을 하게 된다. 가족사진은 무심히 스쳐 지나갈 수 있는 가족의 일상 속에 스며있는 감정과 행위로 이어지는 계기가 될 수 있는 반성을 제공한다. 하지만 가족사진은 가정의 기능 수행의 보조 역할 이상의 의미가 있다.

손택(Susan Sontag)은 가족사진을 "위기에 처한 가족의 지속성과 사라져가는 가족 간의 연대감을 상징적으로 확보해주는 것"이라고 말한다.16 예를 들어, 프랑스를 대표하는 사상가 바르트(Roland Barthes)는 어머니의 죽음에서 오는 충격과 상실감을 "혼자 어머니의 사진들을 하나 하나보며 생생하게 대면한 경험을 말한다.17 이는 일종의 물신적 기능이라고도 할 수 있다.18 가족사진은 이 물신적 역할을 충실하게 감당한다. 하지만 가족사진은 이와 같은 관행을 넘어 가족 자체를 있는 그대로 드러나게 해야 한다.

가족사진은 대부분 카메라의 정면을 향한다. 가족이 모두 밀착하여 일자로 서 있거나 앉아서 정면을 향하는 형식은 사진의 등장으로 출현한 형태이다. 시간이 많이 소요되는 회화에 의한 초상의 경우 그

---

16 Susan Sontag, *On Photography*, 유경선 역,『사진이야기』사진시대叢書 (서울: 해뜸, 1992), 8.

17 Barthes, *Chambre Claire*, 83-84. 그는 어머니의 죽음을 사진을 통해 부인(verleugnung, disavowal)하고 방어하려 했다. 이와 유사하게 잃어버린 가족들을 사진을 보며 말하고 사진을 쓰다듬는 행위 역시 사진이 유사 거세에 대한 공포로부터 자신을 방어하는 물신적 방식으로 사용되고 있음을 보여준다.

18 물신주의(fetishism)는 지그문트 프로이트(Sigmund Freud)의 거세이론과 오이디푸스 콤플렉스(Oedipus complex)에 기초를 두고 있는 정신분석학적 개념이다. 물신주의는 남자 어린이가 남근이 없는 어머니의 신체를 거세된 것으로 보고 거기서 오는 거세공포로부터 자기를 방어하고자 하는 심리적 기제이다. 그는 거세공포로부터 자기를 방어하기 위해 물신적 대상을 만들어냄으로써 거세공포로부터 자신을 방어하거나, 거세가 빚을 수 있는 상상적 손실을 보충한다. "부인(否認, Disavowal)", 한국문학평론가협회,『문학비평용어사전』(국학자료원, 2006).

렇게 여러 명이 사진의 경우처럼 흐트러짐 없이 정지 자세를 취할 수 없었고, 초기 사진의 경우에 긴 노출과 초점 문제 때문에 카메라를 바라보고 정면을 향할 수밖에 없었다.[19] 이런 까닭에 가족사진은 카메라에 이미지를 맡겨야 하는 수동적이고 기계적이며 경직된 사진이 될 수밖에 없었다.

가족을 대상화하는 이 정면성은 가족사진에서 해소되어야 한다. 진동선은 이를 전면성과 비교해서 말한다. 정면성이 물리적인 방향이라면, 전면성은 심리적 형상을 의미한다는 것이다. 정면성이 피사체와 카메라와의 관계라면, 전면성은 피사체와 사진 독자의 관계이다. 그래서 정면성이 단순한 구도나 형태라면 전면성은 피사체의 정체와 관계된다.[20] 사진에서는 이 전면성의 성격을 지닌 초상사진을 퍼사드 패턴(facade)이라고 한다. 퍼사드는 전면을 통해서 대상의 정체성을 드러내는 형태를 말한다. 이와 같은 퍼사드적 성격의 가족사진은 피사체인 가족들의 시선이나 자세, 의상, 연령대 그리고 유대감 등이 상이한데, 그와 같은 상이성을 통해 가족들 간의 관계, 성품 그리고 삶의 편린이라는 정체성이 드러난다.[21]

7. 현전으로서 영정사진

영정사진은 바르트적 개념에 따르면 가장 본질적 사진이다. 그에 따르면 사진의 본질은 '그것이 존재했었다'는 사실에 있다.[22] 영정사

---

19 진동선, 『한 장의 사진미학: 진동선의 사진 천천히 읽기』 (서울: 위즈덤하우스, 2008), 13-14.
20 *Ibid.*, 14.
21 *Ibid.*, 15.

진은 인물이 살아있었을 때 촬영한 사진이지만 지금은 죽은 이가 된 사람의 사진이다. 영정사진은 본래 군주, 성인 그리고 조상 등을 기리기 위해 사찰이나 사당 등에 봉안하던 초상화를 가리키던 말이다. 영정사진은 이 제의적 속성을 계승한다는 면에서 일반의 초상사진과는 다르다.[23]

영정사진은 사회 관습적인 면이 강하다. 즉 영정사진은 자신이 볼 것은 아니지만 뒤에 남은 사람들에게 좋은 인상을 주기 위해서는 반드시 죽기 전에 준비해야 할 과제와 같은 것이다. 그래서 영정사진은 자녀들이 부모님께 해드리는 선물이 되었고, 산간벽지나 저소득층 노인들을 위해 영정사진을 촬영해 주는 봉사활동이 있을 정도로 의무적인 것이 되었다. 영정사진의 사회적 성격은 그 이미지 역시 증명사진처럼 사회적 재현관습에 충실한 방식으로 재현된다. 인물은 카메라를 정면으로 바라보고 자연스럽고 편안한 표정을 지어야 하고, 얼굴의 체모는 깔끔히 정돈되어야 하며, 과도한 감정, 특히 부정적 감정이 드러나는 표정을 지어서는 안 된다. 복장은 격식을 차려야 한다. 영정사진은 이처럼 사회가 요구하는 바람직한 모습의 재현이다.[24]

영정사진은 무엇보다 죽음에 대한 공포와 죽음으로 인한 상실 앞에서 이미지를 만들어 능동적으로 대체하려는 행위이다.[25] 영정사진은 죽은 자의 부재를 증거한다. 영정사진은 죽음과 소멸을 전제로 한

22 Barthes, *Chambre Claire*, 118-121.

23 주형일, "사진은 죽음을 어떻게 재현하는가?: 죽음 사진의 유형과 기능",「한국언론정보학보」68 (2014. 11.), 73.

24 *Ibid.*, 73.

25 Hans Belting, *Bild-Anthropologie* (Müchen: Wilhelm Fink Verlag, 2001), 145. 신승철, "이미지 속에서 살아남다?: 초상화에서의 삶과 죽음",『미술이론과 현장』16 (2013), 143 재인용.

다.[26] 죽음과 소멸 없이는 사진도 없다. 영정사진은 이 부재의 시각적 현전이다. 부재자의 현전 또는 신체의 대체라는 재현의 기능은 영정사진이라는 물질적 이미지 안에서 환상과 가상과 더불어 작동한다.[27] 사진에 의한 죽은 자의 재현은 시각적 현전의 느낌을 제공하지만 동시에 망자의 부재를 재확인한다. 영정사진은 이 현전과 부재 사이의 경계에 있다. 영정사진으로 재현된 인물의 부재는 애도를 동반하지만, 시간적으로 장례라는 제의 이후에 영정사진은 죽은 사람의 영혼이 의지하는 자리인 신위(神位)로 사용되거나 적당한 공간에 보관됨으로써 추모의 형식으로 현전의 기능을 한다.[28] 이제까지 우리는 인간발달 또는 인생 주기에서 사진이 갖는 의미와 정체에 대해 살펴보았다. 이하에서는 이와 같은 내용들을 전제로 어떻게 신자들의 신앙 성장을 돕는 교육을 할 수 있는지 탐구해보도록 하자.

III. 사진과 교회교육

1. 소통과 은사 발견 매개로서 사진

대부분 사람이 사진을 처음 접하는 때는 출생 시이고, 이어서 백일, 돌잔치 때이다. 상업화된 인상이 짙고 어른들의 과시 이벤트가

---

26 진동선, 『사진사 드라마 50: 영화보다 재미있는 사진이야기』 (서울: 푸른세상, 2007), 37.

27 Hans Belting, *Bild und Kult: Eine Geschichte des Bildes vor dem Zeitalter der Kunst* (Müchen: C.H.Beck, 1990), 신승철, "이미지 속에서 살아남다?" 153 재인용.

28 주형일, "사진은 죽음을 어떻게 재현하는가?", 82.

된 것 같은 그럴 때의 사진 찍기는 어린아이들이 부모나 친족 등의 어른들에 의해 일방적이고 수동적으로 행해진다. 이 과정에서 아무 것도 모르는 어린아이라도 아이의 의사 표현은 거의 반영되지 않는 다. 어린아이는 괴롭고 귀찮지만 어른들은 즐겁다. 또 하나는 백일이나 돌잔치에 전통이라는 이름 아래 기독교 신앙적이지 않은 민속적이고 기복적인 요소들이 개입되어 있다는 것이다. 사진을 안 찍을 수는 없을지 몰라도 찍더라도 어린아이를 조금은 배려하고 신앙적 관점이 반영된 사진 찍기가 요망된다.

나아가 어린아이가 이렇게 자라기까지 겪었던 경험들, 즉 태몽, 아이가 태어났던 날, 엄마 아빠의 마음, 아이가 아팠던 날, 아이가 뒤집기를 하던 날, 아이가 배밀이를 하던 날, 아이가 옹알이를 하던 날 등에 대한 이야기를 나눌 수 있다.29 그리고 그런 내용들이 담긴 사진들을 곁들일 수 있다면, 참석자들과 생명의 탄생과 성장에 함께 하신 하나님의 돌보심을 돌아보는 시간이 될 수 있기 때문이다. 다시 말해 어린아이의 탄생과 관련된 백일, 돌잔치 등은 부모와 친지의 시선과 마음을 어린아이에게만 향하게 하기 쉽다. 성서적으로 볼 때, 아기는 부모에게 기쁨의 원천인데(눅 1:14), 그는 하나님의 선물이기에(창 30:20) 그 선물을 허락하신 하나님께로도 마음을 돌릴 수 있어야 한다. 그런 기회는 풍성한 감사와 함께 드리는 교회의 유아세례식 등을 통해서 마련할 수 있을 것이다.30

---

29 이유기, "식상한 돌잔치 행사… 이렇게 바꿔 봅시다: 아이와 부모, 손님 모두 주인 공 되는 스토리텔링 돌잔치", 「오마이뉴스」 (2012. 6. 21.).

30 이에 대해서는 John H. Westerhoff III and William H. Willimon, *Liturgy and Learning through the Life Cycle*, 박종석 역, 『교회의 의식과 교육』(서울: 베드로서 원, 1992), 180-184 참고.

어린이가 사진 찍힐 때 피사체인 어린이에게 어떤 일이 일어나는가. 우선 어린이는 본능적으로 자신을 찍는 사람이 자기에게 관심이 있다는 사실을 안다. 자기에게 관심을 갖는 이유는 자신이 예쁘거나 귀엽기 때문이라고 생각하지 않더라도 자신이 사랑받고 있다는 것을 느낄 것이다. 한편 어린이를 찍는 행위는 어린이에 대한 사랑의 표현이라 볼 수 있는데, 그 내용은 일종의 배려라고 할 수 있다. 이 사진 행위에서 배려는 자연적 배려와 유사하다. 자연적 배려는 의무감에서 나오는 윤리적 배려와는 달리,31 자연적(본능적) 배려는 어머니와 자녀와의 관계에서처럼 자연적으로 발생하는 배려이다. 부모의 배려를 받는 자녀는 부모에게 친밀감을 느끼게 된다. 나아가 부모로부터의 배려는 부모에 대한 배려로 전환되며 타인에 대한 배려의 기초가 된다. 배려는 이성적 능력보다 타자에 대한 따뜻한 공감능력에서 발휘된다. 공감은 신앙의 목적인 이웃 사랑의 기초를 이루는 것으로, 타자를 객관적으로 이해하는 것이 아닌 타자를 수용하고 타자에게 민감하게 반응하는 행위라 할 수 있다. 어린이에 대한 사진 찍기는 배려 행위의 하나이며 이와 같은 배려를 받은 어린이는 배려할 수 있는 능력을 키우게 된다.32

어린아이는 물건과 같은 피사체가 아니며 나름대로 욕망을 가진 사람이다. 사진 찍기는 카메라를 매개로 하는 일종의 유대 관계 형성 행위라 할 수 있다. 골딘의 사진 철학에 따르면, 사진 찍기는 방관자나 엿보는 행위가 아닌 참여자가 되어야 한다. "사진을 찍는다는 것은… 어떻게 완전히 다른 사람이 되어 공감할 수 있는가는 것이다"33

---

31 Nel Noddings, *Caring: A Feminine Approach to Ethics and Moral Education* (Berkeley: University of California Press, 1984), 80.
32 *Ibid.*, 4, 9, 51.

어린이에 대한 사진 찍기 행위에는 이처럼 사진을 찍는 사람이 피사체인 어린아이를 욕망이나 수단으로 보는 일방적 시선을 거두어들일 때, 어린아이에 대한 사랑과 어린이의 찍는 사람에 대한 관심을 느끼는 교류가 흐를 수 있다. 어린이가 자기를 찍는 사람의 사랑을 수용할 경우 가정 안에서 가족과의 교제를 넘어 사회에서 타인과의 교류 능력이 싹트는 하나의 방도가 된다. 이 관계 교류 능력은 어린이가 학교에 입학하면서 본격적인 발달의 기회를 맞게 된다.[34] 한편 가정이나 교회에서는 어린이에게 사진 찍을 기회를 주고, 그 어린이가 찍는 사진의 내용을 통해 하워드 가드너(Howard Gardner)가 말하는 다중지능적 차원에서[35] 하나님께서 주신 선물로서 그 어린이의 지능과 은사를 발견할 수 있다.

2. 정체성 추구를 돕는 초상사진

셀카는 일종의 초상화, 자화상이라고 할 수 있다. 인간은 자신이 어떤 모습인지 보고 싶어 한다. 대부분의 자화상은 여기에서 그친다. 그러나 자기를 보고 싶어 하는 욕망은 자신이 누구인지 알고 싶은 욕망과 긴밀하게 연관되어 있다. 자신을 찍는다는 것은 자신의 얼굴을 비롯한 신체뿐만 아니라 자신이 누구인지 알고 싶은 욕망의 표현이라는 것이다. 그래서 자화상에는 스스로 자신을 비춰보는 행위와 스

---

33 Nan Goldin, "육지에 올라온 '갑빠'",「데자뷰」15 (1994), 46. 伊藤俊治, *Artists of the fin de siecle(Saigo No Gaka)*, 양수영 역,『최후의 사진가들: 20세기말 예술론』타임스페이스 Papyrus 4 (서울: 타임스페이스, 1997), 46 재인용.
34 이순형 외 4인,『유아의 사회적 유능감 키우기』(서울: 학지사, 2004) 참고.
35 Howard Gardner, *Frames of Mind*, 김동일 역,『지능이란 무엇인가?: 인지과학이 밝혀낸 마음의 구조』하워드 가드너의 마음의 과학 3 (서울: 사회평론, 2016) 참고.

스로 자신이 누구인지를 알고자 하는 욕구가 동시에 개입된다.[36]

자화상은 본질로 자기에 대한 앎의 추구이다. '셀프 포트레이트'(self-portrait)라고 하는 대표적 자화상 사진가에 마이어(Vivian Maier)가 있다. 그녀는 15만 장에 이르는 사진을 남기고 갔는데, 그 대부분은 '셀피(self-photography)의 여왕'이라고 불릴 만큼 대부분 자화상이었다. 거울 속에 나, 쇼윈도에 비친 나, 그림자 속에 나, 실루엣만 보이는 나 등 철저히 자기 자신을 위해 사진을 찍었다. 자화상은 '나는 누구인가?'를 끊임없이 묻는다. 오늘날의 셀카는 자신을 향하지 않고 오히려 사람들의 인정을 받고 싶어 하며 주의를 끌고 싶어 안달이다. 거기에 진정한 나를 주목하는 셀카는 없으며 타인에 의해 보여진 그리고 규정된 자아만 있을 뿐이다. 바르트는 사진과 관련해서 네 가지의 상상적 자아에 대해 말한다.

> 카메라 렌즈 앞에서 동시에 나는 내가 나라고 생각하는 자이고, 내가 사람들이 나라고 생각하기를 바라는 자이며, 사진작가가 나라고 생각하는 사람이고, 그가 자신의 예술을 전시하기 위해 이용하는 자이다.[37]

우리는 사진을 보며 '이것이 나인가?'라고 묻는다. 사진은 정체성에 대한 물음을 일으킨다. 특히 청소년기는 건강한 인생을 위해 정체성을 확립해야 하는 시기이다. 정체성 형성을 돕기 위해 앞에서 바르트가 여러 자아에 대해 말한 기준에서 셀카 등의 사진을 놓고 대화를 나눌 수 있다. 내가 보는 나, 내가 바라는 나, 친구가 보는 나, 친구가

---

36 진동선, 『사진사 드라마 50』, 21.
37 Barthes, *Chambre Claire*, 27.

바라는 나 등으로 주제를 나누어 대화를 나누다 보면 내가 누구인지에 대해 전보다는 좀 더 알 수 있을 것이다.

앞에서 언급했듯이 셀카의 유행은 SNS와의 결합으로 나타난 현상이라고 했다. SNS에 대한 호응과 활용도가 높다고 볼 수 있는 이러한 현상을 적극적으로 자기 자신을 찾아가도록 돕는 교육의 도구로 활용하고 선교의 장으로 수용할 수 있을 것이다.

한편 청소년, 특히 중학생들은 학교에서의 본격적인 과학 수업 때문에 창조론과 진화론 사이에서 갈등한다. 창조론과 진화론 간의 논쟁은 해결의 기미가 보이지 않는다. 이런 현실에서 자연을 찍어보도록 이끌 수 있다. 특히 근접 촬영을 해봄으로써 대상의 보이지 않던 부분을 보게 되는 경이를 경험할 수 있다. 그럼으로써 아름답고 신비한 자연 세계를 통해 하나님의 오묘하신 창조를 마음으로 깨달을 수 있다. 더불어 인간의 정체는 피조물이며 하나님의 자녀라는 정체성을 확인할 수도 있다.

3. 교회와 함께하는 결혼식 사진

혼령기가 되면 결혼을 하게 된다. 결혼은 기독교의 양성적인 면을 보여준다. 결혼은 타계적이고 영적이고 금욕적인 경건성이 있는 반면에 세상적이고 육체적이고 성적인 세속성도 갖는다. 그런데 이 모든 것은 하나님의 창조질서이며 인간에게 허락하신 하나님의 축복이다.[38] 이런 면에서 결혼은 신성한 것이다.

사진은 무엇이든 기본적으로 기억을 위한 것이다. 결혼식 사진도

---

38 Westerhoff and Willimon, *Liturgy and Learning through the Life Cycle*, 156-157.

마찬가지이다. 결혼식에서 기억해야 할 것은 평생 서로 사랑하겠다는 서약이다. 결혼의 불행은 이 서약의 망각 때문이다. 따라서 결혼식 사진은 이 서약의 내용을 이미지로 표현하는 것이어야 한다. 나아가 결혼은 신랑·신부 두 사람의 것만은 아니다. 우선 양가의 것이고, 나아가 교회의 것이다. 이는 결혼식에 하객들이 참석이 아닌 참여되어야 한다는 뜻이다. 하객들은 친지의 결혼식에 참석하여서 자신의 결혼을 회상하고 결혼의 의미를 다시 상기하며 반성하는 참여를 하도록 준비되어야 한다.

결혼식에서 양가 친지의 사진은 결혼식 후에 촬영하게 되는데 마치 출석부의 성격을 띠어서 후에 결혼식에 누가 왔었는지를 확인하는 기능을 한다. 신랑·신부가 결혼에 이르기까지에는 알게 모르게 이 친지들과의 관계가 있었을 것이기 때문에 따로 개인적으로 사진을 찍을 수 있을 것이다. 신랑·신부, 특히 신부와의 개인적 촬영은 신부대기실 등 특정 공간을 제공함으로써 주로 친구들에게 한정되는데, 사실 결혼 이후 관계를 유지하면서 삶을 함께할 사람들은 친구가 아니라 친지라고 생각할 때 친지들과의 사진 촬영 비중을 높여야 할 것이다.

한편 "결혼의 축하와 축복은 기독교회의 예배 행위이다. 성서 안에 결혼식에 대한 내용이 나오지는 않지만 그 기원은 하나님께서 결혼을 통해 후손을 번성케 한다는 뜻에 있다. 그러기에 결혼은 이미 교회 안에 있는 것이다. 따라서 결혼이 교회의 것이라는 사실을 기억하도록 도움을 주기 위해서 교회 안의 의미 있는 사람들과의 사진 찍기가 필요하다.

4. 선교 확장 통로로서 가족사진

기독교인에게 가족은 혈연적인 성격을 넘어서야 한다. 1955년 뉴욕 현대미술관(MoMA) 개관 25주년 기념으로 스타이켄(Edward Steichen)의 기획으로 "인간가족"(The Family of Man)전이 열렸다. 이 사진전은 사람들의 생활공간이나 환경이 다를지라도 결국은 모두 한 가족이라는 생각에 초점을 맞추었다. 이와 같은 취지에 따라 사진전의 내용은 인간이 태어나서 교육을 받고 성장해서 결혼하고 살다가 늙어 죽는 인간 삶의 일련의 주기를 중심으로 한 것들이었다. 여기에 인간 삶의 단면인 고독, 종교, 전쟁 그리고 굶주림 등을 재현하는 내용이 곁들여졌다.[39]

바르트는 이 전시를 관람한 후, 이 전시가 제시하는 모든 인간은 한 가족이라는 상상적 공동체, 즉 신화를 비판하면서, 오히려 눈에 띄지 않고 무시당하는 비가시적이면서 주변화된 존재들을 인간 가족으로 수용할 것을 주장하였다. 최근 서울시립미술관(SeMA)이 2015~2016 한·불 상호 교류의 해와 롤랑 바르트 탄생 100주년을 기념하여 개최한 "보이지 않는 가족"전은 이와 같은 바르트의 주장에 근거한 것이었다. 즉 그가 『밝은 방』에서 강자가 아닌 약자에게, 집단보다는 개인에게, 서사적 역사보다는 일화에 초점을 맞춤으로써 가족과 성을 이루는 사회적 규범들을 해체하고자 한 의도를 담은 사진전이었다. 가족을 약자의 관점에서 보는 이와 같은 전시는 정당하며 성서적이기도 하다. 성서, 특히 구약성서는 하나님께서 주변인들, 특히 고아, 과부, 나그네 등에 대한 억압을 금지하고 돌보시며 그들 편에 서신 분으로

---

39 진동선, 『사진사 드라마 50』, 159.

묘사한다.[40]

유명한 사진가인 아버스(Diane Arbus)는 주로 사회가 비정상이라고 구별한 사람들, 예를 들어, 난장이나 거인 등의 신체적 기형인, 동성애자, 나체족 등을 평범한 일상을 배경으로 해서 사진을 찍었다. 망각된 존재를 추적하는 그와 같은 사진을 통해서 그녀가 말하고자 했던 바는 도대체 정상과 비정상은 누가 규정한 것이냐, 나아가서 설사 그와 같은 규정에 따라 비정상이라 해도 그것이 차별의 이유가 되느냐 하는 것이다.[41] 소위 차별받는 비정상이라는 것에는 이처럼 정상과 비정상을 구별하는 잘못된 이데올로기가 숨어있는 것이다.[42]

교회에도 소외된 가족들이 있다. 결손가정, 다문화 가정 등, 새로운 가족으로 편성되어야 할 가족들이다. 부모와 자녀 또는 차별로 인해 정상적인 가정으로 구성되지 못한 신자들이 있다면 결손된 가족의 역할을 해줄 가족이 필요하다. 이 경우 새로운 가족의 탄생을 축하하여 약속의 뜻을 담아 가족사진을 찍을 수 있을 것이다. 나아가 이 가족을 선교와 봉사 차원에서 사회로까지 확대할 수 있다. 기독교교

---

40 하나님의 약한 자들에 대한 돌보심은 여기에 그치지 않는다. 임시 거주자, 품꾼, 극빈자, 약자, 가난한 자 그리고 노예 등도 그분의 사랑의 품에 있다. 약자에 대한 하나님의 돌보심에 대해서는 임태수, "구약에서의 민중과 민족", 「민중신학」 창간호 (1995), 57-78 참고.

41 이경률, 『철학으로 읽어보는 사진예술: 현대 영상사진과 존재』 (서울: 사진 마실, 2005), 109-110; Sontag, *On Photography*, 62-63.

42 예를 들어, 김옥선의 사진 작업은 예외적이고 소외된 이들, 특히 국제결혼이나 동성애라는 남다른 삶을 사는 소수 가족의 일상적 현실을 담고 있다. 그녀의 사진은 상이한 인종과 이질적 문화의 결합이 야기하는 충돌과 갈등, 혹은 절충과 타협을 보여준다. 하지만 이와 같은 예외적 가족의 일상과 삶은 정상적이라 여겨지는 가족에게도 엄연히 존재함을 폭로한다. 그럼으로써 소수의 예외적인 주변인들을 구별이라는 경계선을 넘어 포용하도록 재촉한다. 최봉림, "가족사진: 정형성에서 이산 구조로", 「美術史學報」 45 (2015), 159-160.

육학자이며 여성신학자인 러셀(Letty M. Russell)은 교회가 있는 지역의 약자들을 도울 수 있는 가족형 봉사구조를 제안한다.[43] 교회가 가족으로 포용할 수 있는 양들의 사진을 찍어 교회에 알려서 가족 삼는 일의 통로로 삼을 수 있다.

가족사진은 실제로 정형화된 초상화 형식이 아닌 대부분은 일상을 담는다. 일상이야말로 우리 자신이 누구인가를 드러내는 일종의 계시다.[44] 일상을 찍은 가족사진 역시 마찬가지이다. 사진 안에 담긴 엄마와 아빠 그리고 자녀들의 이미지를 통해 우리는 가족이 누구인지 더 잘 이해할 수 있다. 일상성은 앞에서 언급한 가족사진의 전면성과 통한다. 진정한 가족은 꾸며진 것이 아니라 있는 그대로의 솔직함에 있다. 있는 그대로의 가족, 그것이 나의 가족이고 함께 부딪치며 살아가야 할 가족이다.[45] 가족사진은 이처럼 경직된 기념사진의 성격을 넘어 가족들의 정체성이 드러나도록 찍을 때 본래 가족사진의 기능인 기록과 기억의 두 기능을 다 할 수 있을 것이다. 혈연적인 가족뿐만 아니라 교회라는 신앙공동체 내에서도 구성원들은 서로 사랑하고 증오하고 기뻐하고 슬퍼하고 힘과 즐거움을 주고 상처를 주는 가족들의 보통 일상을 사진으로 기록해 갈 때 가족사진은 가족을 알아가는 통로가 될 수 있다.

43 Letty M. Russell, *Christian Education in Mission*, 정웅섭 역,『기독교교육의 새 전망』현대신서 42 (서울: 대한기독교서회, 1972), 51.

44 Gabriel Moran, *Catechesis of Revelation* (New York: Herder and Herder, 1966), 45; Gabriel Moran, *The Present Revelation: In Quest of Religious Foundations* (New York: McGraw Hill, 1972), 245.

45 최봉림, "가족사진", 156-158.

5. 죽음 준비교육으로서 영정사진

영정사진은 자기반성의 이미지이다. 영정사진은 죽음에 관한 사진이 아니라 그가 어떻게 살았느냐를 상기하게 하는 삶의 이미지이다. 진실하게 산 사람의 영정사진은 그것을 보는 사람에게 그의 삶을 본받으리라는 도전을 주는 교육적 기능을 할 수 있다.

영정사진은 노년과 관계가 깊다. 노년은 영정사진으로 상징되는 죽음이 멀지 않은 발달단계이다. 노년과 죽음은 동전의 양면과 같다. 노년층이 늘어나는 교회는 노년 교육에 힘써야 하는데, 그 중요한 주제로 죽음 준비교육을 다루어야 할 것이다. 다가올 죽음을 준비하는 교육에는 죽음에 대한 이해, 타인의 죽음을 통한 간접적인 죽음 경험, 심리적 죽음 준비 그리고 죽음과 관련된 실제적인 준비 등의 내용이 포함된다.

이와 같은 죽음 준비교육을 영정사진을 중심으로 할 수 있을 것이다. 노년 신자들은 그들보다 앞서간 신자들이 나온 사진을 보면서 그의 생애에 대한 대화를 나누면서 신앙적 차원에서 긍정적으로 평가하는 시간을 가질 수 있다. 이러한 활동을 통해 죽음이 삶과 긴밀하다는 사실을 깨닫고 삶을 다시 한번 추스르는 기회를 가질 수 있다. 다음으로 심리적으로 죽음을 준비하기 위해 담대한 죽음을 맞게 해달라는 내용과 하늘나라에 대한 소망을 품는 등의 제목으로 기도회를 가질 수 있다. 그리고 실제로 영정사진, 묘소 등 구체적인 사안들을 가족이나 친지들과 의논하는 시간을 마련할 수 있다. 특히 영정사진은 남겨진 유족들에게 위로를 주고, 하늘나라의 소망을 갖도록 격려하고, 하늘나라에서 함께 만날 수 있다는 희망을 주는 이미지가 되도록 해야 한다. 그럼으로써 세상에 남겨진 유족들도 죽음을 신앙적으로 극복하는 기회가 될 수 있도록 하는 역할을 해야 한다. 나아가 기독교인에게 죽음은 새로운 삶으로의 진입을 의미하기에 축하해야 할 일이기도 하다. 그와 같은 분위기를 살리기 위해서는 영정사진이 한 장일 필요는 없다. 고인을 기릴 수 있는 사진을 몇 장 더 추가해서 진열할 수도 있다.

6. 교회의 사진 교육

교회에서의 대부분 사진은 기념사진 그리고 단체 사진의 성격을 지닌다. 교회학교 부서 사진, 성경공부나 봉사 등을 위한 소그룹모임 구성원들의 사진, 교회 창립일 등의 전교인 사진, 성탄절이나 부활절 등의 절기 사진, 찬양대회나 여름수련회 그리고 임직식 등의 행사 사진이 그러하다. 여기에 사진을 설교 등에 이용하는 경우도 늘어나고 있다. 설교 등 목회활동과 각종 행사의 기념사진이 불필요하지는 않겠지만 교회에서 사진은 그 이상의 역할을 할 수 있다. 즉 사진 행위를 교회의 전반으로 확대할 필요가 있다. 즉 교육을 포함한 교회의 모든 행위는 그리스도의 몸을 이루기 위해 교회의 사명 차원에서 수행되어야 한다. 그랬을 때 교회의 사진과 관계된 모든 행위는 교회의 케리그마(kerygma), 레이투르기아(leitourgia), 디다케(didache), 코이노니아(koinonia) 그리고 디아코니아(diakonia)라는 사명을 돕도록 조성되어야 한다. 이를 위해 먼저 사진교육에서 기본이 되는 사진을 어떻게 읽어야 하는지에 대해 살펴보자.

1) 사진 이해 교육

이미지가 넘쳐난다. 그 이미지들은 허상이 아니라 "사회적 의식이며, 공포에 대한 방어이며, 권력의 도구"로 작용하고 있다.[46] 강력한 힘을 가진 이미지가 세계를 지배하고 있다. 그런 까닭에 이미지를 제대로 읽어내지 못하면 몰려오는 이미지의 파도에 휩쓸려 우리 자신을 상실하게 되는 일이 벌어질 수 있다. 이미지 범람의 시대에 이미지를 어떻게 읽을까. 여기서는 사진이론가들이 말하는 사진 읽기에 대해서 살펴본다.

(1) 기호적 사진 읽기

뒤부아(Philippe Dubois)는 『사진적 행위』라는 책에서 퍼스(Charles S. Peirse)의 기호론[47]을 바탕으로 사진의 유형을 세 가지로 나누었다.[48] 그것들은 도상, 상징 그리고 지표다. 첫째 유형은 사진을 세계를 그대로 비치는 거울에 견주어 도상으로 본다. 사람은 사람이고 꽃은 꽃이다. 둘째 유형은 사진을 찍는 이의 생각을 표현한 상징으로 본다. 그래서 사진을 이해하기 위해서는 작가의 의도에 대한 해석이 필요하다. 셋째 유형은 사진을 실제로 존재했던 것의 흔적, 즉 지표로 본다. 사진을 이와 같은 유형으로 볼 경우, 사진과 만나기 위해서는 사진으로부터 오는 남겨진 흔적을 보는 이의 주관적 상상, 판단, 기억

---

46 Sontag, *On Photography*, 68.
47 언어와 상징으로 표현되는 기호들은 세계의 객관적인 실재를 드러내지만 그것은 또한 역사적인 우연성에 의해 지배된다는 주장. 이유선, 『실용주의』 살림지식총서 324 (서울: 살림출판사, 2008) 참고.
48 Philippe Dubois, *L'acte Photographique*, 이경률 역, 『사진적 행위』 사진예술문고 2 (서울: 사진 마실, 2005).

연상 혹은 내부적으로 잠재된 무의식적 환기 등을 통하여 확장해야 한다. 또 다른 사진 읽기는 바르트의 것이다. 바르트의 사진 분석 또는 읽기는 그의 사상에 따라 함께 변해갔는데, 그 내용은 다음과 같다.

(2) 사진 읽기의 단계

① 신화로서 사진 해체하기: 예를 들어 설명하도록 한다. 한 젊은 흑인 병사의 사진이 있다고 하자. 이 이미지에 대한 1차적 독해는 문자적 읽기로 '프랑스 군복을 입은 한 젊은 흑인 병사가 경례를 한다는 것'이며, 2차적 의미는 '프랑스는 위대한 제국이며, 모든 프랑스의 젊은이들은 인종에 상관없이 그 깃발 아래서 충성스럽게 복무한다'라는 것이다. 결국 이 사진은 프랑스의 제국주의 이데올로기라는 신화를 전파한다는 것이다.[49] 즉 사람들이 당연시하는 문화적 신화를 해체하는 사진 읽기이다.

② 보편적 관점에서 사진 읽기: 바르트는 모든 이미지에 적용 가능한 분석틀이 있음을 전제한다. 그는『이미지의 수사학』에서 그것을 세 가지로 말한다. 첫째, 사진에 나타난 언어적 메시지이다. 예를 들어 광고사진의 경우, 라벨과 설명문 등이다. 둘째는 이미지의 정체나 성격 등이다. 예를 들어 상품의 경우, 신선함, 건강, 이탈리아적인 것 등이다. 셋째, 이미지를 형성하는 색채나 선의 형태 등이다.[50]

③ '중립'의 입장에서 읽기:[51] 바르트는 사진에 대해 기호학적 접근

---

49 Roland Barthes, *Mythologies* (Paris: Le Seuil, 1957), 115. 김진영,「중립 개념을 통해 본 롤랑 바르트의 사진론」석사학위논문 (서울대학교 대학원, 2016), 17 재인용.

50 Roland Barthes, "Rhetorique de l'image", *Communication* 4. 김인식, "롤랑 바르트",『작가세계』12 (1992.3), 462-497 재인용.

51 Roland Barthes, *Neutre: Notes de Cours au Collège de France(1977~1978)*, 김웅권 역,『중립: 콜레주 드 프랑스 강의 1977-1978』(서울: 동문선, 2004) 참고.

방식을 통해 이해하고자 했으나 사진이 텍스트에 의존하는 다른 메시지들과는 다른 방식으로 작동한다는 것 그리고 '어떤 의식을 불러일으킨다는 것을 인식하게 되었다. 즉 언어분석을 골조로 하는 기호학적 방식은 비언어적 이미지를 분석하는 데 한계가 있음을 인정한 것이다. 기호학적 분석은 언어적 의미에 한정되고 비언어적이고 감각적인 이미지에 대한 분석에는 한계가 있다. 따라서 사진은 사진만의 접근 방식이 필요함을 절감하게 되었다. 이 같은 경험 후에 탐구의 결과로 나타난 것이 중립이라는 개념이다.

중립은 체계적 이론화를 피해가는 것이다. 중립은 "패러다임을 좌절시키는 모든 사태이다."[52] 바르트는 '정동'이란 개념을 제안하는데, 이는 "개인에게 각자 고유한 신체로부터 비롯되는 것으로 본질로 환원 불가능한 경험이자 자기 자신을 고유하게 드러내는 작용이다" 그리고 "그것이 의식에 의해 포섭되지 않은 상태, 언어적 의미로 규정되지 않은 사태가 바로 바르트가 말하는 중립에 해당한다"[53]

사진에서 이와 같은 중립은 바르트의 개념으로 푼크툼(functum)에 해당한다. 푼크툼은 사진 이미지에 이미 코드화되어 있는 정보를 읽어내는 스투디움(stydium)에 대비되는 말로, 이미지가 화살처럼 나와 보는 이를 관통하며 찌르는 우연이다.[54] 스투디움의 속성은 정보 제공, 재현 그리고 의미하기 등이며, 푼크툼의 속성은 디테일, 비의도성, 사토리(悟り),[55] 그리고 침묵 등이다.[56]

---

52 Roland Barthes, *The Neutral: Lecture Course at the Collège de France (1977~1978)*, trans. Rosalind E. Krauss and Denis Hollier(Columbia University Press, 2007), 6. 김진영, 「중립 개념을 통해 본 롤랑 바르트의 사진론」, 21 재인용.

53 *Ibid.*, 30.

54 Barthes, *Chambre Claire,* 41-44.

55 불교의 선(禪)에서 말하는 순간적인 깨달음.

이상과 같은 바르트의 사진 분석 또는 사진 읽기는 교회에서 발달에 따라 달리 적용해야 한다. 신화 해체 방식의 사진 읽기는 비판의식이 생겨나는 청소년 이상에서 유용할 것이다. 보편적 관점의 사진 읽기는 이미지나 색채, 선 등에 대한 기본적 학습이 선행되어야 할 것이다. '중립'적 사진 읽기는 오히려 사물에 대해 비교적 편견이 적은 어린 아동들에게 효과적일 수 있다.

2) 선교적 성격의 사진갤러리 운영

예술은 머리가 아닌 가슴에 직접 말한다. 신앙 역시 마음의 신뢰가 중요하며 그것을 길러주는 데 사진이 도움이 될 수 있다. 예술을 통한 신앙의 성장을 위한 기회가 거의 부재한 교회의 현실에서 사진 분야는 비교적 접근이 용이해 보인다. 그중 하나가 사진갤러리이다. 신자나 교역자 중에 사진을 찍는 사람들이 꽤 있기에 교회 내 사진갤러리 운영은 가능성이 크다. 무엇보다 오늘날의 사진은 재현과 복제라는 전통적 기능이 강화됨으로써 거의 모든 것을 이미지화한다. 더구나 상품 생산과 어울려 광고로 상징되는 이미지는 모든 것을 상품 이미지로 변형시킴으로써 사람들의 사고와 심리에 막대한 영향을 끼치고 있다.[57] 교회에 나오는 신자들은 이미 철저하게 시각화된 사람들이다. 따라서 사진갤러리를 이용해 말 중심의 사역을 시각 이미지로 보충한다면 그 효과가 클 것은 자명하다.

무엇보다 사진은 직접적인 교육방법이다. 사진은 메시지 전달에

---

56 이들 속성에 대한 자세한 내용은 Barthes, *Chambre Claire*, 44-79 참고.

57 伊藤俊治, "본다는 것의 위상기하학", John Berger, *Ways of Seeing*, 동문선편집부 역,『이미지: 視覺과 미디어』(서울: 東文選, 1995), 302-311 참고.

서 언어보다 직접적이고 생생하고 그래서 명료하다. 사진은 추상적인 언어와 달리 구체적이기에 이해하기에 쉽다. 또 사진은 어린이나 성인이나 누구에게나 용이한 접근 방식이기에 발달단계에 비교적 덜 구애받는다.58

갤러리가 교회에 의한 것이라면 일반 갤러리의 전시와는 성격이 달라야 한다. 일반적으로 기독교 사진은 성서의 내용이나59 신앙,60 자연을 통한 하나님의 위대하심,61 영적 세계,62 기독교적 상징63 등을 주로 은유적으로 표현한다.64 그리고 이것들과는 다른 성격의 반기독교적 사진 등도 있다.65 교회의 사진갤러리는 이와 같은 기독교 사진의 현실을 넘어 교회의 사명을 돕는 것이어야 한다. 교회의 사진갤러리가 어차피 기획전시일 수밖에 없다면 케리그마 등의 교회 사

---

58 한정식,『사진예술개론』(서울: 눈빛출판사, 2008), 11-16.

59 예를 들어, W. Eugene Smith, "Domoko in her Bath minamata" (1972); Wynn Bullock, "And God said, let there be Light Genesis1:3" (1951); Wynn Bullock, "Childin Forest" (1454); 황소연, "Memories of Eden Naming"전 (2009); Ruth Bernhard, "천 조각 reg" (1971); Michael Nichols, "Lone Elephant Walking under a Rainbow in Samburu National Reserve".

60 예를 들어, 이광우, "Hiscommunity" (2009); W. Eugene Smith, "The Walk to Paradise Garden" (1946); 김수안 "잠을 주시는도다", 김수안,『맑은 날 햇살처럼 어루만짐: 지치고 상한 당신에게 전하는 위로의 사진 한 장』(서울: 생명의말씀사, 2012); 장일암 "The Covenant"; 장일암, "헛되도다" (2008).

61 예를 들어, 김광용, "살아있는 모든 만물들은 여호와를 찬양할지어다" (2006); 박장일, "은혜 가운데 거하면"; Rader, "시냇가에 심은 나무"; 이영숭, "주님과의 대화".

62 예를 들어, 조규군, "빛의 갑옷"; 황준철, "눈"; 이승환, "부디 nocut"; 조승래, "넉넉히 이기느니라".

63 예를 들어, 홍순태, "아메리카"; 김수안, "거기 너 있었는가 그 때에"; 김수안, "주 예수 대문 밖에서", 김수안,『맑은 날 햇살처럼 어루만짐』; 이성필, "그리스교회".

64 김영권,「사진예술을 통한 구약성서의 수사학적 이미지 표현 연구」석사학위논문 (계명대학교 대학원, 2011), 78-96.

65 강민권, "악당들이 예수의 옷을 벗김", "예수, 사형선고를 받으심을 묵상"; 박불똥 "세기말 서불 야경". 이영준,『사진, 이상한 예술』, 77, 264 참고.

명에 맞추어 할 수 있을 것이다.[66]

IV. 나가는 글

　사진은 삶의 중요한 순간마다 일종의 계기적 행위의 역할을 한다
는 면에서 인간발달로서 전인적 신앙과 긴밀하며, 그런 까닭에 기독
교인 역시 사진을 피해갈 수 없다. 기독교인이 신앙인이라면 사진이
그 신앙에 갖는 내용을 탐구하는 것은 필요하다. 이를 위해서 우리는
먼저 사진이 전인적 신앙에 중요한 영향을 끼칠 수 있는 생애의 주요
계기들과 어떤 관련이 있는지 살펴보았다. 어린아이 시절에는 성인
들의 피사체로 청소년기에는 입학이나 졸업 등 학교생활과 관련해
서, 청년의 때에는 셀카나 결혼사진 그리고 가족사진 등 그리고 노년
에는 영정사진이 따라붙는다. 이어서 우리는 이와 같은 사진들이 갖
는 의미가 무엇인지를 살펴보았다. 사진은 어린이와의 교류와 일종
의 돌봄 행위이며, 청소년에게는 사회로의 편입과정이라는 것 그리
고 셀카와 결혼사진 등은 사회의 가치관을 크게 반영하고 있음을 알
았다. 그리고 영정사진은 죽음이 아닌 삶을 연장시키고자 하는 욕구
의 재현임을 알았다. 이와 같은 내용은 교회에서 교육의 소재로 삼을
수 있으며, 사진을 통해 인간발달 차원에서 신앙의 발달을 도모할 수
있는 몇 가지 방안과 사진 읽기와 사진 이미지를 위한 공간 마련 등,
교회 차원에서의 사진 교육에 대해 제안했다.

---

66 전시에 대해서는 미술관 디스플레이를 문화적 관점에서 깊이 있게 논의한 획기적
　　연구서인 Emma Barker, *Contemporary Cultures of Display*, 이지윤 역, 『전시의
　　연금술 미술관 디스플레이』(서울: 아트박스, 2004) 그리고 차용부 편저, 『사진전시
　　길라잡이』 비움아트이론서 (대구: 비움아트, 2003) 참고.

사진은 생의 주요한 주기에 등장하며 인간의 전인적 발달과 긴밀하다. 나아가 전인적인 것으로서 신앙 성장에 기여할 수 있으므로 교회에서는 적극적으로 그 활용을 검토하면 유익을 얻을 수 있다.

이 논문에서는 사진을 다루되 교육의 일반적 논의 방식인 목적, 내용, 방법 등을 따라서 하지 않았다. 그럴 경우 그것은 기독교교육이 아닌 사진 교육이 되기 때문이다. 물론 그와 같은 접근 방식이 무의미한 것은 아니지만 기독교교육은 항상 신앙적 인간의 변화를 목표로한다는 것을 전제로 한다면 사진에 대해서도 인간과 관련해서 생애 주기적 차원에서 신앙 성장의 가능성을 논해야 한다고 생각한다. 사진과 관련해서 논외의 장이기에 이 글에서 언급하지 않았으나 중요한 과제는 지교회의 영역을 넘어서는 것으로, 먼저 교회학교의 교재에서 사진의 비중을 확대하는 것이다. 또 보도사진이라고 할 수 있는 기독언론의 소위 기념사진류의 자기 과시적 내용의 사진 개선 방안 등이다.

성경 교수-학습 진행에서의
연극 활용*

I. 들어가는 글

우리나라 교회에서 예술에 대한 논의는 신학적 편견으로 예술 자체에 대해 부정적이거나, 인본주의의 정화된 형식으로 여겨 비판적이거나[1] 예배음악 등에 한정되어 제한적이다.[2] 이는 예술을 포함한 문화에 대한 부정적 입장에서 기인한다. 이는 세상을 정죄의 대상이 아니라 하나님의 사랑의 대상으로 수용하는 전환적인 문화관이 요청된다.

기독교 신앙 교육에서 예술적 활용은 예술과 교육의 관계에 대한 불확신과 불충분한 연구 등으로 미온적이며, 현실적으로 희소하다.

---

* 이 글의 출처는 "기독교 신앙 교육과 연극: 성경 교수-학습 진행을 중심으로". 「영산 신학저널」 43. (2018. 3.): 273-301이다.
1 라영환, "예술, 모더니즘 그리고 이데올로기", 「성경과 신학」 56 (2010), 213−241.
2 일례로 박해경, "기독교와 예술: 칼뱅주의와 음악", 「성경과 신학」 36 (2004), 129-155.

하지만 정서적 가치를 추구하는 예술은 인지적 차원에 경도된 교육의 전반적 현실에서 지식과 정서의 균형과 조화를 이루는 전인으로의 추동력이 될 수 있다.[3] 종합 예술인 연극도 마찬가지여서 전인적 교육을 위한 효과적인 채널이 될 수 있다. 교회의 교육 현장의 경우 절기 때나 수련회 등에서 의례적으로 하는 행사 성격의 연극 외에는 그것을 교육적으로 진지하게 활용하려는 노력은 보기 어렵다. 최근 일반교육에서의 연극 활용은 연극의 교육적 효과에 주목한 조치로 보이는데,[4] 교회교육에서도 검토해볼 필요가 있다.

교회에서의 교육은 크게 예배, 성경공부 그리고 프로그램으로 구성된다. 연극을 교회교육에 활용한다고 할 때 시급하고 중요한 대상은 성경공부로 보인다. 성경공부는 하나님의 말씀을 통해 학습자의 신앙을 성장시키는 지속적이고도 강력한 기회이다. 그렇지만 현실에서 성경공부는 학습자의 관점에서 재미가 없고 자신과는 상관없는 것으로 여겨지는 것 같다. 성경공부가 연극을 통해 활성화된다면 학습자들의 신앙 성장이 양호하여 교회의 교육적 사명을 다하는데 도움이 될 것이다.

성경공부에서의 연극의 효과를 기대하는 이 논문은 이하에서 과연 연극이 기독교 신앙 교육의 목표인 신앙 성장에 기여할 수 있는지를 신앙적 차원에서 따져볼 것이다. 그리고 연극이 신앙 기여라는 관문을 통과할 만큼의 적합성을 지녔다면, 성경공부에서 어떻게 연극

---

3 박종석, "기독교교육과 미학: 헤겔의 예술철학을 중심으로", 「성경과 신학」 50 (2009), 237.

4 교육부는 2018년부터 초등학교 5~6학년 국어에서 연극 대단원을, 중학교 국어에서는 연극 소단원을 신설할 예정이다. 고등학교에서도 보통교과의 일반선택 과목으로 '연극'을 신설한다. 노재현, "고교 교과에 일반선택 연극 과목 생긴다", 「연합뉴스」 (2015. 9. 4.).

을 실현할 것인지에 대해 구상해 볼 것이다.

II. 연극과 신앙

1. 연극의 문학적 차원

기독교 신앙 교육에서 연극을 논의하기 위해서는 적어도 한 가지 전제가 필요하다. 그것은 신앙적인 차원이다. 연극이 신앙과 관계가 있는지 그리고 신앙을 성장시키는 일에 기여할 수 있는 지이다.

기독교교육학자 리(James M. Lee) 등은 신앙을 지·정·의의 차원에서 정의한다.[5] 기독교교육에서 신앙은 지·정·의적인 차원으로 구성된 전인이다. 즉 신앙은 성경, 교리 그리고 전통 등에 대한 지적 승인이며, 역사와 개인적 삶 안에서 하나님의 개입에 대한 인정과 신뢰 그리고 하나님을 사랑하고 이웃을 사랑함으로써 하나님 나라를 건설해가는 헌신적 행위이다.[6] 연극이 기독교 신앙 교육의 유용한 도구가 되

---

5 물론 신앙은 당연히 하나님의 선물이며 성령의 은사인 것을 전제로 한다. 신앙중심의 전인교육에 대해서는, 조래영, "영산기독론의 아동교육철학 관점의 이해", 「영산신학저널」 2:3 (2005), 143-147 참조. 그리고 인격적 차원에서 신앙과 성령의 관계에 대해서는 소태영, "순복음 교회학교에서 '성령과 함께하는 놀이'로서 'Godly Play'의 변형과 적용", 「영산신학저널」 39 (2017. 3.), 249-251 참조.

6 James M. Lee, *The Shape of Religious Instruction: Social Approach* (Mishawaka, IN: Religious Education Press, 1971), 13-34; Lawrence O. Richards, *A Theology of Christian Education*, 문창수 역, 『교육신학과 실제』(서울: 정경사, 1980), 66-67; John H. Westerhoff III, *Will Our Children Have Faith?*, 정웅섭 역, 『교회의 신앙교육』(서울: 대한기독교교육협회, 1983), 52-90; Thomas H. Groome, *Christian Religious Education: Sharing Our Story and Vision*, 이기문 역, 『기독교적 종교교육』(서울: 대한예수교장로회총회교육부, 1980), 95-106; James W. Fowler, "Faith

려면 이 신앙적 차원을 지니고 있어야 한다.

　연극은 다중적 성격을 지녔다. 연극을 가리키는 여러 용어를 통해 그것을 알 수 있다. 연극이라는 말은 그 강조하는 바에 따라 배역에 비중을 두는 플레이(play), 스토리를 강조하는 드라마(drama), 무대에서의 공연을 중시하는 디어터(theater) 그리고 연기에 주목하는 플레이액팅(playacting)으로 불린다. 플레이는 말 그대로 '놀이하다' 또는 '유희하다'란 뜻이다. 그리스의 제사의식을 가리키는 드로메논(dromenon)에서 나왔다. 드라마는 모방적 행위를 말하면서 연극 전체를 가리킨다. 디어터(theatre)는 그리스어 데아트로(theatro)로부터 나온 말인데, 공간을 바라본다는 뜻이다.7 연극은 모방이고, 놀이이고, 구경거리이다.8 이 내용은 연극을 형성하는 필수적인 성격으로 이것들이 연극의 요소인 희곡, 배우, 관객 그리고 무대를 구성한다. 연극이 신앙의 차원을 지녔는지는 이 연극의 요소들로부터 검토되어야 한다. 이하에서는 신앙의 지ㆍ정ㆍ의적인 요소와 연극의 요소 중 교육 현장에서의 연극에서 양해가 되는 무대를 제외한9 희곡, 배우,

---

and the Structuring of Meaning," Christiane Brusselmans, ed., *Toward Moral and Religious Maturity* (Morristown, NJ: Silver Burdett Company, 1980), 32-37. 그리고 Charles Y. Glock, "On the Study of Religious Commitment," *Religious Education* 57, Research Supplement (July-August 1962), 98-110 참고.

7 Graham Rob, *A Crash Course in Theatre*, 김정미 역,『연극의 유혹』예술의 유혹 7 (서울: 예담, 2003), 16; 바라보는 것으로서 연극에 대해서는, Milly S. Barranger, Theatre: A Way of Seeing, 이재명 역,『연극 이해의 길』(서울: 평민사, 2006), 2-3.

8 Barranger, *Theatre*, 162-163.

9 이에 관해서는 김웅태,『연극이란 무엇인가』(서울: 현대미학사, 1996), 14-15 참고. 그로토프스키(Jerzy Grotowski)는 연극에서 본질적인 요소를 찾고자 불필요한 요소를 모두 제거했다. 그래서 남은 요소는 소위 '가난한 연극'(Poor theater)이라고 하는 배우와 관객간의 관계만 남는다. Edwin Wilson, *Theater Experience*, 채윤미 역,『연극의 이해』(서울: 예니, 1998), 11-12. Jerzy Grotowski, *Towards a Poor Theatre*, 고승길 역,『가난한 연극: 예지 그로토프스키의 '실험연극론'』(서울: 교보

관객 사이에 어떤 관계가 있는지 살펴보자.

연극은 그 성격상 신앙적 성격이 크다. 즉 신앙의 지·정·의적인 차원과 연관이 있다는 것이다. 연극의 지적인 차원은 주로 희곡과 관계가 있다. 희곡은 문학의 3대 장르인 소설, 시 중의 하나이다. 희곡은 이들 장르와는 다른 특수성을 지니는데, 즉 '문학성'과 '연극성'이라는 이중성이다. 문학성은 말과 문자로서, "단어와 말의 형용사적 표현이라면, 연극성은 거기에 시간과 공간이 덧붙은 '지금, 여기'의 동사적 표현이다"[10] 희곡 안에는 이 두 가지 성격이 상호침투되어 있다. 독자는 희곡에서 연극을 읽고, 관객은 연극에서 희곡을 읽는다.[11]

하지만 연극은 무대에 올려지기 전까지는 문학이다. 그러므로 먼저 문학으로서 희곡을 읽는다는 것은 그 속의 내용을 접하는 것이고, 그 내용을 알고 이해하고 파악하는 것이다. 대본으로부터 새로 알게 된 지식은 나중에 연기를 통해 경험하게 되어 인지적 능력 배양으로 이어진다. 이 같은 과정은 지식의 특성이다. 지적 차원의 내용 중의 하나인 지식은 크게 두 가지 유형으로 나눌 수 있다. 그것은 이론적인 개념적 지식(Knowledge of concept)과 실천적 지식(Practical knowledge)이다. 개념적 지식은 언어 형태의 객관적 성격의 개념을 통해

문고, 1987), 특히 2장, "가난한 연극을 향하여" 참고.

10 안치운,『연극 감상법』(서울: 대원사, 1997), 108. 희곡의 연극성이 극대화된 연극이 아르토의 잔혹연극이다. 그는 "서구의 문학적 연극을 지양하고 동양의 육체적이고 물질적인 연극으로의 회귀를 강조했다" Antonin Artaud, Theatre et son Double, 박형섭 역,『잔혹연극론』(서울: 현대미학사, 1994), 8. 그리고 희곡 텍스트가 무대 언어로 전환된 소위 70년대 이후의 대안연극에 대한 총칭인 퍼포먼스 역시 희곡의 연극성을 극단화한 경우라 볼 수 있다. 정진수·김동욱,『연극의 이해』(서울: 집문당, 2000), 122.

11 Anne Ubersfeld, *Lire le Theatre*, 신현숙 역,『연극기호학』(서울: 문학과지성사, 1988), 16-27.

정보를 전달한다. 실천적 지식은 언어화될 수 없는 암묵적인 것으로 주관적인 가치와 경험으로부터 나온 일종의 장인적 지식이다.[12] 지식의 내면화는 이 두 가지 지식이 만날 때 발생한다. 지식의 형성은 일차적으로 개념적 지식으로 그리고 개념화된 지식의 자기 적용인 실용적 지식의 활용을 통해 내면화된다. 연극의 지적 차원에서 일어나는 일이 바로 이것이다. 연극은 신앙의 차원에서 볼 때의 지적 차원인 성경의 내용이나 교리의 인정 그리고 전통의 단순한 수용 이상이다. 연극은 신앙의 규범적 항구적인 지식의 내용에 대해 몸과 마음으로 부딪쳐 새롭게 이해하도록 돕는 수준 높은 지적 반성 행위이다.

2. 연극의 정화적 차원

연극에서 정서적 차원은 주로 관객과 관련이 있다. 연극에서 배우와 관객 사이의 소통은 중요하다. 배우와 관객 사이 소통의 채널은 공감이다. 공감대가 형성될 때, 비로소 연극은 관객의 것이 된다. 공감은 배우의 입장에서는 감정이입이다. 연기는 역할에 대한 감정이입이 없이는 불가능하다. 연기의 기초는 글자 그대로 가장(make-believe)이다. 즉, 연기는 무엇인 것처럼 꾸미는 능력을 요구한다. 이때 연기자는 가짜를 진짜로 믿는 것이다. 이것은 배우가 극중 역할을 맡아야 할 때의 믿음과 동일한 것이다.[13]

공감은 상상력과 관계가 있다. 상상은 객관성이 아닌 주관성에 좌

---

12 Peter P. Grimmett and Allan M. MacKinnon, "Craft knowledge and the education of teachers," *Review of Resesrch in Education* 18 (1992), 385-456.

13 한국문화예술진흥원 연극분과위원회 편,『연극의 새로운 이해와 활용』(서울: 행림출판, 1989), 44.

우되는 자유이다. 배우의 연기를 관객이 자유로운 상상력을 발휘하여 수용할 때, 거기에 공감이 발생하고 감동이 솟아난다. 연극에서는 이를 '카타르시스'(Catharsis)라고 한다.14 연극은 정서적으로 카타르시스라는 정화 기능을 한다. 카타르시스는 본래 비극을 감상함으로써 비극에 등장하는 인물들의 비참한 운명을 보고 간접 경험을 함으로써, 마음속에 억압되어 있던 자신의 두려움과 슬픔 등의 감정이 해소되고 마음이 깨끗해지는 일이다.

한편 공감은 정화 외에 다른 정서들과 연결되어 있다. 이는 정신분석적 입장이다. 콤플렉스(그로테스크)를 가진 사람이 연극을 보며, 동일화(감정이입), 멜랑콜리(연민), 승화(카타르시스)로 연계되는 심적 구조와 논리를 단계적으로 밟아간다는 것이다.15 관객은 그로테스크를 부정으로가 아니라 연민으로 환원하여 일체가 되는 동일화를 이룬다.16 나아가 연민의 심적 메커니즘의 논리인 멜랑콜리는 "대상의 그림자를 자아에서 찾게 되고, 그때부터 어떤 특수한 심리에 의해 자아를 마치 상실한, 어떤 대상인 양 바라보게 된다"17 그리고 나와 대상이 하나가 되는 연민의 장, 곧 카타르시스의 장이 된다는 것이다.18

---

14 카타르시스는 아리스토텔레스가 『시학』 6장에서 "연민과 공포를 통하여 비극은 그 감정들의 카타르시스를 초래한다"라는 대목에서 비롯하는 용어로 보통 정화작용으로 해석된다. 카타르시스에 관해서는 시학을 참조하라는 말이 『정치학』 (Politika) 1341b, 38에 나오나, 막상 시학에 자세한 설명은 나오지 않는다. Aristoteles, *Peri Poiētikēs,* 천병희 역, 『시학』 (서울: 문예출판사, 2002), 8.

15 류은영, "그로테스크와 카타르시스의 정신분석학적 상관성 연구: 미셸 레리스의 자서전을 중심으로", 「외국문학연구」 63 (2016), 61.

16 *Ibid.*, 59.

17 Sigmund Freud, "Deuil et mélancolie", *Métapsychologie,* Paris, Gallimard, coll. Folio-Essais, 1968, 156, 류은영, "그로테스크와 카타르시스의 정신분석학적 상관성 연구", 63 재인용.

정서적 차원의 공감은 지적인 차원인 인지와도 연관되어 있다. 공감이 생길 때, 다양한 관점에서 바라볼 수 있는 연극의 허구와 현실 세계 사이에 걸쳐 입체적이고 유연한 사고도 생겨난다.[19] 총체적으로 연극은 공감과 카타르시스를 통해 배우와 관객을 하나로 결속시킨다. 이처럼 연극은 배우와 관객의 정서에 대해 자극을 주어 정서를 변화시키는 효과가 있다.

3. 연극의 표현적 차원

연극은 희곡의 행동적 표현이라 할 수 있다. 이는 주로 배우와 관계가 있다. 연극은 배우의 참여, 곧 연기에 의하여 표현되는 예술이다. 연극에서 배우의 의사와 감정은 언어와 몸짓으로 표현된다. 언어는 대사를 입고, 몸짓은 연기에 실린다. 언어와 몸짓은 인간 감정과 의사소통의 기본 도구이다. 연기한다는 것은 바로 이 말과 행동으로 극 중 사태에 참여하는 것이다.

배우의 연기 행위는 여러 층위로 구성된다. 예를 들어, 선량한 행인이 누군가에게 이유도 없이 폭행을 당하는 광경을 목격한 배우는 그 행위가 옳지 못하다고 판단하여 분노를 일으키고 경찰에 전화로 신고하는 행동을 연기한다. 이 배우의 행위에는 전화를 하는 신체적 행동, 경찰에 신고하는 사회적 행동, 분노하는 심리적 행동, 잘못된 일이라고 판단하는 지적 행동 그리고 폭력을 막아야 한다는 윤리적 행동이 포함되어 있다.[20]

---

18 *Ibid.*, 66.

19 임다혜, "D.I.E. 프로그램이 초등학교 3학년생의 공감 향상에 미치는 영향", 「교육연극학」 8:1 (2016), 46.

배우의 주된 과제는 다른 인물 속으로 들어가는 것이다. 이는 배우의 변신으로 이를 위해서는 극중 인물에 대한 이미지를 지녀야 한다. 그가 어떻게 말하고 행동하는지를 우선은 대본 희곡 읽기를 통해 떠올려야 한다.[21] 이때 상상력이 동원되어야 한다. 등장인물에 관한 상상의 내용은 일상생활에서의 삶의 관찰을 더함으로써 완성된다. 상상 안에서 형성된 등장인물의 이미지는 몸짓언어로 표현된다. 몸짓언어는 문자언어나 음성언어로 표현할 수 없는 부분을 나타내준다. 몸짓은 언어 이전의 표현단계로 본능적인 요소가 강하다. 상상력을 발휘해 말과 몸짓으로 연극에 참여하게 하는 행위는 창의성을 높인다. 이같은 참여적 동작 행위에 수반되는 근육운동은 신경세포의 성장을 자극하고 신경망의 수를 증가시키는 물질인 뉴로토핀(neurotophin)의 분비를 증가시킨다.[22] 등장인물에 대한 지적 창의성이 공감을 일으키며 그 내용이 행동으로 표현됨으로써 관객의 공감적 행위를 끌어낼 수 있다. 연극에서 행위적 차원 역시 지적 정서적 차원과 얽혀 있음을 알 수 있다.

이상에서 보았듯이 연극은 전체적으로 신앙적 차원과 관계가 있다. 연극에 참여하는 사람들이 풍부한 상상력, 창의성, 예리한 관찰력, 정확한 구변, 발표력, 다양한 신체활동, 정서함양과 풍부한 감성 개발 등의 능력과 기술을 향상시킬 수 있다. 나아가 연극은 참여자들의 문제를 해결하고 치료하며, 집단 상호작용을 통한 치유와 성장의 장이 될 수 있다.[23] 이와 같은 연극의 기능은 대체로 신앙의 전인적

---

20 정진수·김동욱, 25-30.
21 윤광진, "연기훈련이란 무엇인가", 정진수·김동욱, 『연극의 이해』, 327-328.
22 김유미, 『온몸으로 하는 학습』 (서울: 도서출판 진우, 1998), 119.
23 연극의 치료 효과는 큰 것으로 알려져 있다. 구체적으로 억압된 감정의 발산과 정

중세 기적극

차원과 연결되어 신앙 성장에 기여할 수 있을 것으로 예상된다. 연극이 이와 같은 신앙적 차원을 품고 있다는 데 대한 암묵적 동의 때문에 교회는 역사적으로 신앙적 성격의 종교극을 해왔다. 이에 대해 간단하게 살펴보자.

4. 신앙과 종교극

연극은 종교적 성격을 지닌다. 연극은 종교적 제의로부터 발전했

화, 자기의 이해와 통합을 통한 성장, 새로운 역할과 기술 학습을 통한 성장 그리고 체계 내 갈등의 해소 등의 효과가 있다. 송종용, "연극의 치료적 활용", 정진수·김동욱, 『연극의 이해』, 338-344 참조.

중세 도덕극, 〈에브리맨〉

다.[24] 특히 연극의 기원을 이른 봄 아테네에서 열린 디오니소스 (Dionysos) 축제에서 찾기도 한다.[25] 거기서 열린 연극 경연대회가 연극의 시작이라는 것이다.[26] 성경에서 종교극의 원형을 찾고자 하는 시도도 있다. 구약에서 유월절 등 절기 행사, 제사에서 제물을 드리는 동작 그리고 아가서와 욥기의 내용 등을 그렇게 볼 수 있다는 것이다.[27] 신약에서도 예수의 생애와 사건 그리고 비유 등은 연극적 성격이 짙다. 특히 신약의 마지막 만찬과 예수의 수난과 부활 사건 등은 본격적 종교극이 전개된 중세에 들어와 예배극(Liturgical drama)이 되

---

24 제의적 차원에서의 연극에 대한 인류학적 접근은 Victor W. Turner, *From Ritual to Theatre: The Human Seriousness of Play*, 이기우·김익두 공역,『제의에서 연극으로: 인간이 지니는 놀이의 진지성』(서울: 현대미학사, 1996) 참조.

25 Phyllis Hartnoll, *The Theatre: A Concise History*, 서연호 역,『세계의 연극』(서울: 고려대학교출판부, 1997), 4.

26 김중효,『연극 시간의 거울』(서울; 예전사, 2005), 49-50.

27 김은주,『기독교연극개론』(서울: 성공문화사, 1991), 29-32.

고, 성찬식은 스페인의 성찬극이 되었다. 중세 종교극은 기독교 교회 의식 가운데, 특히 부활절 의식에서 비롯된 트로프스(Tropus)에서 사 제들이 부활하신 예수를 찾는 연인들과 천사의 역을 맡아 대사를 주 고받은 형식에서 기원을 찾는다.28 이 같은 중세의 종교극은 크게 예 배극, 기적극, 신비극 그리고 도덕극으로 나눌 수 있다.29

예배극은 동방교회의 찬송 형식인 사제와 회중 또는 두 성가대가 시편을 주고 받는 교송(Antiphon)과 응송(Responsorium)이 암브로시우 스(Ambrose)에 의해 이탈리아에 소개되어 발전된 것이다.30 미사에서 교훈과 교육을 위해 중간에 문맹 신자들을 위해 공연하던 예배극이 미 사에서 분리되어 공연하게 된 것이 '기적극'(Miracle play)이다. 그리고 기적극이 성탄절 부활절 때뿐 아니라 기적 외의 여러 가지 성경 내용 을 포함시켜 연중 공연되던 것이 '연쇄극'이었다.31 기적극은 주로 성 인들의 생애와 업적을 내용으로 성인의 축일에 상연되었다.32 성체

---

28 Oscar G. Brockett, *The Theatre: An Introduction,* 김윤철 역,『연극개론』(고양: 한신문화사, 2003), 153; A. W. Ward, "The Early Religious Drama: Liturgical Drama," Vol. V. The Drama to 1642, Part One. A. W. Ward & A. R. Waller, ed., The Cambridge History of English and American Literature in 18 Volumes (Cambridge, England: University Press, 1907–21). 이와 관련된 부활절 전례극에 대해서는, 김애련, "부활절 전례극「무덤 방문」에 나타난 극화 과정: 중세 종교극에 관한 연구1",「프랑스고전문학연구」 4 (2001), 5-42.

29 중세종교극에 대해서는 다음의 문헌들을 참고. Arnoul Gréban, *Le Mystère de la passion de notre sauveur Jésus Christ,* 김애련 역,『우리 주 예수 그리스도의 수난 성사극』상·하 (서울: 시와 진실, 2004); 김애련, "아르눌 그레방의『수난 성사극』 연구: 상연을 중심으로",「프랑스고전문학연구」8 (2005), 66-105; 김애련, "아르눌 그레방의 수난성사극에 나타난 성모 마리아의 모습",「프랑스고전문학연구」 11 (2008), 9-42; Jean Rutebeuf Bodel, 김애련 편역,『아담극』(서울: 시와 진실, 2004).

30 김문환, "예술과 종교: 마르틴 루터의 경우",「한국문화신학회 논문집」1 (1996), 228.

31 최종수,『기독교 희곡의 이해』(고양: 크리스챤다이제스트, 2005), 15. 특히 영국 요 크(York)지역이 유명했다.

엘체의 신비극

극(Corpus Christi plays)도 있었다. 미사 의례에서의 빵과 포도주가 예수의 몸과 피와 하나라는 교리의 축하를 위해 성 목요일로 제정된 성체축일에 축하행렬과 더불어 공연되었던 극이다.[33]

'신비극'(Mystery, Minstrels)은 예배극이 교회 밖으로까지 확장되어 공연된 극이다. 수난과 부활 중심의 예배극에 신약성경의 다른 이야기들도 포함시키고, 나중에는 천지창조부터 최후의 심판까지의 성경 전체 내용을 다루게 되었다. 극은 내용의 연결성 때문에 연속적으로 순환하며 공연했기 때문에 '순환극'(Cycle play)이라고 불렀다. 순환극은 상인 조합인 길드에 의해 상업적 의도에서 제작되었기에 흥미를 위해 스펙터클, 오락성을 동원하고 저속한 내용도 삽입한 것이 마치 오늘날 뮤지컬과 흡사했다.[34] 정리하면, 신비극은 천지창조부터 최후의 심판까지의 이야기나 사건들을 각색한 단편극이고, 신비극에서 발전된 순환극은 야외에서 이야기의 구조에 따라 순차로

---

32 Brockett, *The Theatre*, 171.

33 성체극에 대해서는, V. A. Kolve, *Play called Corpus Christi* (Stanford, CA: Stanford University Press, 1966) 참조.

34 Edwin Wilson and Alvin Goldfarb, *Living Theatre: History of the Theatre*, 김동욱 역, 『세계연극사』(서울: 한신문화사, 2000), 131; Milly S. Barranger, *Theatre Past and Present: An Introduction*, 우수진 역, 『서양 연극사 이야기』(서울: 평민사, 2008), 107; Oscar G. Brockett and Franklin J. Hildy, *History of the Theatre*,『연극의 역사』 I (서울: 연극과인간, 2005). 173.

공연된 극이고, 성체극은 여러 개의 순환극으로 이뤄진 신비극이다.

도덕극(Morality play)은 종교극이나 세속극35의 중간 단계라고 할 수 있다. 종교극의 전통을 따르면서 도덕적인 문제를 다루고 있으나, 성경의 인물이나 사건이 아닌 평범한 남녀가 등장하여 일상을 무대로 진행되기에 대중적이다. 등장인물들은 하나님과 사탄 또는 선한 천사와 타락한 천사를 상징하는 선과 악의 대칭 구도에서 투쟁하는 모습을 다룬다.36 도덕극의 경우 전업 배우들이 등장하면서 중세 말에는 세속극의 형태에 더 가까워졌다.37

이후 종교극은 중세 봉건사회의 붕괴, 인문정신의 발흥 그리고 정치적 이유로 쇠퇴했다. 종교극은 예수회 학교에서 잠시 명맥을 이었으나 18세기 말에 들어서면서 직업극단이 생겨나는 등의 이유로 사라지게 되었다.38 종교극은 결과가 어떻든 기본 전제는 연극이 신앙과 관계가 있으며 신앙 성장을 위해 공연했다는 것이다. 이제까지 연극의 전인적 가치에 대해 살펴보았다. 이제 연극이 신앙의 요소이기도 한 지·정·의의 전인적 차원을 갖고 있다는 위에서의 주장에 근거해서 교회에서 어떻게 연극을 활용할 수 있는지에 대하여 생각해 보도록 하자.

---

35 세속극의 형식은 "마임, 온갖 오락, 이야기와 노래가 있는 방랑시, 이교적 의식이며, 13세기 이후로 소극, 도덕극, 수사극, 막간극, 무언극과 변장, 토너먼트, 왕의 입성식" 등으로 다양해졌다. *Ibid.*, 175.

36 Wilson and Goldfarb, *Living Theatre*, 142-143.

37 그 밖의 종교극에 대한 내용은, Hartnoll, *The Theatre*, 17-25 참조.

38 Brockett, *The Theatre*, 176; 김은주, 『기독교연극개론』, 66.

III. 연극과 성경공부

1. 성경공부, 연극이 머물러야 할 곳

교회교육은 크게 예배, 성경공부 그리고 프로그램으로 구성되어 있다. 이들 교회교육의 주요 영역들을 위한 연극은 예배의 경우, 중세 예배극을 응용할 수 있을 것이다. 프로그램은 절기나[39] 수련회 등에서[40] 특별한 순서로 운영할 수 있을 것이다. 하지만 이것들로는 부족하다. 우리의 신앙생활을 포함한 삶이 연극이라면[41] 그것은 일상처럼 교회교육에서 늘 활용되어야 할 것이다. 그런 영역이 있다면 교회교육의 세 가지 구성 영역 중 남아있는 성경공부가 될 것이다. 성경공부는 간과되어서는 안 되는 필수적인 교육 과정이다. 성경공부는 계시에 대한 증언으로서 성경을 삶의 기반과 규범으로 제시하면서 그 성취를 위한 교육적 노력이기 때문이다. 하나님의 말씀인 성경 교육은 기독교 신앙 교육의 처음이고 끝이다. 하지만 성경공부는 그 중요

---

39 체계적 연극 준비를 위해서는 Robert M. Rucker, *Producing and Directing Drama for the Church* (Kansas City, MO: Lillenas Publishing Com., 1993), 25-40.
40 대상이 청소년일 경우에, 최은혁,『연극으로 읽는 중딩 고딩』(서울: 예영커뮤니케이션, 2000)이 도움이 될 것이다.
41 인간은 태어나서부터 연극을 살아가며(아동학습과 예술 연구팀의 보고서[A Report of the Task Force on Children's Learning and the Arts: Birth to Age Eight]는 인간은 출생 시부터 연극적임을 보여준다. *Young Children and the Arts: Making Creative Connections* [Arts Education Partnership, 1998], 6-13) 인생을 연극으로 또는 연극에 의해 만들어간다. 연극은 삶의 방식인 것이다. 세계와 연극과 삶은 교집합을 이루며, 연극은 세계 내 삶에서 건져 올린 예술적 기호들의 집합이다. 임선옥,『연극, 삶의 기호학』(연극과 인간, 2016), 5; 김웅태,『연극이란 무엇인가』(서울: 현대미학사, 1996), 12-13. 쿡(H. Caldwell Cook)은 연극적 행위가 삶의 일부분이며, 삶을 익힐 수 있는 방법이라고 한다. *The Play Way: An Essay in Educational Method* (London: William Heinemann, 1919).

성만큼 진지하고 바르게 학습자의 변화를 가져올 수 있을 만큼 작동하지 못하고 있다. 지금까지의 성경공부는 권위적으로 주어지는 지적인 내용에 치중하였다. 그러다 보니 무력한 성경공부의 비효과성을 내세워 성경공부 무용론이 나오고, 여기에 모든 것을 입시 경쟁에 투자하고 그 차원에서만 생각하는 학부모들의 응원을 받아 성경공부를 하지 않는 교회까지 생겨나고 있는 현실이다. 성경공부는 열악한 내외적 조건에 의해 결국 흥미가 없고 학습자와는 무관한 구경거리가 되었다. 성경공부에 대한 따분함과 무감각한 관망은 극복되어야 할 부정적 현상이고, 흥미와 참여 상태로 역전되어야 할 현실이다.[42] 이와 같은 안타까운 현실을 극복하는 역동적이고 바른 성경공부를 통한 학습자의 변화를 가져오기 위해 예술로서 연극에 주목하는 일은 유의미하다.

성경공부에 대한 흥미와 참여는 동기에 의해 야기되는데, 교수-학습 진행 과정에서 이 동기의 지속적 유지가 필요하다. 그러나 상황적으로 이는 대단히 어려운 문제이다. 교수-학습 진행 단계에서 연극의 사용은 이 동기를 대신하는 역할을 한다. 동기의 주요 요소들에는 자극과 영향이 있는데,[43] 연극이 이와 같은 작용을 해서 학습자의

---

42 이 경우 성경공부와 여러 영역에서 활용되는 비블리오드라마(Bibliodrama)는 구별되어야 한다. 이에 대해서는 Gerhard M. Martin, *Sachbuch Bibliodrama: Praxis und Theorie*, 손성현 역,『몸으로 읽는 성서: 비블리오드라마』(서울: 이보섭융연구소, 2010); Björn Krondorfer, *Body and Bible: Interpreting and Experiencing Biblical Narratives*, 황헌영·김세준 공역,『비블리오드라마』(서울: 창지사, 2008); Peter A. Pitzele, *Scripture Windows: Toward a Practice of Bibliodrama*, 고원석 역,『비블리오드라마로의 초대: 성경을 여는 창』(서울: 한국장로교출판사, 2016) 참고.

43 Raymond J. Wlodkowski, *Enhancing Adult Motivation to Learn: A Comprehensive Guide for Teaching All Adults,* rev. ed., (San Francisco: Jossey-Bass Publishers, 1999), 66-67.

흥미를 유지하고 참여를 유도할 것으로 예상된다. 성경공부에서의 연극은 앞서의 절기극이나 수련회 등에서의 촌극 등과 달리 그 내용이 성경적이고 매주 지속적으로 진행되어 학습자에 대한 성경의 영향력을 확대할 수 있기 때문이다.

2. 성경 교수-학습 진행과 연극

1) 도입 단계와 무언극

여타의 교육내용과 마찬가지로 성경 역시 일정한 논리를 따라 가르칠 때 의도 달성에 효과적이다. 이 가르치는 논리와 그에 바탕을 둔 행위를 교수-학습 진행이라 할 수 있을 것이다. 교수-학습 진행은 몇 단계로 구분되는 과정으로 구성되어 있는데, 일반적으로 그 단계들은 도입-전개-정리의 순서로 되어 있다. 이 단순한 교수-학습 진행 단계는 기독교교육학에서 논의되는 성경 교수이론을 모두 품을 수 있으며 현실적이기까지 하다. 그래서 여기서는 이 단순한 도입-전개-정리의 단계에 맞추어 성경 교수에 대한 이론들을 함께 묶고, 그것과 연극을 연결시켜 보기로 한다.

성경 교수-학습을 진행하는 첫 번째 단계는 도입이다. 그 전에 배울 말씀을 함께 읽는 경우가 있다. 사실 중세 종교극이 하나님의 말씀을 교송으로 읽는 행위에서 발전했다는 사실을 상기할 때 예배나 성경공부 시의 성경 읽기에 대한 반성이 필요하다. 본문 읽기를 연극 대사와 관련시키면 학습자들은 느낌과 생각에 따라 자신의 목소리가 변한다는 것을 경험할 수 있을 것이다.[44]

도입은 그 말에서도 나타나듯이 이끈다는 뜻이다. 이를 위해서는 크게 두 가지, 즉 관심 끌기와 동기 유발이 중요하다. 이 도입 단계에 대해서 리차드(Lawrence O. Richards)는 낚싯바늘(Hook) 단계로 부르면서 주의를 끄는 단계로 본다.[45] 라이처트(Richard Reichert)는 학습 능력에 영향을 끼치는 심리적 준비성과 문화적 환경을 확인하는 '출발점'이라고 했다.[46] 그룸(Thomas H. Groome)에게서 성경 교육의 처음 단계에 해당하는 도입 단계는 수업의 주제를 설정(초기화하기)하는 단계에서부터 제2무브먼트인 현재 행위에 대한 비판적 성찰(Critical Reflection on Present Action)까지 해당된다.[47] 이상의 내용을 종합해보면 교수–학습 진행의 첫 단계인 도입 부분에서 주요 과제는 학습 주제가 소개되고 그 주제에 대해 학습자가 흥미를 갖도록 동기를 유발하는 것이다.

교수–학습 진행 단계의 도입 부분에서 여러 형태의 연극 활동을 할 수 있으나, 여기서는 무언극을 선정한다. 이어질 교수–학습 진행의 전개와 정리 단계도 마찬가지이지만 성경공부에서 어떤 연극을[48]

---

44 오애숙,『성공적인 교수법: 경험활동: 창의극·역할극·무용극』(서울: 대한기독교교육협회, 1985), 59.

45 Lawrence O. Richards, *Creative Bible Teaching,* 권혁봉 역,『창조적인 성서교수법』(서울: 생명의말씀사, 1972), 126-132, 221.

46 Richard Reichert, *A Learning Process for Religious Education,* 박종석 역,『기독교교육의 학습과정』(서울: 대한기독교서회, 1997), 11-61.

47 Thomas H. Groome, *Christian Religious Education: Sharing Our Story and Vision,* 이기문 역,『기독교적 종교교육』(서울: 대한예수교장로회총회교육부, 1980), 155-173.

48 넬리 맥카슬린(Nellie McCaslin)은 교육에 이용하는 연극을 다음과 같이 분류한다. ① 연극놀이(Dramatic Play), ② 창의적 연극(Creative Dramatics or Creative Drama), 연극만들기(Play Making), ③ 어린이 연극(Children's Theatre), ④ 참여연극(Participation Theater), ⑤ 역할놀이(Role Playing), ⑥ D.I.E.(Drama-in-Education), ⑦ T.I.E.(Theatre-in-Education). Nellie McCaslin, *Creative Drama in the Classroom* (New York, NY: Longman Inc, 1984), 2-23. 이에 대한 설명은 김석

도입할 것인지에 대해서 교수-학습 안내자인 교사는 자유롭다.

무언극은 연극의 기본이다. 연극이 대사와 행동으로 이루어진다면 그 기초가 되는 무언극은 대사 없이 행동으로만 이루어진다. 말에 대한 부담이 없어 모든 연령 단계에서 할 수 있는 연극이다. 무언극의 단계는 대체로 다음과 같다. 첫째, 단순한 무언극이다. 이 단계는 상상력, 오감 그리고 행위를 이용해 내용을 표현하는 단계이다. 상상력 이용은 지우개를 주고 그것이 고양이라고 생각하고 연기를 해보라고 요청하는 식이다. 오감은 특정 상황을 머리에 그리고 그것을 보고 듣고 만져보고 맛보는 식으로 행동하는 것이다. 행위의 경우에는 옷을 입는다거나 빵을 만든다고 가정하고 그 시늉을 하는 것이다. 단순한 무언극 단계 다음은 감정까지 표현하는 단계이다. 예를 들어, 예수님을 만나러 가는 사람의 준비 모습에는 설레임이라는 감정이 들어갈 수밖에 없을 것이다. 무언극의 다음 단계는 연극 장면으로 바로 이어질 수 있는 단계로 행동의 변화를 담는 연기이다. 예를 들어, 예수님을 만나기로 되어 있던 아이가 어떤 사정으로 만날 수 없게 되었을 때, 처음의 설레임으로부터 나중의 실망으로 바뀌는 변화에 맞추어 몸짓을 하는 것이다.[49]

도입 단계에서의 무언극은 배울 말씀을 읽은 후에 진행이 될 것이기 때문에 읽은 말씀이 무엇에 대해 말하는지 또는 말씀을 읽고 어떤 느낌이 들었는지, 아니면 말씀을 듣고 어떤 생각이 났는지 등에 대해 마임으로 표현해보라고 할 수 있다. 그럴 경우 학습자들은 해당 주제와 관련된 하나의 동작만을 하도록 해야 한다. 동작을 위한 간단한

만, "초·중등교육에서 연극의 활동방안연구" (1993) 참고.
https://www.google.co.kr/ (2017년 11월 30일 검색).
49 「교사월보」 63 (장로회신학대학 기독교교육연구원, 1980·9).

안내는 다음과 같다. 오감과 관련된[50] 기관이 동원된 몸동작으로 표현하도록 한다. 여기에 표정을 동원해야 한다. 마임은 몸동작과 표정에 의한 즉흥극이기 때문이다. 즉흥극에서는 소품이 준비되지 않지만 물건을 사용하는 것처럼 연기할 수도 있다. 마임 연기를 보고 다른 학습자들은 그 내용을 맞추어 보도록 흥미로운 분위기를 조성할 수도 있다.[51]

2) 전개 단계와 창의극

성경 교수-학습의 두 번째 단계인 전개 단계는 성경 본문을 상대하는 단계이다. 리처즈는 이 단계를 '책'의 단계라고 한다. 학습의 주제가 탐구되고 설명되기 때문이다.[52] 그룸은 이 단계를 기독교 공동체의 이야기와 그 비전을 다루는 단계로 본다.[53] 다루고 있는 성경공부 주제에 관해 성경과 전통의 내용을 학습자들에게 소개하는 시간이다. 성경 연구가 정서적 차원을 보완해서 전인을 회복해야 한다고 주장하는 윙크(Walter Wink)의 경우에 이 단계는 자신의 편견을 버리고 성경으로부터 듣는 단계이다.[54]

두 번째 전개 단계에 적합한 방법으로 창의극 중에서 역할극을 제안한다.[55] 역할극은 참여자가 모의 상황을 전제로 즉흥적 연기로 하

---

50 오애숙,『성공적인 교수법』, 37-43.
51 Lisa Bany-Winters, *On Stage: Theater Games and Activities for Kids*, 최현희 역,
   『온스테이지: 무대에서 놀아요!』(서울: 정은문고, 2011), 134.
52 Richards, *Creative Bible Teaching*, 227-229.
53 Groome, *Christian Religious Education*, 215-246.
54 Walter Wink, *Transforming Bible Study: A Leader's Guide*, 이금만 역,『영성 발달
   을 위한 창의적 성서교육 방법: 인도자용 지침서』 (서울: 한국신학연구소, 2000),
   35-40.

는 역할로 이루어진다. 역할극의 과정은 준비단계, 연기단계, 마무리 단계로 나뉜다.[56] 준비단계는 소재 찾기의 단계인데, 여기서는 해당 주의 교재 내용이 될 것이다. 그리고 처음 해야 할 일은 역할을 정하는 것이다. 배역을 결정하기 위해서는 성경 본문에 대한 기본적인 파악이 있어야 한다. 물론 본격적인 역할극의 경우에는 연극 일반이 그러하듯 역할 창조에 필요한 극중 인물의 성격과 행동 등 모든 것이 담겨있는 대본이라고 할 수 있는 성경 본문을 분석하는 작업이 필요하다.[57] 하지만 그럴 경우 참여자의 상상력을 제한하여 신선한 역할 창조를 방해할 수 있다. 그러므로 역할극은 성경본문과 역할을 맡게 될 학습자 사이의 적당한 거리가 필요하다. 다음으로 성경 본문에 등장하는 인물들의 특성을 알아보는 단계이다. 이를 위해서 등장인물을 나열하고 그들의 특징에 대해 이야기를 나눈다. 의견이 이어지지 않는다면 이야기 이어가기 방식으로 인물에 대해 알아보는 방법을 사용할 수 있다.[58]

성경공부의 내용을 있는 그대로 인식하기 위해서는 그 상황 안에 편입되는 것이고, 특히 인물의 경우 그 역할을 가정할 때 성경의 내용은 더욱 생생해질 것이다. 연극의 경우, 그것은 역할을 맡기 전 자신

---

55 역할극은 '극'이라고 부르지만 사실 전체로서 극은 아니다. 다만 극 중의 특정 배역을 하는 경우이기에 극이라기보다는 '연기'라고 하는 것이 맞다. 이는 앞서 살펴본 도입단계에서의 무언극의 경우에도 해당된다. 최지영, "역할연기의 교육적 활용에 관한 연구", 「연극학보」23 (1994), 164.

56 Robert J. Landy, *Handbook of Educational Drama and Theatre*(Westport, CT: Greenwood, 1982), 77-98.

57 희곡의 이해와 분석의 과정에 대해서는 안민수, 『연극 연출: 원리와 기술』(서울: 집문당, 2000), 9 참고.

58 거창연극제 육성진흥회, 『문화예술교육 지도매뉴얼 II: 연극교육분야(초등학생 · 장애인 · 노인 편)』(서울: 연극과 인간, 2009), 40.

의 모든 성향들을 버리는 일이 전제되어야 한다. 학습자는 극중 인물 이전의 자신을 모두 버려야 한다는 것이다. 학습자가 극중 역할로 진입할 때 그는 어떤 인물이었는가. 그는 개인적이고 사회적이고 민족적인 성향들을 지니고 있다. 즉 그가 지닌 것은 개인성, 감수성, 예술적 지성, 사회적 인성(성격); 사적·문화적 맥락과 연극 전통들의 특수성; 문화 초월적, 반복적 원칙들에 기초한 탈일상적 기술들에 따른 몸과 정신의 사용 등이다.[59]

이제 참여자들은 두 번째 단계로 접어들어, 자기 역할을 연기할 차례다. 사실 우리의 생활 자체가 연기이고 사회적으로 우리는 부모, 자녀, 학생 등의 역할연기를 하고 있다.[60] 성경의 인물들은 얼굴 표정과 걸음걸이, 몸짓과 대사가 각기 다를 것이며 이를 통해 개성과 특징이 나타날 것이다. 성경 인물에 근접하기 위해서 안내자로서 교사는 학습자들이 편하고 자연스러운 자세를 취하도록 한 후에 해당 인물에 대해 머리 모양, 얼굴 생김새, 입은 옷 등에 대해 상상해보도록 해서 실감나는 역할연기를 도와줄 수 있다.[61] 연기는 작중 인물의 행동만을 모방하는 것이 아니다. 연기는 작중 인물의 내면의 모습도 드러낼 수 있어야 한다.[62]

경험이 없는 참여자를 위해 최소한 감정 표현과 같은 기본 동작을 알려줄 수 있다. 오이리트미(Eurythmy)는 이 경우에 도움이 된다. 오이리트미는 슈타이너(Rudolf Steiner)에 의해 창안된 소리를 동작으로

---

59 Eugenio Barba, *Canoe de Papier: Traite d'Anthropologie Theatrale*, 안치운·이준재 공역, 『연극 인류학: 종이로 만든 배』 (서울: 문학과 지성사, 2001), 26.

60 Wilson, *Theater Experience*, 61-65.

61 Bany-Winters, *On Stage*, 96-98.

62 김웅태, 『연극이란 무엇인가』, 88.

표현하는 예술이다[63] 모음의 경우 감정으로 표현되는 동작의 예를 들면, A(아)는 놀라움과 경이로움 또는 기쁨을 표현하는 소리로 양팔을 머리 위로 올려 일정한 각도로 벌리는 동작으로 표현된다. E(에)는 방어/슬픔의 소리이며 양팔을 앞가슴 위에서 서로 교차시키는 동작으로 표현된다. I(이)는 자립을 나타내며 한 팔을 머리 위로 뻗고, 다른 한 팔은 아래로 대각선 방향으로 뻗는 동작으로 표현된다. O(오)는 사랑을 나타내며 양팔은 앞에서 둥그렇게 모아 손끝을 맞댄 동작으로 표현된다. U(유)는 두려움과 공포를 나타내는데, 양팔을 머리 위로 수직으로 뻗어 평행선이 되게 좁게 오므리는 동작으로 표현된다.[64] 이 같은 감정 표현 학습은 참여자의 역할연기, 특히 인물의 감정 표현에 도움이 될 것이다.

성경 교수-학습 단계의 전개 부분에서의 역할극은 단순히 성경 본문 이해에만 그치지 않는다. 학습자는 역할연기를 통해 자신의 경험에 비추어 성경을 해석하게 되며, 역으로 성경이 학습자의 현재의 삶을 해석한다.[65] 성경 내용의 판박이 재현이 아니라 성경 내용과 학습자 사이의 대화적 연기가 전개되는 것이다. 역할극은 성경과 학습자를 연결시켜 주면서 성경 본문에 대한 통합적 이해를 가능케 하는

---

63 김미숙, 「루돌프 슈타이너의 교육 예술론 연구: 오이리트미를 중심으로」 박사학위논문 (성신여자대학교 대학원, 2002), 53.

64 임유영, "역할 창조를 위한 극 텍스트의 새로운 이해와 활용 방안: 오이리트미 (Eurythmy) 동작 예술과 심리적 제스처(Psychological Gesture)를 중심으로", 「우리춤과 과학기술」33 (2016), 39; 자음의 경우를 포함해서 백은아, "창조적 연기자를 위한 연기 훈련 방안으로서 오이리트미: 체호프의 연기 훈련 방법론을 중심으로", 「연극교육연구」17 (2010), 121-133 참고.

65 Hans-Ruedi Weber, *The Book That Reads Me: A Handbook for Bible Study Enablers*, 연규홍 역, 『나를 읽는 책, 성서, 나를 읽는 책』(서울: 예영커뮤니케이션, 2006), 98.

기능을 한다.66

성경 본문을 상대하는 역할극은 학습자가 '현실'과 성경의 '연극'을 넘나드는 양상에서 흥미를 느낄 수 있다.67 역할극은 성경이라는 평면적·문학적인 서사에 연극성이 덧붙여지면서 성경 본문을 이해하고자 하는 호기심과 동기와 흥미와 재미를 가져올 수 있다. 이와 같은 재미나 즐거움은 토론을 할 수 있는 분위기를 자극하고 문제를 심화시키는 계기가 된다.

마지막 단계에서 역할극은 문제의식 없이 연기함으로써 문제를 알거나 이해하는 데 그치지 않고 토론을 통해 문제의 해결을 찾아야 한다.68 그럴 경우 역할극이 토의를 위한 자료가 충분히 제공되었다고 여겨지는 시점에서 중지하고 토의에 들어간다. 그럼으로써 학습자는 성경에 대한 기존의 견해와 다른 견해들을 접하게 되면서 갈등을 통해 방어적 자세가 해제되면서 본문에 대한 선명한 이해에 다가갈 수 있게 된다.69

토론을 강조하고 싶다면, 처음부터 토론식의 역할극도 가능하다. 모임 가운데에 의자를 하나 놓고 성경의 인물이 되어 앉는다. 학습자들은 그에게 관련된 여러 질문을 하고 역할을 맡은 학습자는 그것에 대답하는 방법이다. 질문에 대답할 때는 가급적 맡은 인물의 말투로

---

66 이것은 일종의 현실의 실존적 인간과 성경을 통한 초월적인 하나님과의 만남이라 할 수 있다. 이와 관련해서 만남의 교육에 대해서는, 박문옥, "영산 교육신학을 위한 '만남'의 이해", 「영산신학저널」18 (2010), 215-221 참조.

67 서인석, "연극적 놀이 텍스트로 읽는 <배비장전>: 고전의 재미를 찾는 방법의 한 사례", 「고전문학과 교육」27 (2014), 53-54.

68 Fannie R. Schaftel and George Schaftel, *Role Playing in the Curriculum* (Englwood Cliffs, NJ: Prentice-Hall, 1982), 12.

69 Cliff Frazier and Anthony Meyer, *Discovery in Drama* (New York, NY: Paulist Press, 1969), 14.

하면 흥미로울 것이다.[70]

3) 정리단계와 판소리

사실 교회에서 성경공부를 하는 목적은 학습한 성경의 내용을 학습자의 삶에 적용하기 위한 것이다. 학습자들은 성경공부를 통해 그들이 느끼는 요구와 관련 있는 내용을 원한다.[71] 그렇다면 성경공부는 학습자가 느끼는 요구에 초점을 맞추어야 한다. 이러한 면에서 인간 변화를 추구하는 성경공부에서 정리 단계는 중핵적이다. 여기서

판소리 공연

---

70 Bany-Winters, *On Stage*, 99.

71 A. Anderson, *An Introduction to Pentecostalism* (Cambridge: Cambridge University Press, 2004), 225; P. Wagner, "America's Pentecostals: See How They Grow," *Christianity Today* 31 (Oct. 16, 1987), 28. Keith Warrington, "Pentecostals and the Bible," *Journal of Youngsan Theology* 34 (2015), 43-44 재인용.

는 정리 단계를 둘로 나누어서 살피도록 한다. 리처즈에게 정리 단계의 첫 번째 부분은 '눈'(Look)의 단계이다. 이 부분에서는 학습한 성경의 내용과 학습자의 삶 사이에 다리를 놓기 위한 적용 가능성이 폭넓게 탐색된다.72 그룸에게 정리 단계의 이 부분은 기독교의 이야기와 학습자의 이야기들 사이에 변증법적 해석이 이루어지는 단계이다(4 무브먼트).73 윙크에게 이 단계는 "거리둠의 부정" 단계이다. '거리둠'은 학습자가 자신의 편견을 보류하고 성경을 있는 그대로 상대하는 것인데, 그렇게 획득된 내용에 대해, 다시 자신의 현실을 바탕으로 관계를 설정하는 단계이다.74 그 결과 성경 본문이 학습자에게 객관적 대상이 아니라 의미 있는 말씀이 되는 단계라 할 수 있다.

정리 단계의 두 번째 부분은 성경 말씀이 학습자에게 무엇을 의미하는지 명확히 정리하면서, 그것을 학습자의 삶에 적용을 탐색하는 과정이다. 리처즈에게 이 부분은 '손'(Took)의 단계이다. 학습자는 학습 내용에 대해 개인적으로 선택하고 결정하는 점유적 반응(appropriate response)시간이다. 그룸의 경우 이 부분은 기독교의 비전과 학습자들의 비전 사이의 변증법적 해석학이 전개되는 단계이다(5 무브먼트).75 이 단계에서 학습자는 이제 자기 문맥 안에서 성경과 기독교전통에 대한 응답을 반성하게 된다. 윙크에게 이 단계는 적용 실습(application exercises)의 단계이다. 성경 본문이 학습자의 삶 가운데서 깊이 활동할 수 있도록 자신을 비우는 단계이다. 여기서 본문과 통합적으로 관계를 맺게 된다.76

---

72 Richards, *Creative Bible Teaching*, 236-237.

73 Groome, *Christian Religious Education*, 249-264.

74 Wink, *Transforming Bible Study*, 34-64.

75 Groome, *Christian Religious Education*, 266-281.

성경 교수-학습 단계의 이 마지막 부분에서 마무리를 위한 선택은 연극적 방법은 일종의 창극인 판소리이다.[77] '판소리'라는 말은 '판'과 '소리'라는 낱말의 합성어이다. '판'이라는 말은 '노름판', '씨름판', '굿판' 등에서 볼 수 있듯이, '많은 사람이 모인 가운데 특수한 행위가 벌어지는 장소'라는 뜻이다.[78] 판소리를 구경꾼을 많이 모아놓고 벌이는 놀이라고 한다면 공연적 교육연극(T.I.E., Theatre in education)으로 볼 수 있다. 다음으로 '소리'는 '목소리'의 준말로 서정적이고 짧은 '노래'와 비교해 '소리'는 서사적인, 즉 이야기를 지닌 긴 노래를 가리킨다. 판소리는 소리꾼(창자)이 북치는 사람(고수)의 장단에 맞춰 펼치는 음악극이라고 할 수 있다. 판소리는 노래인 소리 '창', 대사를 읊듯이 말로 표현하는 부분인 '아니리'가 교체 반복되는 구조로 진행되는데, 소리꾼은 상황에 따라 연극적 성격의 '발림' 혹은 '너름새'라는 동작을 한다. 판소리를 음악극이라고 하는 이유이다.[79] 소리꾼이 창을 할 때, 고수는 북을 치며 '얼씨구', '좋다' 같은 '추임새'를 넣는다. 이때 구경꾼도 추임새를 거든다. 판소리판에서는 '일 청중, 이 고수, 삼 명창'이라는 말이 있는데, 첫 번째가 청중이고, 두 번째가 고수, 그 다음이 명창이라는 말이다. 청중의 중요성을 강조한 말이

---

76 Wink, *Transforming Bible Study*, 44-50.

77 판소리는 서양 문화에 젖은 우리에게 낯설 수 있다. 실제로 연극에 대한 문헌들은 서양 일색이다. 여기서 판소리를 다루는 것은 그와 같은 편향에 균형을 맞춘다는 면에서 의미가 있다. 동양의 연극에 대해서는 Hartnoll, *The Theatre*, 143-202. 이 부분의 내용은 青江舜二郎의 「東洋演劇史」-演劇史外國 編(汐文社, 東京, 1982) 및 早大演劇博物館 編의 「能樂.人形淨瑠璃.歌舞伎」-藝能辭典(東京堂, 東京, 1953)의 번역이다.

78 판소리학회: 판소리: 판소리의 뜻,
http://www.pansori.or.kr/modules/doc/index.php?doc=non_01&___M_ID=37.

79 전신재, "판소리 공연학 총론", 「공연문화연구」 23 (2011), 159; 지수용, "판소리의 장르적 성격에 대하여: 중국 곡예와 관련하여", 「판소리연구」 34 (2012), 260-280.

다.[80] 연극의 참여적 성격을 분명히 보여준다. 그러니 판소리를 구경꾼들이 참여하는 연극(D.I.E., Drama in education)으로 보는 것이다. 결국 판소리는 소리꾼과 고수의 공연과 청중의 환호가 함께 엮여지는 교육연극의 공연과 참여적 성격을 모두 갖고 있는 셈이다. 성경 교수-학습의 마지막 단계인 정리 부분에서 우리의 관심은 고수와 청중의 추임새이다.

청중의 추임새는 소리와 청중의 상호작용이다. 추임새를 통해 공동체의 구성원은 동질감을 느낀다. 청중이 추임새를 통하여 표현하는 것은 감동과 합의의 표현이다. 성경 교수-학습의 마지막 정리 단계에서 판소리 형식을 취하여 학습자가 자신의 성경 내용의 적용에 대해서 말할 경우 참여자들이 동의와 격려의 차원에서 '맞아, 맞아", "그래, 그렇구나" 등의 추임새를 넣도록 안내할 수 있다. 이 같은 추임새는 말씀대로 살도록 하는 격려이다. 이상에서 성경 교수-학습 단계에 맞는 연극의 형태를 각각 한 가지씩 제안해 보았다. 하지만 성경 공부에서 사용할 수 있는 연극의 유형은 여러 가지이므로 여기에 구속받을 필요는 없다.[81]

---

80 김홍식 편,『소리 · 판』(파주: 어젠다, 2013), 25-29.

81 예컨대, 현장 재현극, 본문을 재구성하는 촌극, 그림자극, 사회극, 상황극. 인형극 등 다양하다. 전국재,『연극 따라 성경 속으로』(서울: 예영커뮤니케이션, 1999), 28.

IV. 나가는 글

이상에서 논의한 내용은 다음과 같다. 우선 기독교 신앙 교육은 신앙의 차원인 지·정·의의 전인성을 지향해야 한다는 것이다. 기독교 신앙 교육의 또 하나의 본질은 그것이 성경 말씀을 바탕으로 해야 한다는 것이다. 그래서 우리는 전인과 말씀이 만나는 지점을 성경공부 교수-학습이라고 보고 그에 대해 연극적 접근을 한 것이다. 특히 연극은 교회의 성경공부가 학습자의 흥미와 참여를 끌어내지 못하고 결국 학습자의 변화나 신앙의 성장을 위해 기대되는 역할을 하지 못하고 있는데, 그 점에서 연극은 성경공부에 흥미와 참여를 되돌려 줄 수 있을 것이다. 나아가 여기서 성경공부 교수-학습의 단계별로 적정하다고 여겨지는 연극 유형을 발달 수준에 맞추어 제안하였다. 성경공부의 대상인 텍스트에 접근하는 교육적 방법은 다양하다.[82] 여기서 제시한 연극적 방법은 그중에 일부일 뿐이다. 이를 바탕으로 잊혀졌던 연극적 방법이 부각되어 기독교 신앙 교육에 기여할 것으로 기대된다. 이 연구에 이어지기를 희망하는 후속 연구는 교회교육의 주요 영역 중에서 여기서 다루지 못한 예배와 프로그램 분야에서의 연극 접목에 대한 것이다. 연극적 방법의 시도로 침체된 교회교육이 전체적으로 흥미와 참여의 역동적 교육으로 부활하여 신앙의 성장과 성숙에 기여할 수 있을 것이다.

---

82 이에 관해서는 최소 12가지의 방법을 제안하는 고드빈 램머만(Godwin Lämmermann)의 성경 텍스트와 작업하기 내용을 참고. Godwin Lämmermann, *Religionsunterricht mit Herz, Hand und Verstand: Eine Methodenlehre für ganzheitlichen Unterricht* (Neukirchen-Vluyn: Neukirchener Verlag, 2007), 168. 윤화석, "교회에서의 성경 교수-학습을 위한 방법적 접근: 심장, 손 그리고 오성과 함께하는 성경학습",「성경과 신학」제73권 (2015), 301 재인용.

구원의 유인책으로서 예수 영화*

I. 들어가는 글

인간 성장을 최우선시하는 교육적 차원에서 기독교교육의 궁극적 과제는 무엇일까. 그것은 인간 구원일 것이다. 그러나 구원은 오직 예수 그리스도로부터만 오는 것이기에 기독교교육은 인간을 구원할 수 없다. 그렇다고 해서 기독교교육은 인간 구원에 대해 망연자실한 채 무력하게 서 있어야 하는가. 반드시 그렇지만은 않다. 기독교교육은 구원의 당사자가 될 수는 없어도 구원의 보조자는 될 수 있다. 기독교교육은 가르침을 통해 적어도 학습자를 구원의 문턱으로까지 인도하는 역할은 할 수 있다.

기독교교육이 구원의 입구로 안내하는 수단에는 여러 가지가 있을 수 있다. 그러나 오늘날의 문화와 학습자의 흥미를 고려할 때 영화

---

* 이 글의 출처는 "기독교교육과 구원: 구원의 유인책으로서 예수 영화" 「성경과 신학」 55. (2010. 10.): 165-193이다.

만큼 효과적일 것으로 예상되는 방법은 없을 것이다. 영화는 오늘날 대중 다수의 관심을 끄는 매체가 되었다. 천만 명 이상의 관객을 점유한 영화가 출현하는 것을 보면 그 내용을 차치하고서라도 영화라는 매체가 가진 위력을 짐작할 수 있다. 그렇지만 기독교교육의 이론과 현장에서 영화의 사용과 그에 대한 논의는 쉽게 눈에 띄지 않았다.[1] 학습자의 구원을 위한 도우미 역할이야말로 기독교교육의 최우선과제이며 이 목적을 위해 학습자에 대한 접근성이 용이한 영화가 도움이 된다는 전제 아래 기독교교육에서 영화를 어떻게 이용할 수 있는지에 대해 생각해 볼 것이다. 구체적으로는 예수 영화의 기독교교육적 사용에 대한 탐구가 될 것이다. 구태여 예수 영화인 까닭은 예수야말로 바로 구원자이시기 때문이다. 예수 영화가 학습자를 구원으로 이끌기에 어느 정도의 효과가 있을 것으로 예상된다면 그것들을 교회교육 현장의 어디에서 어떻게 그리고 발달에 맞추어 사용할 것인지에 대한 탐구가 이 글의 내용이 될 것이다.

II. 전인적 구원과 영화

1. 하나님 은혜의 수용과 인간 자유의지 사이의 구원

신학적 논의에 따르면, 구원은 하나님의 은혜와 인간의 자유의지 사

---

1 이 글에서 영화는 기독교교육을 전제로 한다. 구태여 그것을 부른다면 '기독교교육적 영화교육'이라고 할 수 있을 것이다. 이 용어는 교육적 관점이 빠진 기독교적 관점에서의 영화교육인 '기독교 영화교육'과 다르다. 더구나 영화에 관해 교육하는 '영화교육'이나 교육을 내용으로 하는 '교육영화'와는 크게 다르다.

이에 다양한 형태로 존재하는 듯하다. 바운즈(Chris T. Bounds)는 그 양태를 명쾌하게 설명한다.2 바운즈는 구원에 관한 네 가지 역사적 관점들을 말하는데, 그것들은 펠라기우스주의(Pelagianism)와 아우구스티누스주의(Augustinianism)를 잇는 대각선에 반(半)펠라기우스주의(Semi-Pelagianism)와 반(半)아우구스티누스주의(Semi Augustinianism)가 위치한 형태라고 볼 수 있다. 이 입장들은 원죄에 의한 인간성의 상실 정도 그리고 구원이 하나님의 은혜인지 인간의 의지인지 또는 하나님과 인간의 협력인지에 따라 그 정도의 차이를 보인다. 펠라기우스주의의 경우, 인간에게는 원죄가 없기에 구원은 전적으로 인간이 자유의지를 따라 예수 그리스도를 따르느냐 아니냐에 따라 결정된다. 반펠라기우스주의는 원죄를 인정한다. 그러나 인간에게는 선을 택할 수 있는 의지가 있기에 옳은 일을 행해야 구원을 받는다. 반아우구스티누스주의는 원죄가 있는 인간은 구원을 위해 무력하다. 다만 누구에게나 주어지는 하나님의 은혜를 수용할 수 있는 선행적 은총을 통해 자유의지를 행사할 수 있다. 아우구스티누스주의는 구원은 전적으로 하나님의 은혜에 의해서만 가능하다고 본다. 믿음과 회개는 구원받을 자에게만 허락된다.

하나님의 값없이 주시는 은혜와 인간 자유의지에 의한 선택 사이에서 구원은 구체적으로 어떻게 이루어지는가. 이 같은 질문에 대해 신학적 언설은 모호하며 무책임하며 무력하다. 신학이 할 수 없는 그 은혜와 자유의지 사이의 신비의 공간이 기독교교육의 장이다. 하나님의 은혜는 인간을 향하고 자유의지가 어떠하든 그것을 소유한 존

---

2 Chris T. Bounds, "사람들은 어떻게 구원받는가?: 웨슬리-성결 전통의 시각에서 본 구원",「성결교회와 신학」(2009 · 가을), 18-39.

재는 인간이다. 은혜와 자유의지는 인간이란 최소공배수를 갖는다. 인간 변화를 목적으로 하는 기독교교육은 구원을 이룰 수 없으나 그가 가진 인간 전인에 대한 이해와 자원을 통해 구원의 역사가 일어나도록 도울 수 있다.

2. 전인으로서 구원

일찍이 코(George Albert Coe)는 교육에 의한 구원을 외쳤다. 그러나 그가 말하는 구원은 인간의 인격적 변화이며 사회의 종교적 민주주의("하나님의 민주주의", Democracy of God)의 진보를 말하는 것이고,[3] 그것을 위해 기독교교육이 기여할 수 있다는 의미이기 때문에, 전통적 의미에서의 인간 영혼의 구원과는 다르다. 기독교교육이 사회적 구원을 위한 것이어야 한다는 코의 주장은 기독교교육이 구원에 대해 새롭게 생각하도록 도전을 한다.

구원과 관련된 대표적 연구 주제 중의 하나는 회심일 것이다. 회심

---

3 민주주의는 단순한 제도로서만이 아니라, 정신에 있어서도 그러해야 온전한 민주주의라고 할 수 있다. 코(Coe)는 그것을 예수의 가르침에서 본다. 예수는 인간에 대한 형제애와 인간사회의 이상적 민주적 조직을 결합시키고자 하였다. '하나님의 민주주의'가 행해지는 그 사회는 공정한 정부, 빈곤 없는 경제 질서의 확립, 하나님의 민주주의를 향한 젊은이들의 삶의 헌신과 자기실현, 사회복지와 환경보호, 노동과 교육과 놀이에 있어서 사회정의, 형제애 구현을 근거로 하는 세계공동체를 실현하는 사회이다. George A. Coe, A Social Theory of Religious Education (New York: Charles Scribner's Sons, 1921), 54-55. 그리고 코오의 구원의 의미에 대해서는 R. H. Pittman, The Meaning of Salvation in the Thought of George A. Coe, William Clayton Bower and George Herman Betts, Unpublished Doctoral Dissertation (University of Southern California, 1946) 참조. 교육과 구원에 관한 전반적 역사적 논의는 Stanley D. Ivie, "Salvation and Education: A Historical View," Texas Tech Journal of Education 12:3 (1985), 151-157 참고.

에 대한 연구는 성서적 신학적 접근부터[4] 심리적, 사회적 접근,[5] 그리고 이 둘을 종합하는 방법론에[6] 이르기까지 다양하게 탐구되고 있다. 이 같은 연구들을 통해 나온 결과 내용들은 대부분 회심의 동기와 상태 등에 관한 것으로(about) 회심을 위해 교육이 무엇을 해야 할 것인지에(for) 대한 제안과 처방은 신앙공동체에서의 사회적 환경 조성 정도에 그치고 있다.[7]

조지 A. 코

한편 기독교교육에서 구원은 신앙 성장이나 발달이란 주제와 연관되어 논의되고 있다. 신학적으로 신앙은 회심과 중생을 시작으로 성결을 지나 영화에 이르는 과정을 거친다. 성결(또는 성화)의 과정이 과정적이냐는 교파나 학자에 따라 다르다. 웨슬리(John Wesley)와 감리교, 성결교는 전자를 주장하고 칼뱅(John Calvin)이나 장로교는 후자를 주장한다. 실존적으로 구원의 의미로 사용되는 신앙적 삶은 인간 삶의 양태를 미적 단계-윤리적 단계-종교적 단계로 나누는 유신론적 실존철학자 키르케고르(Søren Kierkegaard)와[8] 유사하게 기독교

---

4 H. Newton Malony and Samuel Southard, *Handbook of Religious Conversion* (Birmingham, AL: Religious Education Press, 1992), Part II.

5 Malony and Southard, *Handbook of Religious Conversion*, Part III.

6 James E. Loder, *The Transforming Moment: Understanding Convictional Experiences*, 이기춘-김성민 공역,『삶이 변형되는 순간: 확신 체험에 관한 이해』(서울: 한국신학연구소, 1988).

7 Malony and Southard, *Handbook of Religious Conversion*, Part IV.

8 Søren Kierkegaard, *Enten-eller*/임춘갑 역,『이것이냐/ 저것이냐』, 제1부-제2부 (서울: 다산글방, 2008).

교육학자 셰릴(Lewis J. Sherrill)에게는 디딤 수레 같은 삶-영웅 무용담과 같은 삶에 이어지는 순례자와 같은 삶이다.9 이런 차원에서 구원은 회심이나 중생과 같은 순간적인 것이라기보다 평생에 걸쳐 이루어가는 장기적인 것이다.

신앙을 인간발달의 차원에서 보는 연구들은 강조점에서 차이를 보이고 있다. 골드만(Ronald Goldman)의 경우에는 신앙의 인지적 영역을 드러내며,10 파울러(James W. Fowler)는 장 피아제(Jean Piaget),11 콜버그,12 셀먼(Robert L. Selman)13 등의 발달 이론을 종합하여 신앙의 단계들을 제시한다.14 파울러가 말하는 신앙은 개인의 삶에 의미를 주는 전 자아의 역동적 성향, 전 존재의 조건들에 대한 종합적인 이미지, 개인의 가치 중심에 대한 신뢰와 충성, 관계적이며 공동체 안에서 형성, 유지됨, 상상력, 가치부여 또는 감정을 동반한 인식의

9 Lewis Joseph Sherrill, *The Gift of Power*, 김재은·장기옥 공역,『만남의 기독교교육』(서울: 대한기독교출판사, 1981).

10 Ronald Goldman, *Religious Thinking from Childhood to Adolescence* (London: Routledge and K. Paul, 1964).

11 Jean Piaget, *La Psychologie de L'enfant,* 성옥련 역,『아동 심리학』(서울: 탐구당, 1996).

12 Lawrence Kohlberg, *Psychology of Moral Development,* 김민남·진미숙 공역,『도덕발달의 심리학』(서울: 교육과학사, 2001); Lawrence Kohlberg, Charles Levine, and Alexandra Hewer, *Moral Stage: A Current Formulation and a Response to Critics,* 문용린 역,『콜버그의 도덕성 발달 이론』대우학술총서 470 (서울: 아카넷, 2000).

13 Robert L. Selman, *The Growth of Interpersonal Understanding: Developmental and Clinical Analyses* (London; New York: Academic Press, 1980).

14 James W. Fowler, *Stages of Faith: The Psychology of Human Development and the Quest for Meaning,* 사미자 역,『신앙의 발달단계』(서울: 한국장로교출판사, 1987), 195-338. 신앙의 단계들에 대한 파울러 자신의 요약은 James W. Fowler, ed. with Karl E. Nipkow, Friedrich Schweitzer, *Stages of Faith and Religious Development* (New York: Crossroad, 1991), 24-25 참조.

방식, 다른 사람과의 관계와 변하는 사건 내지는 환경과의 관계에서의 형성과 변형 등으로 이해할 수 있는데,[15] 이는 신앙의 전인적 성격을 보여주는 내용이다. 오저(Fritz K. Oser)의 경우, 골드만과 파울러의 연구를 종합하여 종교적 판단의 단계들을 제시한다.[16]

기독교교육적 차원에서 보아도 구원의 기독교교육적 표현이라 할 수 있는 신앙은 전인적 총체이다. 웨스터호프(John H. Westerhoff III), 그룹(Thomas H. Groome) 그리고 오스머(Richard R. Osmer) 등이 그와 같은 내용들을 주장한다. 웨스터호프는 신앙이 경험적 신앙(experienced faith), 귀속적 신앙(affiliated faith), 탐구적 신앙(searching faith) 그리고 소유적 신앙(owned faith)의 네 가지 양식으로 발전한다고 본다.[17] 특히 지적 성격이 강한 탐구적 신앙을 지나 나타나는 소유적 신앙은 지·정·의, 즉 인간 전체의 변화를 말한다. 웨스터호프에게 신앙은 나무처럼 전체적으로 자라나는 것이다. 그룹에 따르면, 신앙의 차원은 세 가지이다.[18] 첫째, 지적인 차원이다. 이것은 지적으로 믿는 것으로서 신앙이다. 둘째, 정적인 차원이다. 이것은 정서적으로 신뢰하는 것으로서 신앙이다. 셋째, 행위적 차원이다. 행함이라는 것은 아가페의 삶을 체현하는 것, 즉 자기 이웃을 자기처럼 사랑하므로 하나님을 사랑하는 것이다. 생동감 있는 기독교 신앙은 이상의 세 가지 차원들,

---

15 Craig R. Dykstra and Sharon Parks, *Faith Development and Fowler* (Birmingham, AL: Religious Education Press, 1986), 25-26.

16 Fritz K. Oser and Paul Gmünder, *Religious Judgment: A Developmental Perspective* (Birmingham, AL: Religious Education Press, 1991).

17 John H. Westerhoff III, *Will Our Children Have Faith?*, 정웅섭 역, 『교회의 신앙교육』(서울: 대한기독교교육협회, 1983), 89-90.

18 Thomas H. Groome, *Christian Religious Education: Sharing Our Story and Vision*, 이기문 역, 『기독교적 종교교육』(서울: 대한예수교장로회총회교육부, 1980), 103-106.

즉 믿는 것, 신뢰하는 것 그리고 행하는 것을 포함한다. 오스머는 "신앙은 예수 그리스도 안에서 사랑과 신실함을 보여주신 하나님 안에서 맺는 신뢰의 관계"라고 말한다. 그는 신앙의 측면을 신념, 관계, 헌신 그리고 신비로 보고 있다. 신념은 신앙의 대상에 대한 지식으로서 신앙 정체성 형성에 중심이라고 할 수 있으며 대상에 대한 신뢰 관계의 중요성과 신앙인의 삶에서 지속적으로 요청되는 헌신 그리고 인간의 한계에 대한 깊은 인식에서 오는 신비의 측면을 신앙의 범위 속에 넣어 신앙을 통전적으로 보고 있다. 그에게 신앙은 입방체와 같은 것이다.[19]

기독교교육에서 구원은 본질상 전인적이다. 구원은 신앙에 의해 이루어지는데 그 신앙이나 구원의 상태 둘 다 전인적이다. 기독교교육은 구원을 위한 촉매 환경과 과정으로서 역할을 할 수 있다. 기독교교육의 과제 중에 하나가 구원의 길을 예비하는 세례 요한의 임무와 유사하다면 성령이 아니더라도 물로 세례를 행하는 구체적 노력이 필요할 것이다. 그 같은 방안 중의 하나는 영상 매체의 이용일 것이다. 하지만 영화는 대중문화와 불가분한 것이 아닌가. 영화라는 매체는 신학이 담고 있는 형식들과는 무관한 것 아닌가 하는 의구심이 일어난다. 그래도 영화를 말하는 까닭은 무엇인가.

3. 기독교교육 방법으로서 영화의 효과성

'영상'(映像, image)은 빛의 굴절이나 반사에 의하여 물체가 영사

19 Richard R. Osmer, *Teaching for Faith: A Guide for Teachers of Adult Classes*, 사미자 역, 『신앙 교육을 위한 교수방법: 성인교육 교사를 위한 안내서』(서울: 한국장로교출판사, 1995), 24.

막이나 브라운관, 모니터 따위에 비추어진 상을 말한다. 영상매체는
이와 같은 상을 만들어내는 기제로서 TV나 영화가 대표적이다. 이
글에서 우리의 관심은 영화이다. 일반적으로 사용하는 '영화'라는 말
도 영어를 이용할 경우 그 의미가 다양해진다. 영화에 대한 영어 용어
에는 '무비'(movie), '필름'(film), '시네마'(cinema) 등이 있다. 모나코
(James Monaco)는 프랑스 영화이론가들을 따라 이들에 대해 차례대
로 '영화의 경제학', '영화의 정치학', '영화의 미학'이라고 불렀다.[20]
이 말에서 알 수 있듯이 무비는 상업성을 목적으로 제작된 영화이며,
필름은 세계와의 관계에 주의를 기울이는 영화이고, 시네마는 하나
의 예술로서 영화를 말한다. 특히 예술로서 영화는 뉴 저먼 시네마,
독일 표현주의, 시네마 노보, 이탈리아 네오리얼리즘, 영국 뉴 웨이
브, 영국 프리 시네마, 제3 영화, 프랑스 뉴 웨이브 등 다양하게 출현
했지만 크게 현실을 그대로 묘사하고자 하는 사실주의와 사물에 대
한 작가의 주관적 생각을 나타내고자 하는 표현주의로 나뉜다.[21] 영
화 이론을 배경으로 하는 영화 비평은 주로 프랑스를 중심으로 전개
되었는데,[22] 구조주의와 포스트구조주의, 기호학, 모더니즘, 작가 이
론, 정신분석학, 페미니즘 그리고 포스트모더니즘 등이 주요 흐름을
형성하고 있다.[23]

---

20 James Monaco, *How to Read a Film: The Art, Technology, Language, History,
and Theory of Film and Media*. Rev. ed. 양윤모 역,『영화, 어떻게 읽을 것인가』
(서울: 혜서원, 1993), 193.
21 이와 같은 내용들에 대해서는 Monaco, *How to Read a Film*, 197-297; Louis
Giannetti, Understanding Movies, 김진해 역,『영화의 이해: 이론과 실제』(서울:
현암사, 1999), 12-20 (박만준, 진기행 공역, 서울: K-books, 2009 10판도 참조).
22 이에 대해서는 류상욱,『호모 시네마쿠스: 류상욱의 영화 이야기』아웃사이더 예술
론 2 (서울: 아웃사이더, 2003); 이윤영, "영화비평과 영상미학: 영화비평의 문제를
중심으로,"「인문총론」58 (2007), 205-227 참조.

기독교교육에서 왜 영화인가. 그 이유를 알아보기 전에 먼저 영화에 대한 그리스도인의 입장을 살펴보자. 존스톤(Robert K. Johnston)에 따르면, 영화에 대한 기독교적 입장은 크게 다섯 가지로 나뉜다. 그것들은 회피, 경계, 대화, 수용 그리고 신적인 만남 등이다. 이 같은 다양한 입장들은 크게 영화에서 시작하는지, 아니면 신학으로부터 시작하는지에 따라 달리 나타난다.[24] 영화 자체에서 볼 경우 심미적인 것을 중시하게 되며, 신학적 입장에서 반응할 경우 윤리적인 것이 이슈가 된다. 회피의 입장은 영화 자체를 악으로 보는 입장으로부터[25] 영화의 비도덕성과 성경 내용의 왜곡에 대한 반대를 포함한다. 경계의 입장은 오늘날 대부분의 보수적 그리스도인들의 입장일 터인데, 이들은 영화를 볼 수는 있지만 그것들이 기독교적 가치관이나 기독교의 내용을 왜곡하거나 비판할 수 있기에 말하는 내용에 현혹되어서는 안 된다고 말하는 입장이다.[26] 대화의 입장은 종교적 주제나 요소를 담고 있는 영화, 특히 그리스도와 그리스도를 은유적으로 표현하는 그리스도적 인물(Christ-figures)을 담은 영화[27] 등을 영화 그 자체로 보는 입장이다. 수용의 입장은 영화가 인간 본성에 대한 통찰을

23 Susan Hayward, *Key Concepts in Cinema Studies,* 이영기 역,『영화 사전: 이론과 비평』한나래 시네마 시리즈 (서울: 한나래, 1997) 참조.

24 Robert K. Johnston, *Reel Spirituality: Theology and Film in Dialogue,* 전의우 역,『영화와 영성』(서울: IVP, 2003), 53-88.

25 예를 들어, Herbert Miles, *Movies and Morals* (Grand Rapids, MI: Zondervan, 1947).

26 예를 들어, Lloyd Billingsley, *Seductive Image: A Christian Critique of the World of Film* (Westchester, IL: Crossway, 1989).

27 데드맨 워킹(Dead Man Walking, 1995), 폴 뉴먼((Paul L. Newman)의 탈옥(Cool Hand Luke, 1967), 잔다르크의 수난(La Passion De Jeanne D'Arc[The Passion Of Joan Of Arc]), 뻐꾸기 둥지 위로 날아간 새 (One Flew Over The Cuckoo's Nest, 1975) 등.

제공하며 그것은 기독교적 이해를 확장시킨다는 입장이다.[28] 신적인 만남의 입장은 은혜가 모든 곳에 있다는 가톨릭적 성격이 강하다.

기독교교육적 입장에서 볼 때 이 글의 입장은 무엇인가. 이미 영화를 교육적으로 어떻게 이용할 수 있는가가 이 글의 목적이기 때문에 회피나 경계는 아니고, 대화하고 적극적으로 이용해서 신적인 만남의 도구와 수단으로 사용하려는 입장이다. 회피나 경계의 입장은 근본주의적 보수주의자의 입장이 아니라면 그 본래적 의미에서 볼 때, 청년들의 영화 보기 접근 방식으로 유용할 수 있다. 기독교에 대한 그릇된 인식을 함유하고 있는 영화를 보면서 비평을 할 경우 기독교적 가치관을 분명히 확립할 수 있는 계기가 될 수 있을 것이다. 이런 이유로 기독교교육에서 영화 사용은 의미가 있다고 할 수 있다.

영화에 대한 입장이 어떻든 영화는 신학적 사고와 성찰에 어떤 자극을 줄 수 있다. 영화는 매체이지만 동시에 하나의 텍스트이다. 매체와 텍스트는 함께 정보를 제공하는데, 이 정보는 관객에 의해 해석된다. 관객의 전제적 선험이나 편견이 기독교적일 경우, 영화라는 텍스트는 언제고 신학적 내용이 될 수 있다.

그러나 영화는 단순히 현실을 재현하거나 내용만 전달하지 않는다. 영화는 재현과 정보 전달을 넘어 관객을 경험 속으로 몰아넣는다. 영화는 관객의 주의를 흡수하여 몰입하게 한다. 영화를 통한 경험이 어떤 성격의 것이든 관객은 영화의 내용을 간접적으로 경험하게 된

---

28 예를 들어, Neil P. Hurley, *Theology through Film* (New York: Harper & Row, 1970); David J. Graham, "신학에서 영화 사용하기," Clive Marsh and Gaye Ortiz, ed., *Explorations in Theology and Film: Movies and Meaning*, 김도훈 역, 『영화관에서 만나는 기독교 영성: 영화와 신학의 진지한 대화를 향하여』 (파주: 살림, 2007), 77-94.

다. 더구나 그 경험이 세속적인 것에서 그치는 것이 아니라 종교적이고 초월적인 성격을 지닐 때 영화는 충분히 신학적일 수 있다. 이 말은 영화 안에 신적인 것이 있다는 범신론적 입장이 아니라 영화가 관객 안에 신적 경험을 유발할 수 있고, 영화가 계기가 되어 종교적 경험을 할 수도 있다는 뜻이다. 영화가 신적이라는 것이 아니라 신적인 것을 일으킬 수 있다는 것이다. 관객이 영화 안에서 신적인 것을 찾기도 하지만 영화가 관객 안의 신적인 것을 발견하게도 한다.[29]

영화는 변화를 동반한다. 영화는 그 서사를 통해서뿐만 아니라 감각을 자극해 정서를 이끌어낸다. 영화의 서사는 의식의 저항을 피해 관객의 마음과 영혼에 직접 말한다. 영화는 이야기와 은유 외에 감각을 자극하는 다양한 장치를 사용함으로써 의도의 습득과 기억의 증가에 기여한다. 영화의 이와 같은 변화 기제는 인간 전인과 관계되기 때문이다.[30] 스터드번트(Cathie G. Sturdevant)는 영화의 요소들이 가드너(Howard Gardner)의 다중지능과 밀접하다고 본다. 영화의 플롯은 논리 지능, 각본의 대사는 언어 지능, 화면의 영상, 색, 상징은 시각적 공간 지능, 음향과 음악은 음악 지능, 이야기 전개는 대인관계 지능, 움직임은 운동감각 지능, 특히 영감적인 영화에서 나타나는 자기반영이나 심리적 안내는 심리 내적 지능을 수반한다.[31] 즉 영화의 전인성을 알려준다.

---

29 Graham, "신학에서 영화 사용하기", Marsh and Ortiz, *Explorations in Theology and Film,* 77-94.

30 Birgit Wolz, *E-Motion Picture Magic: A Movie Lover's Guide to Healing and Transformation,* 심영섭·김준형·김은하 공역,『시네마 테라피: 심리학, 영화 속에서 치유의 길을 찾다』(서울: 을유문화사, 2006), 38-54.

31 Cathie G. Sturdevant, *The Laugh & Cry Movie Guide: Using Movies to Help Yourself through Life's Changes* (Larkspur, CA: Lightspheres, 1998), 27-32.

그러나 기독교교육에서 영화 사용의 필요성은 이상의 원론적 입장과는 성격이 다른 현실적인 이유가 있다. 오늘날 신세대들은 누구보다도 미디어와 더 많은 시간을 보낸다. 따라서 이 세대에게 도달하는 최선의 길 중의 하나는 영화, 인터넷 등을 이용하는 것이다. 오늘날 영화만큼 다수의 학습자와 접촉하는 매체가 없으며, 학습자의 흥미를 끄는 매체가 없기 때문이다. 기독교교육의 학습자들이 좋아하는 영화를 이용해서 교육을 하면 흥미를 끌 수 있어 효과적인 교육을 할 수 있을 것이다. 듀이(John Dewey)에 따르면, 흥미는 사람을 전심으로 몰두하게 하는 활동으로서,[32] 교육적 목적을 이루는 훌륭한 도구와 동기가 될 수 있다.[33] 위르겐 하버마스(Jürgen Habermas)는 흥미를 관심이라는 말로 대체하는데, 그에 따르면 '우리의 인식은 우리의 관심에 의존한다.' 즉 인식은 관심에 의해 구성된다.[34] 이 같은 듀이

---

32 듀이는 신체와 정신, 인간과 자연, 개인과 사회 등의 범주를 토대로 흥미를 네 가지로 말한다. 그것들은 의사소통(담화)의 흥미, 사물발견(탐구)의 흥미, 사물제작(구성)의 흥미, 예술적 표현의 흥미이다. John Dewey, *The School and Society,* 이인기 역, 『학교와 사회』(서울: 박영사, 1975), 30.

33 John Dewey, *Interest and Effort in Education,* 류명걸 역, 『흥미와 노력』(서울: 용성, 2003), 65. 흥미는 '사이에 존재하는 것'(inter-esse)이며(Henning Ottmann, "Cognitive Interests and Self-Reflection," John B. Thompson and David Held, eds., *Habermas: Critical Debates* [Cambridge: MIT Press, 1982], 82), '거리가 있는 두 개의 사물을 연결하는 것'이다(John Dewey, *Democracy and Education: An Introduction to the Philosophy of Education,* 이홍우 역, 『민주주의와 교육』개정증보판 [서울: 교육과학사, 2007], 127). 듀이는 연결하는 사물의 '거리'를 시간적인 의미로 해석한다. 이 시간적인 거리는 성장의 과정에서 시작으로부터 완성 단계까지를 잇는 중간 조건 또는 수단이다.

34 Jürgen Habermas, *Erkenntnis und Interesse,* 강영계 역, 『인식과 관심』고려원문화총서 7 (서울: 고려원, 1983/ 1996), 314. 하버마스는 관심의 유형을 기술적 관심, 실천적 관심 그리고 해방적 관심으로 말하는 데, 기술적 관심과 실천적 관심은 오직 해방적 관심과의 연관 속에서 비로소 인식 구성적 관심으로서 자기주장이 가능하다(Richard J. Bernstein, *The Restructuring of Social and Political Theory,* 안병영 역,『현대정치사회이론: 방법론, 철학 그리고 비판』나남신서 70 [서울: 나남,

와 하버마스의 언급에 따르면, 흥미와 관심은 교육의 목적을 향한 추진과 변화의 기제로 작용할 수 있다. 영화가 학습자의 흥미를 유발할 수 있다면 이 또한 교육의 목적 달성과 인간 변화를 위한 실마리로 이용될 수 있을 것이다. 더구나 마틴(Thomas M. Martin)에 따르면 영화는 "관객에게서 경외감과 경이감을 일깨울 능력이 있다"[35] 구원은 놀라운 사건이며 놀라움에 의해 이루어지며 놀라움을 일으키기에 영화만한 매체가 없다. 그러나 가장 결정적인 이유는 기독교교육 현장에서 영화 사용에 대한 논의나[36] 활용은 드물며,[37] 바르지 못한[38] 것 같이 보이기 때문이다. 기독교교육에서 영화는 예배 안에서 사용되거나,[39] 성경공부 시간에 이용되거나[40] 경건의 시간에 활용되었다.[41] 렉(Pamela M. Legg) 정도가 영화에 대해 대화적 입장에서 교육을

1990], 198).

35 Thomas M. Martin, *Images and the Imageless: A Study in Religious Consciousness and Film* (Lewisburg: Bucknell University Press, 1981), 52.

36 Pamela M. Legg, "Contemporary Films and Religious Exploration: An Opportunity for Religious Education. Part II: How to Engage in Conversation with Film," *Religious Education* 92:1 (Winter 1997), 131; 김태원, "영화와 기독교교육", 「기독교사상」 523 (2002.7), 207-222 정도이며 더구나 그 논의는 표피적이다.

37 성경을 통전적으로 이해하고 연구하고자 하는 TBC(Total Bible Curriculum)의 경우, 교육내용을 입체적으로 지원하기 위한 비디오 104개를 이용하는데, 그 내용은 성서지도, 성화, 고고학 자료, 현장의 사진들로 구성되어 있다.

38 예를 들어, 성경 애니메이션인 "슈퍼북"은 주인공 크리스와 조이가 시공간을 초월해 성경의 사건에 개입하는 구성을 취한다. 이 같은 구성은 성경의 세계로 안내하는 장점은 있으나 이미 성경 이야기를 해석하고 있어, 역으로 시청하는 학습자의 참여를 배제한다.

39 하정완, 『영화의 바다로: 하정완 목사의 영화 설교』 예찬믿음 289 (서울: 예찬사, 2004); 김순환, "예배 안에서 영화 사용의 의미와 한계", 「신학과 실천」 15 (2008 여름), 39-71.

40 박은주, "천국의 아이들: 영화와 함께 하는 말씀과 성경공부", 「교육교회」 311 (2003 · 3), 135-137.

41 하정완, 『영화로 큐티한다』 (서울: 예찬사, 2006).

말하고 있는 정도이다.[42]

영화의 성격, 즉 투명성과 현실성의 두 성격은 교육의 의도와 맞아 떨어진다. 투명성은 영화 내용의 사실성을 말한다. 현실성은 영화의 의도성을 말한다. 교육은 학습자에게 사실을 전달하기 위해 영화를 이용할 수 있으며, 그 영화의 해석을 통해 교육의 의도를 반영할 수 있다. 그럼에도 불구하고 기독교교육에서는 어떤 영화를 어떻게 사용해야 하는지에 대해 안내가 부족했으며, 있더라도 그 양과 질과 내용에서 만족할 만하지 못했다.

그러나 기독교교육에서 영화를 사용하고자 하더라도 영화는 많고 기독교교육이 그것들을 모두 상대하기에는 벅차다. 그러므로 여기에서는 기독교교육의 궁극적 목적인 인간 구원을 위해 영화를 어떻게 사용할 수 있는지에 대해 생각해 보기로 한다. 이와 같은 목적을 가질 때 이 글의 내용은 구원과 영화가 만나는 보다 구체적이고 좁은 지역을 발견하게 될 것이다. 그곳은 기독교 영화 중에서도 예수 영화가 될 것이다.

예수 영화는 대체로 예수 주인공에게 집중한다. 볼츠(Birgit Wolz)에 의하면, 영화의 등장인물은 관객에게 영향을 미친다. 등장인물을 통한 영향은 주로 투사를 통해 이루어진다. 투사는 "어떤 정신적 대상을 공간적으로 분별력 있게 객관적으로 인식하는 행위 또는 그렇게 인식되는 어떤 것"이나 "자신의 사고, 감정, 태도를 다른 사람이나 사물에 돌리는 것"이다. 정신분석학에 의하면 투사는 금지된 생각과 충돌을 다른 사람의 탓으로 돌리는 것인데, 관객은 영화의 인물들에게 자신의 '그림자'[43]를 투사하면서 억압된 자아를 인식하고 수용함

Legg, "Contemporary Films and Religious Exploration," 126-131.

으로써 정서적 치유와 내면적 자유를 향해 나아가면서 더 심미적, 전인적 존재가 될 수 있다는 것이다.[44] 이 글의 유용성 면에서 보면 다행히 기독교교육에서 영화의 이 같은 영역에 대한 본격적 탐구가 흔하지 않으니 영화와 교육이란 주제에 대한 앞으로의 탐구에 대한 기여의 가능성이 있을 것이다. 이하에서는 예수 영화에 대한 전반적 소개를 하고 그것들의 교육적 사용을 발달적인 측면에서 살펴보도록 할 것이다.

III. 예수 영화 보기와 읽기

1. 예수 영화 보기

예수 영화는 멀게는 일반영화의 발전사 가운데 있으며 가깝게는 기독교 영화를 바탕으로 하고 있다. 기독교 영화는 기독교를 표방하는 제작자들이 기독교인을 대상으로 만드는 영화와 일반 영화업자들이 성경이야기나 기독교 메시지를 담아 제작한 영화로 나뉜다. 바빙턴(Bruce Babington)과 에반스(Peter W. Evans)는 기독교 영화를 크게 세 유형으로 나눈다. 그것은 구약성경에 근거한 서사 영화,[45] 로마-

---

43 그림자는 융(Carl G. Jung)의 개념으로 '무의식의 콤플렉스'로 인간의 부정적 측면을 가리킨다. 인간의 동물적인 사악한 면, 부도덕성과 공격성, 잔인성 등의 원형이다. 이 '그림자'의 인식은 인간의 자기 실현의 첫걸음이 될 수 있다. 이부영, 『그림자: 우리 마음속의 어두운 반려자』 분석심리학의 탐구1 (서울: 한길사, 1999).

44 Wolz, *E-Motion Picture Magic*, 165-170.

45 여기에 속하는 영화로는 "십계"(The Ten Commandments, 1923/ 1956), "삼손과 데릴라"(Samson and Deliah, 1949), "다윗과 밧세바"(David and Bathsheba, 1951), "탕자"(The Prodigal, 1955), "에스더와 왕"(Esther and the King, 1960),

기독교적 서사 영화46 그리고 그리스도를 묘사한 영화이다.47 인터 넷 백과사전인 위키피디아에 따르면 이렇게 만들어진 영화들은 1012년 이래 2011년 예정작까지 총 240편이다.48

예수 영화의 역사는 길다. 뤼미에르 형제(Auguste and Louis Lumière) 가 처음 '활동사진'(Cinémato graphe)을 공개한 지 5년 만에 이미 여섯 편의 그리스도의 고난과 부활을 다룬 영화가 만들어졌고, 지금까지 100편이 훨씬 넘게 예수의 생애를 다룬 영화들이 만들어졌다.49 텔 포드(William R. Telford)에 따르면, 영화에서 예수를 묘사하는 방식은 세 가지이다. 그것들은 상징적으로, 게스트로, 주인공으로서 출현이 다. 상징적 출현은 주로 예수의 신비성을 보전하기 위한 장치로, 예수 의 신체 중의 일부, 즉 한 손, 양손, 발이나 몸통을 보인다. 기독교 영 화에서는 주로 로마-기독교적 영화에서 이와 같은 묘사를 찾아볼 수 있다. 예수를 게스트, 손님으로서 묘사하는 경우에는 주로 환상의 형 태로 묘사하는데, 〈문명〉(Civilization, 1916), 〈폼페이 최후의 날〉, 〈인 톨러런스〉(Intolerance, 1916) 등과 같은 영화에서 찾아볼 수 있다. 예

"룻 이야기"(The Story of Ruth, 1960), "소돔과 고모라"(Sodom and Gomorrah, 1962), "성서"(The Bible, 1966) 등이 있다.

46 여기에는 "벤허"(Ben-Hur, 1925/ 1959), "십자가의 표징"(The Sign of the Cross, 1932), "폼페이 최후의 날"(Gli Ultimi Giorni Di Pompei[The Last Days of Pompeii], 1935), "쿠오바디스"(Quo Vadis?, 1951), "성의"(The Robe, 1953), "살 로메"(Salome, 1953), "드미트리우스와 검투사들"(Demitrius and the Gladiators, 1954), "성배"(The Silver Chalice, 1954), "위대한 어부"(The Big Fisherman, 1959), "바라바"(Barabas, 1962) 등이 속한다.

47 Bruce Babington and Peter W. Evans, *Biblical Epics: Sacred Narrative in the Hollywood Cinema* (Manchester; New York: Manchester University Press, 1993); Marsh and Ortiz, *Explorations in Theology and Film,* 218.

48 http://en.wikipedia.org/wiki/List_of_Christian_films#1910.

49 서보명, "영화 속의 예수", 「기독교사상」 517 (2002 · 1), 234.

수가 주인공으로 등장하는 영화는 예수의 삶과 메시지를 묘사하는 영화이다.[50] 이 중에서 이 글의 관심은 예수가 주인공으로 등장하는 영화이다. 그러나 여기서는 비평가들의 논의의 대상이 되는 대표적인 작품들을 중심으로 살핀다. 관련 문헌을 종합한 대표적 예수 영화에는 다음과 같은 것들이 있다.[51]

〈The Life and Passion of Jesus Christ〉(1905, 이하 Life), 〈From the Manger to the Cross〉(1912, 이하 Manger), 〈Intolerance〉(1916), 〈The King of Kings〉(1927, 이하 The King), 〈Golgotha〉(1935), 〈Jesus of Nazareth〉(1945), 〈King of Kings〉(1961, 이하 King), 〈Il

〈라이브 오브 브라이언〉, 테리 존스, 1979

50 William R. Telford, "Jesus Christ Movie Star: The Depiction of Jesus in the Cinema," Marsh and Ortiz, *Explorations in Theology and Film*, 241-242.
51 Babington and Evans, *Biblical Epics;* Telford, "Jesus Christ Movie Star"; Richard C. Stern, Clayton N. Jefford, and Guerric DeBona, O.S.B. *Savior on the Silver Screen* (NY: Paulist Press, 1999); Jeffrey L. Staley and Richard Walsh, *Jesus, the Gospels, and Cinematic Imagination: A Handbook to Jesus on DVD* (Louisville, KY: Westminster John Knox Press, 2007); "영화 속 예수의 모습 40", *Screen* (2008·1).

Vangelo Secondo Matteo〉(The Gospel according to Saint Matthew, 1964, 이하 Matteo), 〈The Greatest Story Ever Told〉(1965, 이하 Story), 〈Jesus Christ Superstar〉(1973, 이하 Superstar), 〈Godspell〉 (1973), 〈Il Messia〉(The Messiah, 1975), 〈Jesus of Nazareth〉(1977, 이하 Nazareth), 〈The Jesus Film〉(1979, 이하 Film), 〈Monty Python's Life of Brian〉(1979, 이하 Monty), 〈Jesus〉(1979), 〈The Last Temptation of Christ〉(1988, 이하 Temptation), 〈Jesus of Mon- treal〉(1989, 이하 Montreal), 〈Giardini dell' Eden〉(Garden of Eden, 1998), 〈Jesus〉(1999), 〈The Miracle Maker: The Story of Jesus〉(1999, 이하 Miracle), 〈The Gospel of John〉(2003, 이하 John), 〈The Passion of the Christ〉(2004, 이하 Passion), 〈Color of the Cross〉(2006), 〈The Nativity Story〉(2006) 등이다.

예수 영화는 대체로 복음서에 기초한다. 예를 들어, Matteo의 경우, 복음서에 기초해서 다큐멘터리 형식을 취한다. 그러나 King의 경우에는 복음서의 의도와는 달리 폭력이란 주제가 중시되며 그런 가운데 성경에 나오지 않는 새로운 등장인물을 만들어 내기도 한다.[52]

예수 영화에 대한 기대와 매력은 장엄함(spectacle)일 것이다. 그러나 1960년대 이후 제작비 까닭에 그 같은 예수 영화들을 대하기 어려워졌다.[53] 그래서 나타난 변화는 저예산을 통한 다양한 성격의 예수 영화 제작이었다. Superstar와 〈Godspell〉은 음악을 통해, Nazareth과 〈Jesus〉는 TV용 영화로, Film과 John은 독립영화로,

---

52 Staley and Walsh, *Jesus, the Gospels, and Cinematic Imagination*, 172-173.
53 Stern, Jefford, and DeBona, *Savior on the Silver Screen* 또는 Richard Walsh, *Reading the Gospels in the Dark: Portrayals of Jesus in Film* (Harrisburg, PA: Trinity Press International, 2003), 1-19.

Monty는 제한된 관객을 위해, Montreal은 수난극으로 예수 영화를 만들었다. Passion은 장엄한 예수 영화의 흥행에 성공하였는데, 그것은 감독인 멜 깁슨(Mel C. G. Gibson)의 명성과 함께 9.11 이후의 분노와 피 흘리는 승리자 예수를 절묘하게 결합시켰기 때문일 것이다. 예수 영화라고 해도 예수가 중심을 차지하지 않는 경우도 있다. 예를 들어, The King의 경우, 예수는 막달라 마리아, 유다 그리고 가야바와의 관계성에서 다루어진다.

예수 영화는 먼저 흑백 영화와 컬러 영화로 나눌 수 있다. 위의 목록에서 〈Golgotha〉까지의 작품은 흑백 영화이며, The King까지의 작품은 무성영화이다. 무성영화는 대사가 나오지 않아 낯설고 시대에 뒤진 영화라는 선입견을 줄 수 있다. 대사가 외국어 자막으로 뜨기 때문에 해독하기 어려울 수 있다. 하지만 색채 영화에 비해 흑백 영화는 정신적 무게감을 주기 때문에 종교적 주제를 다룬 영화에 더 잘 어울릴 수도 있다. 흑과 백이라는 대조적인 색은 신념을 지닌 종교적 메시지를 전하는 데 효과가 있다. 〈Golgotha〉의 화면은 마치 빛의 화가 렘브란트(Rembrandt Harmenszoon van Rijn)의 그림을 보듯 밝음과 어둠의 대조를 통해 주제를 드러낸다.

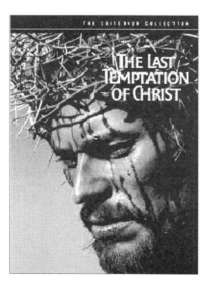

영화 〈그리스도 최후의 유혹〉의 포스터, 마틴 스콜세지, 1988

예수 영화의 성격은 대단히 다양하다. 예수가 등장하는 영화들에는 "온갖 변주와 해괴망측한 설정과 신성모독 요소까지 스며"들어 있다.[54] 예수 영화에서 묘사되는 예수상에 대해 살펴보자. 말론(Peter Malone)에 따르면 예수 영화에서 예수는 고난받는 구속자, 해방을 가져오는 구원자 등으로 나타나며,[55] 텔포드는 일곱 가지로 말한다. 그것들은 가부장적 그리스도(Manger, The King, The Man Nobody Knows [1990]), 청년 그리스도(King), 평화주의자 그리스도(Nazareth), 혁명적인 그리스도(Matteo, "Cool Hand Luke", Montreal, Son of Man [2006]), 신비적 그리스도(Story), 뮤지컬 그리스도(Superstar, Godspell) 그리고 인간적 그리스도(Temptation)이다.[56]

성경은 예수의 모습에 대해 말해주지 않는다. 기껏해야 이사야 53장 2절 하반절에서 예수의 용모는 볼품없는 자로 묘사된다.[57] 그래서일까. 예수를 묘사하는 영화들은 다양한 형상의 예수 모습들을 보여준다. 예수에 대한 대표적 묘사는 긴 금발 머리에 턱수염을 기르고 푸른 눈에 흰 성의를 입은 아리안족의 형상이다. 그러나 유대인 예수는 셈족으로서 머리털과 눈동자가 검은색이고 중키의 특징을 지닌 것으로 묘사되어야 하지만 그런 예수는 찾아볼 수 없다.[58]

전체적으로 볼 때, 예수 영화는 복음서의 영화적 기록이 아니다. 그것은 하나의 예술 작품이어서 감독의 창작이 상당히 반영되어 있다. 그러나 그 창의적 내용의 상당 부분은 다른 예수 영화로부터 왔

---

54 "영화 속 예수의 모습 40", *Screen* (2008 · 1).
55 Peter Malone, *Movie Christs and Antichrists* (NY: Crossroad, 1990).
56 Telford, "Jesus Christ Movie Star," 246-255.
57 고운 모양도 없고 풍채도 없은즉 우리가 보기에 흠모할 만한 아름다운 것이 없도다 (2절 하).
58 Telford, "Jesus Christ Movie Star," 242-245.

다.[59] 그런 까닭에 예수 영화에 대한 평가는 그것이 복음서의 내용을 문자적으로 전달하고 있느냐에서만 판단할 수 없고 오히려 예수에 대한 새로운 해석이 복음서의 의미를 더 풍성하게 해줄 수 있다는 가능성에서 다루어야 할 것이다.

2. 예수 영화 읽기

예수 영화를 보고 읽는 방식은 기존의 영화 보기와 읽기 방식을 기초로 하되 그것만으로 그칠 수 없는 나름의 방식이 동원되어야 한다. 일반적으로 영화를 보고 읽는 방식의 전문성이 인정받기 시작한 것은 1970년경부터이다. 비교적 연륜이 얕은 영화 비평은 처음에 영화 이론으로부터 시작되었다. 영화 이론은 영화 비평과 다르다. 영화 이론은 영화가 무엇이냐는 명제, 즉 영화의 이상에 관심을 갖고 그에 대해 규범적이거나 진술적인 주장을 하는 것이다. 예를 들어 사실주의 이론(Theories of realism)은 "영화 예술의 다큐멘터리적인 측면을 강조한다. 영화는 일차적으로 얼마나 외적 현실 세계를 정확히 반영했는가에 따라 평가된다"[60] 반면에 아른하임(Rudolf Arnheim)은 있는 그대로의 현실을 재현하는 영화는 예술일 수 없다고 보면서, 영화의 장면들로 나타나도록 하는 스크린의 평면성, 연기, 조명, 앵글, 편집 등에 의한 비현실적 표현이야말로 영화를 예술로 만든다고 보았다(형식주의 영화 이론, Formalist film theories).[61]

---

59 특히 깁슨의 경우. Staley and Walsh, *Jesus, the Gospels, and Cinematic Imagination*, 173.

60 Louis Giannetti, *Understanding Movies*, 김진해 역,『영화의 이해: 이론과 실제』(서울: 현암사, 1987), 447.

영화 이론과 달리 영화 비평은 영화가 내포한 내용들을 드러내어 설명하고 해석하는 데 관심을 갖는다. 영화 이론의 대상이 전문가라고 하면 영화 비평은 영화를 보는 관객들을 대상으로 한다고 볼 수 있다.62 그러나 영화 이론과 영화 비평의 이와 같은 구분은 무의미하다. 영화 비평은 사실 영화 이론으로부터 나온 것이기 때문이다. 영화에 대한 어떤 이론 없이 비평을 하기는 사실상 불가능하기 때문이다.

브라운(David Brown)에 따르면, 영화 해석을 하기 위해 사용되는 대표적인 영화분석의 원리에는 '리비스학파'(Leavisite), 기호학(Semiotics), 마르크스주의, 정신분석학, 사회학과 인종학 그리고 재해석 등이 있다.63 존스톤(Robert K. Johnston)은 좀 더 실제적이고 기본적인 영화비평에 대해 말한다. 그것들은 장르비평(genre criticism), 작가비평(auteur criticism), 주제비평(thematic criticism) 그리고 문화비평(cultural criticism)이다. 장르비평은 영화의 공통된 형식과 신화화의 양상을 검토한다. 작가비평은 작가에 주목한다. 주제비평은 영화의 텍스트를 비교한다. 문화비평은 영화의 사회적 정황에 초점을 맞춘다.64 이와 같은 영화 비평들은 교육을 고려할 때, 그 전문성과 적합성 면에서 필요 이상의 내용이다. 다수의 비평 방식은 이 글의 관심인 예수 영화의 차원에서 볼 때 제한된다. 예컨대, 예수 영화는 이미 고유한 장르이며 그 서사구조 역시 대부분 유사하기 때문이다. 물론 예수 영화에 대한 다양한 비평적 접근이 가능하기는 하겠지만, 예수 영화가

---

61 Rudolf Arnheim, *Film als Kunst*, 김방옥 역, 『예술로서 영화』 홍성신서 67 (서울: 홍성사, 1983).

62 Monaco, *How to Read a Film*, 306-307.

63 이에 대해서는 David Brown, "필름, 영화(movies), 의미들", Marsh and Ortiz, *Explorations in Theology and Film*, 46-51 참조.

64 Johnston, *Reel Spirituality*, 195-239.

갖고 있는 이 같은 조건에서 일반적 비평 방식은 그 실효성이 의심되면서 새로운 비평의 틀을 요구하게 된다. 이에 대해 다음 장에서 이어서 생각해 보도록 하자.

IV. 예수 영화와 교육

1. 예수 영화를 위한 교육 구조

예수 영화를 교육을 위해 이용하고자 할 때 어떤 접근이 타당하고 효과적인가. 즉 예수 영화에 대한 기독교교육적 접근의 틀은 무엇이어야 하는가. 이 글에서는 예수 영화 보기와 읽기의 틀을 구원, 학습

영화 〈희생〉의 포스터, 안드레이 타르콥스키, 1986

자, 교육 현장이라는 요소들을 구조적 차원에서 구상한다. 즉 구원이라는 교육의 내용을 교회교육의 현장에서 학습자의 발달을 고려하는 차원에서 예수 영화에 접근해야 한다는 것이다. 예수 영화에 대한 교육적 접근은 무엇보다 먼저 예수의 정체적 성격인 구원을 고려해야할 것이다. 예수 영화와 구원이 만나는 곳에 교육 내용으로서 예수의 정체성인 메시야로서 예수가 있으며, 그 예수는 왕이며, 대제사장이고 예언자인 삼중직으로서 메시야이다. 정통주의에 의하면 전통적으로 그리스도는 세 직무를 가지고 있다: ① officium propheticum (예언자의 직무, 하느님 구원의 뜻을 계시하는 자로서 그리스도의 직무), ② officium sacerdotale(제사장의 직무, 이것은 두 가지, 곧 satisfactio [배상, 십자가에서 치룬 대리적 속죄희생]과 intercessio[중재]이다), ③ officium regium(왕의 직무, 곧 세상, 교회 그리고 하늘에서의 통치).65

예언자적 직무는 가르치고 설교하시는 예수로서 산상보훈에 잘 나타난다(특히 마 5:22, 28, 32, 34, 39, 44). 제사장적 직무는 믿는 자들의 구원을 이루기 위해 수난 받고 십자가에서 자신을 바치는 십자가 처형에서(히 9:26, 28) 그리고 왕적 직무는 예수의 왕권에 대한 증거로서 승천에서(계 11:15) 잘 나타난다.66 예수 영화에서 예수의 삼중직무 중에 예언자적 직무와 제사장적 직무는 잘 나타나나 왕적 직무에 대한 묘사는 드물다. 왕적 직무로서 승천을 다룬 예수 영화는 그보다 적다(The King, Miracle, Superstar, Story, Film, "Jesus", Life 등). 따라서 예수 영화에 대한 교육적 접근은 예수 영화들이 신학적으로 상식적

---

65 Quenstedt, a a. O. II, 212 이하, 225 이하, 264 이하. Horst G. Pöhlmann, *Abriss der Dogmatik*, 이신건 역, 『교의학』(서울: 한국신학연구소, 1989), 261 재인용.
66 Charles W. Carter, *A Contemporary Wesleyan Theology*, 김영선 외역, 『현대웨슬리신학』 I (서울: 대한기독교서회, 1996), 77-78.

인 이 구원의 주인 메시아를 정당하게 표현했느냐에 초점을 맞춰야 할 것이다.

교회교육의 현장은 대체로 예배, 성경공부 그리고 프로그램으로 구성되어 있으며, 학습자는 유치부에서 초등부, 청소년부의 발달단계로 나뉘어 있다. 예수 영화는 이 구원, 학습자, 교회교육의 현장이 만나는 곳에서 읽혀야 한다.

2. 예배에서의 예수 영화

예배에서의 영화 사용은 일단 설교에서 활용할 수 있을 것이다. 설교에서 영화 사용은 전체적으로 설교가 영화에 끌려가서는 안 되고 설교의 필요에 따라 영화를 활용하는 식이 되어야 한다. 그 양에 있어서도 설교의 주제에 맞추어 절제하도록 애쓰는 가운데 최소한이 되도록 해야 한다. 설교에서 영화의 사용은 예배자의 집중도를 높이며, 전인 형성의 가능성이 있어서[67] 권장할 만하나 영화 자료의 선택이 적절하지 않을 경우 오히려 예배를 방해할 수 있다. 그러므로 중요한 것은 어떤 영화를 사용하느냐이다. 특히 설교에서 사용되는 영화는 예배자의 심성에 공감을 일으킬 수 있지만 그것이 열매를 맺기 위해서는 말씀에 무릎을 꿇어야 한다.[68] 예수 영화 역시 마찬가지이지만 특별하고 제한된 경우 예수 영화 자체가 영화의 공감과 말씀의 변

---

67 "… 진정한 예배의 부흥은 오감뿐만 아니라 영과 생각이 함께 어우러지는 전인적 예배를 통해 가능하다" "포스트모던 시대는 전인적 예배를 원한다",「목회와 신학」 207 (2006·9), 105.

68 김순환, "예배 안에서 영화 사용의 의미와 한계",「신학과 실천」 15 (2008 여름), 67-68.

화가 만나는 곳이 될 수 있다.

　예수 영화를 인간발달을 고려하여 사용할 경우 효과가 있을 것이다. 아동 초기의 경우, 어린이가 관심의 대상이 되는 내용은 학습자가 예수의 사랑을 경험할 수 있는 기회가 될 것이다. 대부분의 예수 영화는 예수의 탄생을 축제적 분위기에서 전하고 있다. 천사의 노래와 목자의 방문과 동방박사의 선물은 사랑받는 예수에 주의를 기울이게 하며 아동 초기 학습자에게 사랑받는 아기 예수가 자기를 사랑하는 이임을 알려줄 것이다. 천국에서 큰 자로서 어린아이에 대한 예수의 사랑은 대부분의 예수 영화에서 등장한다. 일부 영화에서는 나사렛에서의 예수의 어린 시절을 다룬다(Passion, Manger, King, Temptation, Story, Nazareth). The King의 경우, 예수는 어린 장님과 절름발이를 치유함으로써 구원자의 모습을 보인다.

　대부분의 예수 영화는 예수의 청소년기를 미래의 전조로 그린다. 예를 들어, 목공소의 예수에게 십자가 형태의 그림자가 드리우는 장면 같은 경우이다(Manger). 혼자 사다리를 타고 올라가 양치는 목자들을 내려다보는 장면이나(Nazareth) 외경(Infancy Gospel of Thomas)을 따라 새를 살리는 기적을 보여줌으로써("Jesus") 생명을 주는 예수를 묘사한다.

3. 성경공부에서의 예수 영화

　성경공부를 위해 예수 영화를 이용하는 방식에는 크게 두 가지가 있다. 하나는 복음서를 공부할 때 해당 복음서를 바탕으로 만들어진 예수 영화를 이용하는 것이다. 월쉬는 예수 영화를 복음서와 짝을 지어 해석한다. 〈Montreal〉은 마가복음과 〈Godspell〉은 예수의 가르침과 〈Matteo〉는 마태복음과 〈King〉은 누가복음과 〈Story〉는 요한복음과 짝을 짓는다.[69] 교회에서 복음서를 공부할 때 그에 해당되는 영화를 병행하여 이용할 수 있을 것이다.

다른 하나는 구원자로서 예수를 보여주는 사건과 연관지어서, 관련된 예수 영화를 이용하는 방법이다. 구원자로서 예수 영화 내용에는 기적, 십자가 처형 그리고 부활 등이 포함될 것이다. 기적은 예수가 자연 질서를 다스리는 왕임을 나타낸다. 예수 영화에서 기적은 기적 자체보다 그에 대한 반응으로(Manger), 기적에 대한 언급을 삼가거나(King), 심리적인 것으로 처리하거나, 기적의 은혜를 받은 자의 믿음으로 여기거나(Story), 기적을 피하거나("Godspell"), 차라리 없는 게 나은 것으로 잘못 해석하거나(Monty), 고대의 마술적 행위로 보는 등(Montreal) 부정적이지만, 한편으로는 Life, Matteo, Nazareth 그리고 Film에서 극적으로 처리되고 있으며, 〈Jesus〉와 Miracle에서는 가장 중요한 소재로 다루어진다. 〈Jesus〉에서는 기적이 신앙의 이유이고, Miracle에서는 기적이 예수의 전체 이야기를 이해하는 관점을 제공한다.[70] 예수 영화의 기적 장면과 함께 이용할 수 있는 영화에는 〈The Magician〉(1958)과 〈Leap of Faith〉(1992) 등이 있다.

십자가 처형은 초기 예수 영화에서는 볼거리로 제공되었다. 그 후 십자가 처형에 대한 입장은 냉철하거나(King) 격하거나(Nazareth, Film, Passion) 하는 극단적인 입장으로 나뉘었다. 공포를 통해 그 중간 입장

---

69 Walsh, *Reading the Gospels in the Dark*. 그리고 W. Barnes Tatum, *Jesus at the Movies: A Guide to the First Hundred Years*, revised and expanded (Santa Rosa: Polebridge, 2004) 참조.

70 Staley and Walsh, *Jesus, the Gospels, and Cinematic Imagination*, 163-64.

을 택하기도 했으나(Montreal), 십자가를 우연한 죽음으로 처리하거나(Montreal) 춤과 노래로 표현하기까지 하였다(Monty).[71] 예수 영화의 희생적 죽음인 십자가 장면과 함께 이용할 수 있는 영화에는 〈Cool-Hand Luke〉(1967), 〈One Flew over the Cuckoo's Nest〉(1975), 〈End of Days〉(1999), 〈Spitfire Grill〉(1996) 등이 있다.

예수 영화에서 부활은 비둘기를 이용하는 식의 상징적으로(Life, The King), 열린 무덤처럼 사실적으로(Matteo), 승천과(Life, The King, Film, "Jesus") 교회에까지(Story) 포함시킨다. 대조적으로 예수의 부활을 십자가의 그림자나(King) 빈 무덤에 놓인 옷 정도로 처리하거나 보지 않고 믿는 믿음을 부각시키거나(Nazareth), 제자들의 가르침으로 대체한다(Montreal).[72] 예수 영화의 영웅적 승리를 나타내는 부활 장면과 함께 이용할 수 있는 영화에는 〈셰인〉(Shane, 1953), 〈스타워즈〉(Star Wars, 1977), 〈쇼생크 탈출〉(Shawshank Redemption, 1994) 등이 있다.

구주이심을 보여주는 성경의 사건으로는 세례 요한의 예비, 예수의 탄생과 관련된 천사의 수태고지, 예수의 탄생, 목자와 동방박사의 방문 등이 있을 것이다. 이 같은 사건들은 대부분의 예수 영화에서 다루어지고 있는데,[73] 아동기 학습자의 주의를 끌 수 있을 것이다.

성경공부에서 영화의 내용을 중심으로 학습하는 방식은 교수-학습진행에서 심화될 수 있다. 일반적으로 교수-학습진행의 두 번째 단계인 전개 단계의 첫 부분에서 학습자들에게 상상력을 살려 성경의 세계 속으로 들어갈 것을 권한다.[74] 이 경우 성경 세계에 대한 접

---

71 *Ibid.*, 165.
72 *Ibid.*
73 이에 대해서는 *Ibid.*, 175-176 참고.

촉이 거의 없는 학습자들의 경우 상상력을 발휘하기 어렵다. 그럴 때 성경공부 내용과 연관된 예수 영화의 사용은 성경의 내용에 공감할 수 있는 기회를 제공해줄 수 있다.

4. 프로그램에서의 예수 영화 사용

1) 예수 영화 꼼꼼히 읽기

영화와 관련된 프로그램으로 가장 쉽게 할 수 있는 것에는 영화보기가 있을 것이다. 영화를 관람하고 읽는 프로그램은 청소년의 발달에 맞을 것이다. 예수 영화 읽기의 원리의 일부를 렉(Pamela M. Legg)으로부터 배울 수 있다. 그녀는 영화와의 대화를 통한 종교적 탐구의 방법을 네 가지로 제안한다.[75] 첫째, 감독에 대해 알아보는 것이다. 학습자가 대면한 영화의 어떠함은 감독의 배경과 의도에 크게 의존된다. 감독의 성장 배경과 종교적 배경, 사상 등을 알 때 영화를 잘 이해할 수 있다는 것이다. 예를 들어, 코폴라(Francis F. Coppola)의 가톨릭 배경이 그의 영화 〈대부〉 3부작(Godfather trilogy)에 어떻게 나타나는지를 살피는 일이다. 예수 영화의 경우, 학습자들이 감독의 성격에 대해 미리 연구하기에는 여러 제한이 있을 것으로 예상되므로 교사가 미리 준비해서 학습자들에게 소개하는 방식이 좋을 듯하다. 둘째, 종교적 영화의 사용이다. 종교적 영화에는 성경의 내용을 다룬

---

74 Walter Wink, *Transforming Bible Study: A Leader's Guide*, 이금만 역, 『영성 발달을 위한 창의적 성서교육 방법: 인도자용 지침서』(서울: 한국신학연구소, 2000), 35-40.

75 Legg, "Contemporary Films and Religious Exploration," 126-131.

것뿐만 아니라, 성경의 주제나 신앙 인물을 다룬 영화 등이 속한다. 영화에서 성경의 내용이나 주제가 어떻게 다루어졌는지를 살피는 접근이다. 예수 영화의 경우, 예수의 성품인 신성, 인성 그리고 직능인 예언자, 제사장, 왕이 어떻게 나타나는지 살펴볼 수 있다. 셋째, 종교적 내용과 관련된 영화의 이미지와 이해이다. 즉 영화가 종교적일 수 있는 내용들을 어떻게 다루고 있느냐를 살피는 접근이다. 예를 들어, 영화 〈사랑과 영혼〉(Ghost, 1990)에서 사랑과 사후 세계가 어떻게 다루어지고 있는지를 보는 식이다. 예수 영화에서 전체적으로 영화가 무엇을 전달하려고 하는지 살펴볼 수 있다. 넷째, 기존의 종교적 개념을 전복시키며 도전하고 비판적 질문을 던지는 것이다. 위의 접근이 종교적 개념에 대한 의견 제안이라면, 이 접근은 그 같은 종교적 개념을 뒤집는 것이다. 예를 들어, 〈포레스트 검프〉(Forrest Gump, 1994)에서는 운(destiny)에 대한 상이한 관점들이 공존하며 서로 전복시킨다. 예수 영화에서는 영화가 전달하려고 하는 가치관이 세속적 일반의 것과 어떻게 다른지 비교해볼 수 있다.

예수 영화 보기와 읽기는 예수 영화로부터 예수를 현대적으로 변용하는 등의 예수 유사 영화 그리고 예수를 상징하는 인물들을 등장시켜 예수 정신에 대해 말하는 예수 상징 영화의 순으로 그 폭을 넓혀갈 수 있을 것이다.

2) 영화 찍기

영화교육의 단계를 구태여 나누어본다면 영화가 소개되고 전달되어 학습자가 그 내용을 알게 되는 영화를 보는 단계-영화를 해석하여 의미를 깨닫게 되는 단계 또는 이해하게 되는 단계인 영화를 읽는 단계-영화 만들기의 단계가 될 것이다. 영화 만들기는 영화 제작의 기술을 익히는 이상으로 영화에 무엇을 담을 것인지가 중요하다. 특히 구원의 관점에서 예수 영화를 다루는 교육적 상황에서는 예수에 대한 신앙고백을 내용으로 하는 영화 만들기 활동을 통해서 할 수 있다. 고백이라고 해서 회심 등의 내용으로만 생각하지 말고 구원의 기쁨을 노래하는 내용 등도 포함시킬 수 있다. 영화 만들기 활동은 어찌 보면 영화 교육의 마지막 단계이면서 예수 영화 보기와 읽기의 정리 단계라고 할 수 있다. 예수 영화가 예수에 대한 학습자의 고백과 정리에 이르지 못한다면 반쪽의 교육이 될 것이다.

영화 찍기는 쉽지 않으나 기본적인 기술을 익히면 그다지 어렵지도 않다. 영화를 찍기 위해서는 스토리보드(storyboard)를 만들어 그대로 진행하면 된다. 스토리보드는 영화 등의 줄거리를 보여주는 일련의 그림이다. 촬영은 대상과의 거리에 따라 느낌이 다른데, 클로즈업으로부터 풀숏까지 중 어디에 있느냐 그리고 앵글을 위와 아래 어디에 두느냐에 따라 대상의 권위적 비중이 달라진다. 이야기는 일반적인 기승전결을 따르는 것이 무난하다. 영화를 찍은 뒤에는 시사회를 열어 예수에 대한 고백의 내용을 공유할 수 있겠다.[76]

---

76 초등학교에서 중고등학교에 이르는 교육적 영화 찍기에 대해서는 송예영 5인 공저,『영화교육의 다양한 교수·학습 방법』(서울: 커뮤니케이션북스, 2008); (사)한국영화학회 영화교육위원회 편,『초등학교 영화』(서울: 월인, 2005); (사)한국영화학회 영화교육위원회 편,『중학교 영화』(서울: 월인, 2005); 영화진흥위원회 교재편찬위원회,『영화 읽기』(서울: 커뮤니케이션북스, 2004) 참조.

V. 나가는 글

구원은 어떻게 이루어지는가. 하나님의 은혜로 주어지는 것인가, 아니면 인간의 의지로 획득하는 것인가. 신학은 그 사이에서 방황하지만 교육은 하나님의 은혜와 인간의 의지가 결국 인간 학습자에게 작용한다는 사실에 주목한다. 그렇다면 '어떻게'가 문제가 될 터인데, 그 '어떻게'는 자연스레 매개를 요청하게 되며 여기에서는 그것 중의 하나를 영화로 보았다.

영화는 교육이 목표로 하는 전인성을 그대로 담지하고 있는 매체로서 교육에 활용하기는 그지없이 좋다. 더욱이 구원과 관련된 교육에서 예수 영화는 그것을 어떤 측면에서 다루느냐에 따라 기독교교육에서의 활용도는 높다. 기독교교육의 일반 교육적 활동이라 할 수 있는 예배에서 설교에 사용될 수 있고, 성경공부에서는 성경 말씀을 육화하여 성경의 세계를 오늘날로 이전시킨다. 예수 영화를 보고 읽는 프로그램들은 구원의 주로서 예수의 정체성에 대한 이해를 심화할 수 있는 기회가 될 수 있다. 예수 영화를 통한 학습은 예수의 모습을 학습자의 가슴에 생생하게 심어줄 수 있어서 삶 속에서 그에게 순종하며 살아갈 수 있도록 하는 기억 기제로서 작용할 수 있을 것이다. 나아가 영화 만들기는 하나의 예수에 대한 신앙고백이며 삶의 스타일에 대한 결의가 될 수 있다.

여기에서 언급된 예수 영화와 관련된 다양한 자료들은 가벼운 수필 수준에서 영화교육에 접근하는 교회교육의 현장에 구체적 도움이 될 것이다. 기독교교육에서 영화를 매개로 하는 교육은 그 깊이가 담보되어야 한다는 것을 전제로 한다면 예수 영화를 넘어 예수 유사영화와 기독교 관련 영화로까지 확대되어야 할 것이다. 기독교교육의 최종 목표라고 할 수 있는 학습자의 전인적 구원은 관객의 전인적 변화에 도전하는 영화를 통해 하나의 길을 발견할 수 있기 때문이다.

참고문헌

가스펠서브 편.『교회용어사전』. 서울: 생명의말씀사, 2013.

강신우.『찬송과 예배의 이론과 실제』. 서울: 호산나음악사, 1995.

고미숙. "도덕교육에서의 정서에 관한 연구".「교육철학」22. 1999: 19-43.

고종희. "기독교 이콘의 기원과 변천: 콘스탄티노플 이콘 중심으로".「미술사학」15. 2001: 121-171.

_____.『명화로 읽는 성서: 성과 속을 넘나든 화가들』아르테마6. 서울: 한길아트, 2000.

교수신문 편.『오늘의 우리 이론 어디로 가는가: 현대 한국의 자생이론 20』. 서울: 생각의나무, 2003.

권선영.「무용은 어떻게 우리를 행복하게 하는가?: 무용의 문화예술교육적 가치 실현을 위한 무용향유체험의 질적 분석」. 박사학위논문. 서울대학교 대학원, 2017.

권진호. "크라나흐가 사용한 종교개혁 소통의 근본적 도구인 이미지로부터의 선교학적 교훈".「선교와 신학」40. 2016: 229-264.

김달수.『히브리서』대한기독교서회 창립 100주년 기념 성서주석 46. 서울: 대한기독교서회, 1999.

김명환.『찬양의 성전』. 서울: 새찬양후원회, 2004.

김수천. "교육내용과 교육방법의 관계". 서울대학교 교육연구소 편.『교육학 대백과사전』. 춘천: 하우동설, 1998: 577-584.

_____. "서양의 교육과정사 연구: 삶과 교과의 관계를 중심으로".「교육연구」3. 1993: 92-107.

김순환. "예배 안에서 영화사용의 의미와 한계"「신학과 실천」15. 2008 여름: 39-71.

김애련. "부활절 전례극「무덤 방문」에 나타난 극화 과정: 중세 종교극에 관한 연구1".「프랑스고전문학연구」4. 2001: 5-42.

_____. "아르눌 그레방의『수난 성사극』연구: 상연을 중심으로".「프랑스고전문학연구」8. 2005: 66-105.

_____. "아르눌 그레방의 수난성사극에 나타난 성모 마리아의 모습".「프랑스고전문학 연구」11. 2008: 9-42.

김영권.「사진예술을 통한 구약성서의 수사학적 이미지 표현 연구」석사학위논문. 계명대학교 대학원, 2011.

김용규.『타르코프스키는 이렇게 말했다: 영화관 옆 철학카페·타르코프스키 편』. 서울: 이론과실천, 2004.

김은주.『기독교연극개론』. 서울: 성공문화사, 1991.

김인식. "롤랑 바르트".『작가세계』12. 1992 · 3: 462-497.

_____. "〈서편제〉의 한과 한민족의 정서".「우리문학연구」22. 2007: 213-241.

김정준. "영산의 4차원의 영성과 영성교육적 과제".「영산신학저널」Vol. 18. 2010: 109-167.

김진영.「중립 개념을 통해 본 롤랑 바르트의 사진론」석사학위논문. 서울대학교 대학원, 2016.

김창선. "안식일과 회당 예배".「성서마당」(2008 · 여름): 83-98.

김평호. "셀피, 나르시시즘 그리고 신자유주의".「뉴스타파 블로그: 뉴스타파 포럼」. 2015. 4. 3. http://blog.newstapa.org/pykim55/1576.

김현화.『성서 미술을 만나다』. 서울: 한길사, 2008.

김형찬.『음악의 재발견: 과학+인문학의의 융합적 시각으로 본 음악이야기』. 서울: 태림스코어, 2016.

김태원. "영화와 기독교교육".「기독교사상」523. 2002 · 7: 207-222.

남택운. "예술사진의 기호학적 연구".「한국콘텐츠학회 2003 춘계 종합학술대회 논문집」1:1. 2003.5.: 117-126.

_____. "사진의 교육적 연구: 실기 중심 교육과정에 반하여".「디지털융복합연구」14:2. 2016: 359-367.

라영환. "예술, 모더니즘 그리고 이데올로기".「성경과 신학」56. 2010: 213-241.

라칭거, 요셉. 김병철 역. "전례와 교회음악".「사목」113 (1987·9): 67-80.

류상욱.『호모 시네마쿠스: 류상욱의 영화 이야기』아웃사이더 예술론 2. 서울: 아웃사이더, 2003.

문학수.『아다지오 소스테누토 - 어느 인문주의자의 클래식 읽기』. 서울: 돌베개, 2013.

민남현.『성경의 노래: 성경인물들과 함께 부르는 내 삶의 노래』. 서울: 바오로딸, 2012.

민병록. "안드레이 타르코프스키의 기독교 정신과 물의 의미 연구".「영화연구」14. 1998: 87-106.

박문옥. "영산 교육신학을 위한 '만남'의 이해".「영산신학저널」18. 2010: 213-237.

박문호『뇌, 생각의 출현: 대칭, 대칭의 붕괴에서 의식까지』. 서울: 휴머니스트, 2008.

박봉목. "John Dewey의 예술론".「교육철학」5. 1987: 31-43.

박순희.「음악을 통한 말씀선포의 가능성 모색」석사학위논문. 이화여자대학교 신학
　　대학원, 2005.

박영애 편역.『기독교 무용사』. 서울: 한성대학교 출판부, 2005.

_____. "문헌을 통해 본 무도광(Dancing Mania)과 타란티즘(Tarantism)에 대한 비교
　　연구".「한국무용기록학회」제10권. 2006: 31-48.

_____. "중세시대의 교회무용에 관한 연구".「한국무용기록학회」제11권. 2006:
　　1-23.

_____. "성경에 나타난 춤의 의미 및 특성에 관한 연구".「한국무용기록학회」제18
　　권. 2010: 23-39.

박영택. "민족적인 감성과 정서로 표출한 조형적 미감".「미술세계」89. 1992·4:
　　94-101.

박원주. "화답송은 노래다: 미사 전례 안의 화답송과 시편의 노래".「사목연구」28.
　　2011·겨울: 146-169.

_____.. "전례 활성화를 위한 성음악의 역할과 구체적 실행".「사목연구」32. 2013
　　·겨울: 325-347.

_____.「한국 가톨릭 성가대의 올바른 직무 실천: '성가대 직무 지침서' 발간을 위한
　　논문자료」. 천주교 서울대교구 성음악위원회, 2017. 2. 22.

_____. "전례성가의 작곡과 우리말의 특징".「사목연구」40. 2018·여름: 280-323.

박은주. "천국의 아이들: 영화와 함께 하는 말씀과 성경공부".「교육교회」311. 2003
　　·3: 135-137.

박일호. 국립현대미술관 '뒤러와 동시대작가 판화전' 리뷰. <동아일보>. 1997. 1. 9.

박종석.「한국에서의 기독교교육학의 학문성에 대한 연구」. 박사학위논문. 서울신
　　학대학교 대학원, 2000.

_____.『기독교교육의 지형도』. 서울: 기독교대한성결교회 출판부, 2005.

_____. "다시 성서로: 성서교육연구의 동향과 전망".「교수논총」18. 2006: 131-153.

_____. "교회의 사명 수행을 위한 교육목회: BCM 교육목회 제도",「기독교교육논
　　총」17. 2008: 1-34.

_____.『성결교회교육의 비전과 실천』. 서울: 기독교대한성결교회 출판부, 2008.

_____.『기독교교육학은 무엇인가?』. 파주: 한국학술정보, 2009.

_____. "기독교 교육과 미학: 헤겔의 예술 철학을 중심으로".「성경과 신학」50. 2009:
　　213-248.

_____.『아름다움의 프락시스: 기독교 예술의 이해와 실천』. 서울: 예술과영성,
　　2019.

박해경. "기독교와 예술: 칼뱅주의와 음악". 「성경과 신학」 36. 2004: 129-155.

박현진. "비고츠키 예술이론의 교육학적 함의". 「도덕교육연구」 19:2. 2008: 123-144.

박희진·태혜신. "무용사회학 관점에서 본 중세시대 무용예술의 의미". 「한국무용기록학회」 제11권 제2호. 2011: 25-35.

백선기. 『영화, 그 기호학적 해석의 즐거움』. 서울: 커뮤니케이션북스, 2007.

浜本隆志·伊藤誠宏 편저. 『色彩の魔力: 文化史.美學.心理學的アプロ-チ』. 이동민 역. 『색채의 마력』. 서울: 아트북스, 2007.

서보명. "영화 속의 예수". 「기독교사상」 517. 2002 · 1: 233-239.

서성록. "종교개혁의 미술론: 칼뱅의 경우". 「미학·예술학연구」 10. 1999: 69-89.

소태영. "순복음 교회학교에서 '성령과 함께하는 놀이'로서 'Godly Play'의 변형과 적용". 「영산신학저널」 39. 2017: 239-273.

손호현. "그림은 '빈자(貧者)의 성서'(biblia pauperum)인가?: 그레고리우스 1세의 그리스도교 예술교육론". 「기독교교육정보」 14. 2006: 283-311.

_____. "춤의 신학: 한국인의 미의식에 드러나는 문화신학적 함의". 「한국기독교신학논총」 제79집. 2012: 183-206.

송수남. 『한국무용사』. 서울: 금광, 1988.

송예영 외 5인 공저. 『영화교육의 다양한 교수·학습 방법』. 커뮤니케이션북스, 2008.

신문철. "영산 조용기 목사의 신앙론". 「성령과 신학」 제21호. 2005: 127-152.

신승철. "이미지 속에서 살아남다?: 초상화에서의 삶과 죽음". 『미술이론과 현장』 16. 2013: 139-174.

신준형. "성 토마스 아퀴나스의 성상이론: ICON, INDEX, ISLAM". 「미술사학」 22. 2008: 43-68.

심정민. "중세 무용의 특성에 관한 연구". 「대한무용학회논문집」 제45권. 2005: 59-73.

안비화. "효과적인 합창무용 안무와 지도방법 연구". 「한국무용교육학회지」 제27집 제2호. 2016: 59-79.

안용준. "뒤러의 요한계시록 판화에 나타난 미학적 의미 분석". 「기독교철학」 17. 2013: 37-70.

_____. "루터, 성서 위에 예술을 꽃피운 신학자(1483-1546)". 서성록 외 6인. 『종교개혁과 미술』. 서울: 예경, 2011: 12-31.

영화진흥위원회 교재편찬위원회. 『영화 읽기』. 커뮤니케이션북스, 2004.

오만록. "교육학의 학문적 발전과정과 성격에 관한 고찰" 『논문집』 4 (동신대학교,1991): 4-30.

오병근.『지식의 시각화: 보이는 지식, 지식의 디자인』. 서울: 비즈앤비즈, 2013.

오소운.『알기 쉽게 쓴 21세기 찬송가 해설』개정판. 서울: 성서원, 2015.

오수연.『색의 유혹: 색채심리와 컬러마케팅』살림지식총서 132. 서울: 살림출판사, 2004.

오애숙.『성공적인 교수법: 경험활동: 창의극·역할극·무용극』. 서울: 대한기독교교육협회, 1985.

오영걸.『성경에서 비춰본 교회음악 개론』. 서울: 도서출판 작은우리, 2000.

유문상. "정서교육의 범주와 유가 동학의 정서교육 방법 고찰".「열린교육연구」11:2. 2003: 177-198.

윤영훈. "놀이로 세우는 공동체: 문화시대 신학과 목회를 위한 놀이의 재발견".『신학과 선교』제54집. 2018: 193-232.

윤화석. "교회에서의 성경 교수-학습을 위한 방법적 접근: 심장, 손 그리고 오성과 함께 하는 성경학습".「성경과 신학」제73권. 2015: 281-306.

이경률.『철학으로 읽어보는 사진예술: 현대 영상사진과 존재』. 서울: 사진 마실, 2005.

이기승. "예전춤(liturgical dance)"「활천」제550호. 1999년 9월: 60-63.

이덕형.『이콘과 아방가르드』. 서울: 생각의나무, 2008.

伊藤俊治. Artists of the fin de siecle(Saigo No Gaka). 양수영 역.『최후의 사진가들: 20세기말 예술론』타임스페이스 Papyrus4. 서울: 타임스페이스, 1997.

이부영.『그림자: 우리 마음속의 어두운 반려자』분석심리학의 탐구 1. 서울: 한길사, 1999.

이성재. "개혁주의 교회 예배의 역사적 고찰과 한국 장로교 예배의식의 갱신에 관한 연구".「개혁신학」8 (August, 1992): 365-406.

이성호.『바른 예배를 위한 찬송 해설』. 서울: SFC[학생신앙운동], 2018.

이순형 외 4인.『유아의 사회적 유능감 키우기』. 서울: 학지사, 2004.

이승수.『문학이 태어나는 자리』. 서울: 산처럼, 2009.

이어령. "경계 파괴 시대의 인문학". 제2기 석학과 함께하는 인문강좌, 학술진흥재단 주최. 서울역사박물관. 2008. 10. 11.

이영준.『사진, 이상한 예술』. 서울: 눈빛, 1998.

이유선.『기독교음악사』. 서울: 기독교문사, 1992.

이유선.『실용주의』살림지식총서324. 서울: 살림출판사, 2008.

이윤기. "식상한 돌잔치 행사… 이렇게 바꿔 봅시다: 아이와 부모, 손님 모두 주인공 되는 스토리텔링 돌잔치".「오마이뉴스」. 2012.6.21.

이윤영. "영화비평과 영상미학: 영화비평의 문제를 중심으로".「인문총론」58. 2007: 205-227.

이종석.『건축계획』. 서울: 한솔아카데미, 2008.

이종한. "판화예술의 기원: 근대판화의 시원으로서 마이너 아츠에 관한 고찰(2)".「조형미디어학」13:1. 2010: 160-70.

이지영. "뇌 연구방법론을 통해 살펴본 음악 처리과정 연구".「낭만음악」18:3 (2006): 69-146.

이한순. "루터의 종교개혁과 대 루카스 크라나흐".「미술사논단」3. 1996: 97-133.

이홍우. "예술과 교육".「도덕교육연구」12:2. 2000: 1-22.

임태수. "구약에서의 민중과 민족".「민중신학」창간호. 1995: 57-78.

장성모 편.『수업의 예술』. 서울: 교육과학사, 2006.

장한기.『연극학 입문』. 서울: 우성문화사. 1981.

전성수. "듀이 예술론이 미술교육에 미친 영향에 대한 비판적 연구".「미술교육논총」1. 1992: 21-35.

전희준.『예배용 송영곡집』. 서울: 교회음악사, 1975.

_____.『교회 성장을 위한 예배와 음악』. 서울: 미드웨스트, 2006.

정옥분· 정순화· 임정하.『정서발달과 정서지능』. 서울: 학지사, 2007.

정인교.『청중의 눈과 귀를 열어주는 특수설교』. 서울: 두란노아카데미, 2007.

정진수· 김동욱.『연극의 이해』. 서울: 집문당, 2000.

정희승.「교회공동체와 성도의 삶을 위한 찬송가의 적실한 활용에 관한 연구」박사학위논문. 풀러신학대학원, 2016.

조규청. "예수찬양 댄스의 동작개발과 맥락적 탐색".「한국체육과학회지」제25권 제4호. 2016: 13-25.

조래영. "영산기독론의 아동교육철학 관점의 이해".「영산신학저널」2:3. 2005: 123-150.

조숙자·조명자.『찬송가학』. 서울; 장로회신학대학 출판부, 1988.

주형일. "사진은 죽음을 어떻게 재현하는가?: 죽음 사진의 유형과 기능".「한국언론정보학보」68. 2014: 65-86.

진동선.『사진사 드라마 50: 영화보다 재미있는 사진이야기』. 서울: 푸른세상, 2007.

_____.『한 장의 사진미학: 진동선의 사진 천천히 읽기』. 서울: 위즈덤하우스, 2008.

차용부 편저.『사진전시 길라잡이』비움아트 이론서. 대구: 비움아트, 2003.

체허, 헨리. "세상을 뒤흔든 성경 번역: 루터의 독일어 성경은 성경 번역의 기준을 정립했다".「Christianity Today Korea」. 2008. 12. 27.

최경은. "종교개혁이 서적인쇄에 미친 영향".「독일언어문학」57. 2012: 239-264.

_____. "시대비판을 위한 매체로서 루터성서(1534) 삽화".「유럽사회문화」13. 2014: 55-82.

최명희. "예술로서 기독교 무용의 교육적 활용 가치 방안 연구" 석사학위논문. 우석대 학교교육대학원, 2016.

최봉림. "가족사진: 정형성에서 이산구조로".「美術史學報」45. 2015: 141-162.

최석조 "선교적 관점에서 본 교회음악의 기능: 예배. 찬송. 선교. 교육활동".「활천」 507:2. 1996 · 2: 97-106.

최신영. "A. 뒤러의 묵시록 판화 해석: 파노프스키의 도상해석학적 방법론을 중심으로".「미학 · 예술학 연구」1. 1991: 93-114.

하성태. "일베, 의정부고 아이들 졸업앨범은 그냥 둬라. 의정부고 졸업앨범 퍼포먼스가 보여준 한국사회의 일면". 게릴라칼럼「오마이뉴스」. 2015. 7. 15.

하재송.『교회음악의 이해: 성경적 교회음악론』. 서울: 중앙아트, 2017.

하정완.『영화의 바다로: 하정완 목사의 영화 설교』예찬믿음 289. 서울: 예찬사, 2004.

_____.『영화로 큐티한다』. 서울: 예찬사, 2006.

한국문학평론가협회.『문학비평용어사전』. 국학자료원, 2006.

한국영화학회 영화교육위원회 편.『초등학교 영화』. 서울: 월인, 2005.

_____.『중학교 영화』. 서울: 월인, 2005.

한국찬송가공회.『찬송가』. 서울: 대한기독교서회, 2006.

한병철.『아름다움의 구원』. 서울: 문학과지성사, 2016.

한윤정. "이콘은 神과 감성접촉, 2000년史 뒤졌다".「경향신문」. 2009.1.9.

한재선.「성서에 나타난 기독교 무용의 유형과 현황 연구」. 박사학위논문. 용인대학교 대학원, 2008.

한정식.『사진예술개론』. 서울: 눈빛출판사, 2008.

홍정수.『교회음악 예배음악 신자들의 찬양』. 서울: 장로회신학대학교출판부, 2002.

홍정수·김미옥·오희숙.『두길 서양음악사』2. 파주: 나남출판, 1997.

Adams, Doug. *Congregational Dancing in Christian Worship*. Austin: The SharingCompany, 1983.

_____. *Involving the People in Dancing Worship: Historic and ContemporaryPatterns*. Austin: Sharing, 1975.

Antone, Hope S. *Religious Education in Context of Plurality and Pluralism*. Quezon City, Philippines: New Day Publishers, 2003.

Armstrong, Thomas. *Multiple Intelligences in the Classroom*. Alexandria, VA:

Association for Supervision and Curriculum Development, 1994.

Arnheim, Rudolf. *Film als Kunst*. 김방옥 역. 『예술로서 영화』 홍성신서 67. 서울: 홍성
사, 1983.

Astley, Jeff. "The Role of Worship in Christian Learning" Astley, Jeff. Francis, Leslie. and
Crowder, Colin. Eds. *Theological Perspectives on ChristianFormation*.
Grand Rapids: W. B. Eerdmans, 1996: 243-251.

Aune, Michael. *Religious and Social Ritual: Interdisciplinary Explorations*. New
York:State University of New York Press, 1996.

Babington, Bruce. and Evans, Peter W. *Biblical Epics: Sacred Narrative in the
Hollywood Cinema*. Manchester; New York: Manchester University Press,1993.

Backenroth, Ofra. Epstein, Shira D. and Miller, Helena. "Bringing the Text to Life and into
Our Lives: Jewish Education and the Arts" *Religious Education* 101:4. Fall 2006:
467-480.

Backman, E. Louis. *Religious Dances in the Christian Church and in Popular
Medicine*. London: George Allen & Unwin, 1952.

Bany-Winters, Lisa. *On Stage: Theater Games and Activities for Kids*. 최현희 역. 『온
스테이지 : 무대에서 놀아요!』. 서울: 정은문고, 2011.

Barker, Emma. *Contemporary Cultures of Display*. 이지윤 역. 『전시의 연금술 미술
관디스플레이』. 서울: 아트박스, 2004.

Barranger, Milly S. *Theatre: A Way of Seeing*. 이재명 역. 『연극 이해의 길』. 서울: 평민
사, 2006.

Barthes, Roland. *Neutre: Notes de Cours au Collège de France(1977~1978)*. 김웅
권 역. 『중립: 콜레주 드 프랑스 강의 1977~1978』. 서울: 동문선, 2004.

_____. *Chambre Claire: Note sur la Photographie*. 김웅권 역. 『밝은 방: 사진에
관한 노트』 문예신서 326. 서울: 東文選, 2006.

Beane, James A. *Affect in the Curriculum*. New York: Teacher's College Press, 1990.

Begbie, Jeremy S. *Theology. Music and Time*. Cambridge Studies in ChristianDoctrine.
Cambridge: Cambridge University Press, 2000.

Belth, Marc. *Education as a Discipline: A Study of the Role of Models in Thinking*.
Boston: Allyn and Bacon, 1965.

Berger, John. "The Suit and the Photograph" *About Looking*. New York: Pantheon Books,
1980: 27-63.

_____. *Ways of Seeing*. 동문선편집부 역. 『이미지: 視覺과 미디어』. 서울: 東文選,

1995.

Bernstein, Richard J. *The Restructuring of Social and Political Theory*. 안병영 역.
『현대정치사회이론: 방법론, 철학 그리고 비판』 나남신서 70. 서울: 나남, 1990.

Bettenhausen, S. "Make Proactive Modifications to Your Classroom" *Intervention
inSchool and Clinic* 33:3. 1998: 182-183.

Beutel, Albrecht. hg. *Luther Handbuch*. Tübingen, 2010.

Beversluis, Nicholas H. *Christian Philosophy of Education*. 최광석 역.『기독교 교육
철학』. 서울: 한국개혁주의신행협회, 1979.

Billingsley, Lloyd. *Seductive Image: A Christian Critique of the World of Film*.
Westchester, IL: Crossway, 1989.

Bodel, Jean Rutebeuf. 김애련 편역.『아담극』. 서울: 시와 진실, 2004.

Bouchard, Charles E. O.P. "Recovering the Gifts of the Holy Spirit in Moral Theology"
Theological Studies 63:3 (2002): 539–558.

Bounds, Chris T. "사람들은 어떻게 구원받는가?: 웨슬리-성결전통의 시각에서 본 구
원".「성결교회와 신학」. 2009 가을: 18-39.

Brockett, Oscar G. and Hildy, Franklin J. *History of the Theatre*.『연극의 역사』Ⅰ. 서울:
연극과인간, 2005.

Calvin, John. *A Treatise on Relics*. 김동현 역.『칼뱅의 성유물에 대한 비판』. 서울:
솔로몬, 1993.

Carter, Charles W. *A Contemporary Wesleyan Theology*. 김영선 외역.『현대웨슬리
신학』I. 서울: 대한기독교서회, 1996.

Chazelle, Celia M. "Pictures, Books, and the Illiterate: Pope Gregory I's Letters to Serenus
of Marseilles" *Word & Image* 6:2. 1990.4: 138-53.

Cherry, Constance M. *Worship Architect: A Blueprint for Designing Culturally
Relevant and Biblically Faithful Services*. 양명호 역.『예배 건축가: 문화에
적절하고 성경에 충실한 예배 디자인 청사진』. 서울: 기독교문서선교회. 2015.

Chistensen, Duane L. *Word Biblical Commentary Vol. 6b. Deuteronomy
21:10-34:12*. 정일오 역.『신명기 (하) 21:10-34:12』WBC 성경주석 6. 서울:
도서출판 솔로몬, 2007.

Christensen, Carl C. *Art and the Reformation in Germany*. Athens: Ohio University
Press, 1979.

Chung, Tae-Young. "Changed Rituals and Changed Lives: Cross-Disciplinary Thoughts
on the Transformative Power of Rituals".「신학과 선교」제44집 2014: 187-214.

Coe, George A. *A Social Theory of Religious Education*. New York: Charles Scribner's Sons, 1921.

Cox, Harvey. *The Feast of Fools: A Theological Essay on Festivity and Fantasy*. 김천배 역.『바보제: 제축과 환상의 신학』. 서울: 현대사상사, 1973.

Cranach, the Elder Lucas. and Melanchthon, Philipp. *Passional Christi und Antichristi*. 옥성득 편역.『목판화로 대조한 그리스도와 적그리스도의 생애』. 서울: 새물결플러스, 2015.

Cummings, C. Winning. *Strategies for Classroom Management*. Alexandria, VA:Association for Supervision and Curriculum Development, 2000.

Cunneen, Joseph. "Dorothy Day's Amazing Life a Middling Movie" *National Catholic Reporter* 32:41. Sept. 27, 1996: 20.

Daniels, Marilyn. *The Dance In Christianity: A History of Religious Dance Through the Ages*. Ramsey, NJ: Paulist Press, 1981.

Davies, John G. *Liturgical Dance: An Historical, Theological and Practical Handbook*. London: SCM Press, 1984.

Deiss, Lucien. *Visions of Liturgy and Music for a New Century*. Collegeville: The Liturgical press, 1996.

DeSola, Carla. *Dance in Christian Worship*. Washington, DC: The Pastoral Press,1984.

Dewey, John. *The School and Society*. 이인기 역.『학교와 사회』. 서울: 박영사, 1975.
_____. *Art as Experience*. 윤형재 역.『예술론』. 서울: 샤론, 1986.; 이재언 역.『경험으로서 예술』. 책세상문고 · 고전의세계 025. 서울: 책세상, 2003.
_____. *Interest and Effort in Education*. 류명걸 역.『흥미와 노력』. 서울: 용성, 2003.
_____. *Democracy and Education: An Introduction to the Philosophy of Education*. 이홍우 역.『민주주의와 교육』. 개정증보판. 서울: 교육과학사, 2007.

DeWolf, L. Harold. *Teaching Our Faith in God*. 조향록 역.『신앙과 교육』. 서울: 대한기독교교육협회, 1969.

Dobbs, S. *Learning in and through Art: A Guide to Discipline-Based Art Education*. LosAngeles: The Getty Education Institute for the Arts, 1998.

Dölger, F. J. "Klingeln, Tanz und Händeklatschen im Gottesdienst der christlichen Melitianer in Aegypten" *Antike und Christentum. Kultur-und Religionsgeschichtliche Studien*. Bd. IV. Münster: Aschendorff, 1934.

Dubois, Philippe. *L'acte Photographique*. 이경률 역.『사진적 행위』사진예술문고

2. 서울: 사진 마실, 2005.

Duffy, Eamon. "Brush for Hire". *London Review of Books* 26:16. 19 August 2004: 15-16.

Durant, Will. *The Story of Philosophy*. 황문수 역.『철학 이야기』. 서울: 고려대학교 출판부, 1998.

Dykstra, Craig R. and Parks, Sharon. *Faith Development and Fowler*. Birmingham, AL: Religious Education Press, 1986.

Eaton, Marcia M. "Philosophical Aesthetics: A Way of Knowing and Its Limits" *TheJournal of Aesthetic Education* 28:3. 1994: 19-31.

Eisner, Elliot W. *Cognition and Curriculum Reconsidered*. 2nd ed. New York: Teachers College Press, 1994.

_____. *The Kind of Schools We Need*. Portsmouth, NH: Heinemann, 1998.

English, Leona M. Souza, Mario O. D. and Chartrand, Leon. "Comparative Analysis of the Research and Publication Patterns in British Journal of Religious Education and Religious Education" *Religious Education* 100:2. Spring 2005:211-222.

Falk, Tilman. "Cranach-Buchgraphik in der Reformationszeit" In *Lukas Cranach:Gemälde Zeichnungen, Druckgraphik*. Vol. 1. Eds. Koepplin, Dieter. and Falk,Tilman. Basel: Birkhäuser Verlag, 1974: 331-412.

Fallon, Dennis J. and Mary Jane Wolbers. Eds. *Focus on Dance X: Religion and Dance*. Reston, VA: AAHPERD, 1982.

Farrell, Walter. O.P. and Hughes. Dominic O.P. *Swift Victory: Essays on the Gifts of the Holy Spirit*. New York: Sheed and Ward, 1955.

Feldman, Edmund. *Varieties of Visual Experience*. 3rd Ed. Englewood Cliffs, NJ:Prentice-Hall, Inc, 1987.

Fowler, James W. "Faith and the Structuring of Meaning" Brusselmans,Christiane. Ed. *Toward Moral and Religious Maturity*. Morristown, NJ: SilverBurdett Company, 1980: 32-37.

_____. *Stages of Faith: The Psychology of Human Development and the Quest for Meaning*. 사미자 역.『신앙의 발달단계』. 서울: 한국장로교출판사,1987.

_____. Nipkow, Karl E. and Schweitzer, Friedrich. Eds. *Stages of Faith and Religious Development*. New York: Crossroad, 1991.

Gagne, Ronald, Thomas Kane, and Robert VerEecke. *Introducing Dance inChristian Worship*. Washington DC: The Pastoral Press, 1984.

Gardner, Howard. "Zero-Based Arts Education: An Introduction to ARTS PROPEL"

Studies in Arts Education 30:2, 1989: 71-83.

_____. *Art Education and Human Development*. Los Angeles: J. Paul Getty Trust, 1990.

_____. *Frames of Mind: The Theory of Multiple Intelligences*. 이경희 역. 『마음의 틀』. 서울: 문음사, 1996.

_____. *Intelligence Reframed: Multiple Intelligences for the 21st Century*. 문용린 역. 『다중지능: 인간 지능의 새로운 이해』. 서울: 김영사, 2001.

_____. *Frames of Mind*. 김동일. 『지능이란 무엇인가?: 인지과학이 밝혀낸 마음의 구조』 하워드 가드너의 마음의 과학 3. 서울: 사회평론, 2016.

Giannetti, Louis. *Understanding Movies*. 『영화의 이해: 이론과 실제』. 김진해 역. 현암사, 1987.

_____. *Understanding Movies*. 제10판. 『영화의 이해 실제』. 박만준·진기행 공역. k-books, 2008.

Glock, Charles Y. "On the Study of Religious Commitment" *Religious Education* 57. Research Supplement (July-August 1962): 98-110.

Goldburg, Peta. "Towards a Creative Arts Approach to the Teaching of Religious Education with Special Reference to the Use of Film" *British Journal of Religious Education* 26: 2. 2004: 175-184.

Goldhawk, Sara. *Young Children and the Arts: Making Creative Connections. A Report of the Task Force on Children's Learning and the Arts: Birth to AgeEight*. Washington, DC: Arts Education Partnership, 1998.

Goldman, Ronald. *Religious Thinking from Childhood to Adolescence*. London:Routledge and K. Paul, 1964.

Gréban, Arnoul. *Le Mystère de la passion de notre sauveur Jésus Christ*. 김애련 역. 『우리 주 예수 그리스도의 수난 성사극』 상·하. 서울: 시와 진실, 2004.

Groome, Thomas H. *Christian Religious Education: Sharing Our Story and Vision*. 이기문 역. 『기독교적 종교교육』 한국교회 100주년기념 기독교교육연구시리즈 3. 대한예수교장로회총회 교육부, 1980.

Habermas, Jürgen. *Erkenntnis und Interesse*. 강영계 역. 『인식과 관심』 고려원문화총서 7. 서울: 고려원, 1983/ 1996.

Harris, Max. *Sacred Folly: A New History of the Feast of Fools*. Ithaca, NY: CornellUniversity Press, 2011.

Hawkins, Susan. Davies, Ivor. and Majer, Kenneth. *Getting Started: A Guide for*

Beginning College Instructors. Bloomington, IN: Indiana University, U.S.O.E. OEG-O72-0492 (725).

Hayward, Susan. *Key Concepts in Cinema Studies*. 이영기 역.『영화 사전: 이론과 비평』한나래 시네마 시리즈. 서울: 한나래, 1997.

Hegel, G. W. F. *Vorlesungen über die Ästhetik*. 두행숙 역.『미학 강의: 美의 세계 속으로』I. 서울: 나남출판사, 1996.

_____. *Vorlesungen über die Ästhetik*. 두행숙 역.『미학 강의: 동양예술, 서양예술의 대립과 예술의 종말』II. 서울: 나남출판사, 1996.

_____. *Vorlesungen über die Ästhetik*. 두행숙 역.『미학 강의: 개별 예술들의 변증법적 발전』III. 서울: 나남출판사, 1996.

_____. *Phänomenologie des Geistes*. 임석진 역.『정신현상학』1. 한길그레이트북스 63. 파주: 한길사, 2005.

_____. *Phänomenologie des Geistes*. 임석진 역.『정신현상학』2. 한길그레이트북스 64. 파주: 한길사, 2005.

Heller, David. *The Children's God*. Chicago/London: University of Chicago Press, 1986.

Heslam, Peter S. *Creating a Christian Creating a Christian Worldview: Abraham Kuyper's Lectures on Calvinism*. Grand Rapids: W.B. Eerdmans, 1998.

Hirschberger, Johannes. *Geschichte der Philosophie. Band 1: Altertum undMittelalter*. 강성위 역.『서양철학사 상: 고대와 중세』. 대구: 이문출판사, 1983.

Howells, Richard. and Negreiros, Joaquim. *Visual Culture*. 조경희 역.『시각문화』. 부산: 경성대학교 출판부, 2014.

Hurley, Neil P. *Theology through Film*. New York: Harper & Row, 1970.

Ivie, Stanley D. "Salvation and Education: A Historical View" *Texas Tech Journal of Education* 12:3. 1985: 151-157.

James, William. *The Principles of Psychology*. Cambridge, MA: Harvard Univercity Press, 1983.

Johansson, Calvin M. *Music and Ministry: A Biblical Counterpoint*. Peabody. MA:Hendrickson Publishers, 1988.

Johnson, Mark. *The Body in the Mind: The Bodily Basis Of Meaning, Imagination, And Reason*. 노양진 역.『마음속의 몸: 의미 · 상상력 · 이성의 신체적 근거』. 서울:철학과현실사, 2000.

Johnston, Robert K. *Reel spirituality: theology and film in dialogue*. 전의우 역.『영

화와 영성』. 서울: IVP, 2003.

Kauflin, Bob. *The History of Congregational Worship*. Sovereign Grace MinistriesPress, 2006.

Kaufmann, Thomas. *Martin Luther*. 공준은 역.『루터, 말씀에 사로잡힌 사람』. 서울: 대한기독교서회, 2015.

Keating, Thomas. *Fruits and Gifts of the Spirit*. New York: Lantern, 2000.

Kelly, Anthony J. C.S.S.R. "The Gifts of the Spirit: Aquinas and the Modern Context" *The Thomist* 38:2 (April 1974): 193-231.

Kierkegaard, Søren. *Enten-eller*. 임춘갑 역.『이것이냐/ 저것이냐』. 서울: 다산글방, 2008.

Killinger, John. *The Centrality of Preaching in the Total Task of the Ministry*. Waco, Texas: Word Books, 1969.

Koerner, Joseph L. *The Reformation of the Image*. London: The University ofChicago Press, 2004.

Kohlberg, Lawrence. Levine, Charles. and Hewer, Alexandra. *Moral Stage: A Current Formulation and a Response to Critics*. 문용린 역.『콜버그의 도덕성 발달 이론』 대우학술총서 470. 서울: 아카넷, 2000.

_____. *Psychology of Moral Development*. 김민남·진미숙 공역.『도덕발달의 심리학』. 서울: 교육과학사, 2001.

Kunz, Armin "Papstspott und Gotteswort: Cranachs Buchgraphik im erste Jahrzehntder Reformation" In *Druckgraphiken Lucas Cranachs d. Ä. Im Dienst vonMacht und Glauben*. Eds. Strehle, Jutta. and Kunz, Armin. Wittenberg: Stiftung Luthergedenkstätten in Sachsen-Anhalt, 1998: 184–231.

Kuyper, Abraham. *Lectures on Calvinism*. 김기찬 역.『칼뱅주의 강연』. 서울: 크리스챤다이제스트, 2011.

Lamm, Robert C. *The Humanities in Western Culture*. 이희재 역.『서양문화의 역사 I I』. 서울: 사군자, 1996.

Landy, Robert J. *Handbook of Educational Drama and Theatre*. Westport, CT:Greenwood, 1982.

Lee, James M. *The Shape of Religious Instruction: Social Approach*. Mishawaka, IN:Religious Education Press, 1971

Lefevere, Patricia. "Communicating Jesus' Message with iPods and Videos". *NationalCatholic Reporter* 43:23, Apr 6, 2007: 13.

Legg, Pamela M. "Contemporary Films and Religious Exploration: An Opportunity for Religious Education, Part I: Foundational Questions" *Religious Education* 91:3. 1996: 396-406.

_____. "Contemporary Films and Religious Exploration: An Opportunity for Religious Education, Part II: How to Engage in Conversation with Film" *Religious Education* 92:1. 1997: 120-132.

Lewis Joseph Sherrill. *The Gift of Power*. 김재은·장기옥 공역.『만남의 기독교교육』. 서울: 대한기독교출판사, 1981.

Loder, James E. *The Transforming Moment: Understanding Convictional Experiences*. 이기춘·김성민 공역.『삶이 변형되는 순간: 확신 체험에 관한 이해』.서울: 한국신학연구소, 1988.

Löcher, Kurt. Ed. *Martin Luther und die Reformation in Deutschland*. Vorträge zur Ausstellung im Germanischen Nationalmuseum Nürnberg 1983. Schweinfurt: Weppert, 1988.

Luther, Martin. 지원용 역.『설교자 루터』. 루터선집 10. 서울: 컨콜디아사, 1984.

_____. *The Luther Bible of 1534*. Köln: Taschen, 2003/ 2016.

_____. Fussel, Stephan. Ed. *The Bible in Pictures: Illustrations from theWorkshop of Lucas Cranach (1534)*. Los Angeles: TASCHEN America Llc, 2009.

MacAulay, D. J. "Classroom Environment: A Literature Review" *Educational Psychology* 10:3. 1990: 239-253.

Machen, J. Gresham. *What is Faith?*. 김효성 역.『신앙이란 무엇인가?』. 서울: 성광문화사, 1980.

Maguire, Daniel C. "Ratio Practica and the Intellectualistic Fallacy" *Journal of Religious Ethics* 10 (1982): 22–39.

Malone, Peter. *Movie Christs and Antichrists*. NY: Crossroad, 1990.

Malony, H. Newton. and Southard, Samuel. *Handbook of Religious Conversion*. Birmingham, AL: Religious Education Press, 1992.

Monaco, James. *How to Read a Film*. 양윤모 역.『영화, 어떻게 읽을 것인가』. 서울: 헤서원, 1993.

Marsh, Clive. and Ortiz, Gaye. Eds. *Explorations in Theology and Film: Movies andMeaning*. 김도훈 역.『영화관에서 만나는 기독교 영성: 영화와 신학의 진지한 대화를 향하여』. 파주: 살림, 2007.

Martin, Thomas M. *Images and the Imageless: A Study in Religious Consciousness* and Film. Lewisburg: Bucknell University Press, 1981.

Miles, Herbert. *Movies and Morals*. Grand Rapids, MI: Zondervan, 1947.

Milgrom, Jo. "The Tree of Light Springs from the Threshold" Doug Adams and Diane Apostolos-Cappadona. Eds. *Art as Religious Studies*. New York:Crossroads, 1987.

Monaco, James. *How to Read a Film*.『영화, 어떻게 읽을 것인가』. 양윤모 역. 혜서원,1993.

Moore, R. "Aesthetics for Young People: Problems and Prospects". *The Journal of Aesthetic Education* 28:3. 1994: 5-18.

Moran, Gabriel. *Catechesis of Revelation*. New York: Herder and Herder, 1966.

_____. *The Present Revelation: In Quest of Religious Foundations*. NewYork: McGraw Hill, 1972.

Noble, Bonnie J. *Lucas Cranach the Elder: Art and Devotion of the German Reformation*. Lanham: University Press of America, 2009.

Noddings, Nel. *Caring: A Feminine Approach to Ethics and Moral Education*. Berkeley: University of California Press, 1984.

Oesterley, W. O. E. *Sacred Dance in the Ancient World*. New York: DoverPublications, 2002.

Oser, Fritz K. and Gmünder, Paul. *Religious Judgment: A Developmental Perspective*. Birmingham, AL: Religious Education Press, 1991.

Osmer, Richard R. *The Teaching Ministry of Congregations*. 장신근 역.『교육목회의 새로운 패러다임』. 서울: 대한기독교서회, 2007.

Ottmann, Henning. "Cognitive Interests and Self-Reflection" Thompson, John B.and Held, David. Eds. *Habermas: Critical Debates*. Cambridge: MIT Press,1982: 79-97.

Panofsky, Erwin. *The Life and Art of Albrecht Dürer*. 임산 역.『인문주의 예술가 뒤러 1』. 서울: 한길아트, 2006.

Pass, David B. *Music and the Church: A Theology of Church Music*. 이석철 역.『교회음악 신학』. 서울: 요단출판사, 1997.

Paulsen, Irwin G. *The Church School and Worship*. New York: Abingdon-Cokesbury Press, 1940.

Piaget, Jean. *La Psychologie de L'enfant*. 성옥련 역.『아동 심리학』. 서울: 탐구당, 1996.

Pittman, R. H. *The Meaning of Salvation in the Thought of George A. Coe, William Clayton Bower and George Herman Betts.* Unpublished Doctoral Dissertation.University of Southern California, 1946.

Pöhlmann, Horst G. *Abriss der Dogmatik.* 이신건 역.『교의학』. 서울: 한국신학연구소,1989.

Quicke, Michael J. *Preaching as Worship: An Integrative Approach to Formation inYour Church.* 김상구·배영민 역.『예배와 설교』. 서울: 기독교문서선교회, 2015.

Quinn, Mary Magee. Et al., *Teaching and Working with Children Who Have Emotional and Behavioral Challenges.* Longmont, CO: Sopris West, 2000.

Rademacher, Johannes. *Schnellkurs Musik.* 이선희 역.『음악: 한 눈에 보는 흥미로운 음악 이야기』즐거운 지식여행 12. 서울: 예경, 2005.

Read, Herbert. *Education through Art.* 황향숙 외 4인 역.『예술을 통한 교육』. 서울: 학지사, 2007.

Reichert, Richard. *A Learning Process for Religious Education.* 박종석 역.『기독교교육의 학습과정』. 서울: 대한기독교서회, 1997.

Richards, Lawrence O. *A Theology of Christian Education.* 문창수 역.『교육신학과 실제』. 서울: 정경사, 1980.

Rike, J. "The Lion and the Unicorn: Feminist Perspectives on Christian Love and Care" Thatcher, Adrian. and Stuart. Elizabeth. Eds. *Christian Perspectives on Sexuality and Gender.* Grand Rapids. MI: Eerdmann, 1996.

Ross, Malcolm. *The Aesthetic Impulse.* Elmsford, NY: Pergamon Press, 1984.

Ruff, Anthony. *Sacred Music and Liturgical Reform.* Chicago: Hillenbrandbooks, 2007.

Russell, Letty M. *Christian Education in Mission.* 정웅섭 역.『기독교교육의 새 전망』현대신서 42. 서울: 대한기독교서회, 1972.

Ryan, Thomas. "Revisiting Affective Knowledge and Connaturality in Aquinas" *Theological Studies* 66:1 (Mar 2005): 49-68.

Sachs, Curt. *World History of the Dance.* New York: W. W. Norton & Company, 1963.

Sadie, Stanley. Ed. *The New Grove Dictionary of Music and Musicians.* Vol.5. New York: Macmillan Publishers Ltd., 2001.

Savage, Tom V. *Teaching Self-Control through Management and Discipline.* Boston, Mass.: Allyn and Bacon, 1999.

Schiller, Friedrich. *Über die Ästhetische Erziehung des Menschen in einer Reihe vonBriefen*. 안인희 역.『인간의 미적 교육에 관한 편지』. 서울: 청하, 1995.

Selman, Robert L. *The Growth of Interpersonal Understanding: Developmental and Clinical Analyses*. London; New York: Academic Press, 1980.

Seymour, Jack L. "The Clue to Christian Religious Education: Uniting Theology andEducation". *Religious Education* 99. 2004: 272-286.

Sherrard, Philip. *The Sacred in Life and in Art*. Ipswich, UK: Golgonooza Press,1990.

Shusterman, Richard. *Performing Live: Aesthetic Alternatives for the Ends of Art*. 『삶의 미학: 예술의 종언 이후 미학적 대안』김진엽 역. 서울: 이학사, 2012.

Siejk, Cate. "Awakening the Erotic in Religious Education" *Religious Education* 96:4(Fall 2001): 546-562.

Slenczka, Ruth. "Cranach als Reformator neben Luther" In *Der Reformator Martin Luther 2017: Eine wissenschaftliche und gedenkpolitische Bestandsaufnahme*. Ed. Schilling, Heinz. Berlin: De Gruyter Oldenbourg, 2014: 133-157.

Smith, John Arthur. *Music in Ancient Judaism and Early Christianity*. New York: Routledge, 2016.

Smith, Ralph A. *Excellence in Art Education: Ideas and Initiatives*. Reston, VA: National Art Education Association, 1986.

Sontag, Susan. *On Photography*. 유경선 역.『사진이야기』사진시대叢書. 서울: 해뜸, 1992.

Sorge, Bob. *Exploring worship: A Practical Guide to Praise & Worship*. 최혁 역. 『찬양으로 가슴 벅찬 예배』. 서울: 두란노, 1997.

Staley, Jeffrey L. and Walsh, Richard. *Jesus, the Gospels, and Cinematic Imagination: A Handbook to Jesus on DVD*. Louisville, KY: Westminster JohnKnox Press, 2007.

Steffen, Alex. Ed. *Worldchanging: A User's Guide for the 21st Century*. 김명남· 김병순· 김승진· 나현영· 이한중 역.『월드 체인징 WORLD CHANGING: 세상을 바꾸는 월드체인저들의 미래 코드』. 서울: 바다출판사, 2008.

Stern, Richard C. Jefford, Clayton N. and DeBona, Guerric. O.S.B. *Savior on theSilver Screen*. NY: Paulist Press, 1999.

Stewart, S. C. and Evans, W. H. "Setting the Stage for Success: Assessing the Instructional Environment" *Preventing School Failure* 41:2. 1997: 53-56.

Sturdevant, Cathie G. *The Laugh & Cry Movie Guide: Using Movies to Help Yourself through Life's Changes*. Larkspur, CA: Lightspheres, 1998.

Sundermeier, Theo.『미술과 신학』채수일 편역. 오산: 한신대학교 출판부, 2007.

Tacke, Andreas. and Ermischer, Gerhard. Ed. *Cranach im Exil. Aschaffenburg um 1540: Zuflucht, Schatzkammer, Residenz*. Regensburg: Schnell and Steiner, 2007.

Tarkovskii, Andrei A. *Martyrolog*. 김창우 역.『타르코프스키의 순교일기: 한 위대한 영화감독의 구도의 삶과 영화예술론』. 서울: 두레, 1997.

_____. "시간 속의 시간". 김종철 편.『녹색평론선집』2. 대구: 녹색평론사, 2008: 425-476.

Tatarkiewicz, Władysław. *Historia Estetyki (History of Aesthetics: Ancient Aesthetics)*. 손효주 역.『타타르키비츠 美學史1: 고대미학』. 서울: 미술문화, 2005.

Tatum, W. Barnes. *Jesus at the Movies: A Guide to the First Hundred Years*. Revised and Expanded. Santa Rosa: Polebridge, 2004.

Taussig, Hal. *Dancing the New Testament*. Austin: The Sharing Company, 1977.

Taylor, Jack R. *The Hallelujah Factor: An Adventure in the Principles and Practiceof Praise*. 이석철 역.『찬양 중에 거하시는 하나님: 찬양의 원리와 실제』. 서울: 요단출판사, 1985.

Taylor, Margaret F. *A Time to Dance*. Philadelphia: United Church Press, 1967.

Thulin, Oskar. *Cranach-Altäre der Reformation*. Berlin: Evangelische Verlagsanstalt,1955.

Turner, Kathleen S. *And We Shall Learn through the Dance: Liturgical Dance asReligious Education*. Dissertation. New York: Graduate School of Religion andReligious Education of Fordham University, 2012.

Uspensky, Leonide A. *Théologie de l'icône dans l'Eglise orthodoxe*. 박노양 역.『정교회의 이콘 신학』. 서울: 정교회출판사, 2012.

Vrame, Anton C. "'Never as Gods': Lessons from a Millennium of Icons" *ReligiousEducation* 98:1. Winter 2003: 108-123.

Vuillier, Gaston. *A History of Dancing from the Earliest Ages to Our Own Times*. Los Angeles: HardPress Publishing, 2013.

Vygotskii, Lev S. *The Psychology of Art*. Cambridge, MA: The MIT Press, 1971.

Walker, H. M. and Walker, J. E. *Coping with Noncompliance in the Classroom: A*

Positive Approach for Teachers. Austin, TX: Pro-Ed, 1991.

_____. Colvin, G. and Ramsey, E. *Antisocial Behavior in School: Strategies and Best Practices*. Pacific Grove, CA: Brooks/Cole Publishing Company, 1995.

Walsh, Richard. *Reading the Gospels in the Dark: Portrayals of Jesus in Film*. Harrisburg, PA: Trinity Press International, 2003.

Warrington, Keith. "Pentecostals and the Bible" *Journal of Youngsan Theology* 34. 2015: 31-80,

Weber, Hans-Ruedi. *The Book That Reads Me: A Handbook for Bible Study Enablers*. 연규홍 역.『나를 읽는 책, 성서, 나를 읽는 책』. 서울: 예영커뮤니케이션, 2006.

Weinstein, C. S. "Designing the Instructional Environment: Focus on Seating" Bloomington, IN: Proceedings of Selected Research and Development Presentations at the Convention of the Association for Educational Communications and Technology, 1992. ERIC Document Reproduction Service No. ED 348 039. Weinstein, 1992.

Weiss, Piero. and Taruskin. Richard. *Music in the Western World: A History in Documents*. Cengage Learning, 2007.

Wenham, Gordon J. *Word Biblical Commentary Vol. 1. Genesis 1-15*. 박영호 역. 『창세기 1-15』 WBC 성경주석 1. 서울: 솔로몬, 2001.

Westerhoff III, John H. *Bringing up Children in the Christian Faith*. Minneapolis: Winston Press, 1980.

_____. *Will Our Children Have Faith?*. 정웅섭 역.『교회의 신앙 교육』. 서울: 대한기독교교육협회, 1983.

_____. and Willimon, William H. *Liturgy and Learning through the Life Cycle*. 박종석 역.『교회의 의식과 교육』. 서울: 베드로서원, 1992.

White, James F. *Introduction to Christian Worship*. 정장복·조기연 공역.『기독교예배학입문』. 서울: 예배와설교아카데미, 2000.

Wilson-Dickson, Andrew. *The Story of Christian Music: From Gregorian Chant to Black Gospel: An Authoritative Illustrated Guide to All the Major Traditions of Music for Worship*. Minneapolis, MN: Fortress Press, 2003.

Wilson, Edwin. *Theater Experience*. 채윤미 역.『연극의 이해』. 서울: 예니, 1998.

Wimberly, Anne E. Streaty. *Nurturing Faith & Hope: Black Worship as a Model for Christian Education*. Cleveland, OH: Pilgrim Press, 2004.

Wink, Walter. *Transforming Bible Study: A Leader's Guide*. 이금만 역.『영성 발달을 위한 창의적 성서교육 방법: 인도자용 지침서』. 서울: 한국신학연구소, 2000.

Wolz, Birgit. *E-Motion Picture Magic: A Movie Lover's Guide to Healing and Transformation*. 심영섭·김준형·김은하 공역.『시네마 테라피: 심리학, 영화 속에서 치유의 길을 찾다』. 서울: 을유문화사, 2006.

국립국어원,『표준국어대사전』(1999). https://ko.dict.naver.com/

김대섭. "구원경륜과 전례(성사의 경륜)." http://www.cdcj.or.kr/con_5_6/64679

김종헌. "미사 중에 찬송가를 불러도 되나요?" 성가 이야기.「빛」(2012·1), https://www.lightzine.co.kr/last.html?p=v&num=1526.

김철웅. "찬양인도자가 가져야 할 설교자로서 자세, 두 번째".「예배음악」(2014.10.1.).http://www.worshipmusic.co.kr/3152.

김형찬. "음악이 사람의 인상에도 영향 끼친다".「한겨레」(2015.9.18.). http://www.hani.co.kr/arti/culture/music/709516.html.

안재경. "예배중의 찬송".「개혁정론」(2015.3.26.), http://reformedjr.com/board04_04/2689.

이종림. "셀카·심리학-IT의 삼자대면: 사람들이 셀카에 목숨 거는 이유는?".「동아사이언스」. 2015.8.20. http://www.dongascience.com/news/view/7881.

이 준. "한국적 풍모의 인간상, 그 전형을 찾아서: 홍순모". http://www.samsungmuseum.org.

임경순. "과학사개론". http://www.postech.ac.kr/ press/hs/C01/C01S003.html.

정교회 소개, https://www.orthodoxkorea.org/%EC%A0%95%EA%B5%90 %ED% 9A % 8C- %EC%86%8C%EA%B0%9C/. 2020.1.21. 검색.

정장복, "예배 중에 일어서는 이유",「기독정보넷」. https://www.cjob.co.kr/church_in-formation2/462.

최종태. "홍순모展에". http://www.kcaf.or.kr/art500/hongsoonmo/biogrphy.htm.

하재송. "시편 찬송에 대하여" 하재송의 교회음악 이야기.「기독신문」(2018.12.7.). http://www.kidok.com/news/articleView.html?idxno=112840.

_____. "찬양대 곡(曲)의 종류" 하재송의 교회음악 이야기.「기독신문」(2019.1.25.). http://www.kidok.com/news/articleView.html?idxno=113526.

홍순모. "형태는 사상(思想)이다!". http://www.kcaf.or.kr/art500/hongsoon-mo/biogrphy.htm.

황지우. "신성의 빛, 수난, 숭고: 홍순모 조각에 대하여".

http://www.kcaf.or.kr/art500/hongsoonmo/biogrphy.htm

Kaser, Catherine H. "Arranging the Physical Environment of the Classroom to Support Teaching/Learning" http://education.odu.edu/esse/research/series/environments.shtml.

Don Moen, Don't Overplay, https://www.youtube.com/watch?v=kXS0RKa5TXI,

Werner, Elke A. "Martin Luther and Visual Culture" Mar 2017.
http://religion.oxfordre.com/view/10.1093/acrefore/9780199340378. 001. 0001/ acrefore-9780199340378-e-296.

"신앙". <네이버 국어사전>.https://ko.dict.naver.com/#/entry/koko/f99776b33ac84091b659b470d67be375.

"우리가 춤을 추는 과학적인 이유". 「BBC 사이언스 HUMAN」.
https://m.post.naver.com/viewe/postView.nhn?volumeNo=7826116&memberNo=15984097.

"음악 들으면서 공부하지 말라고?… 'NO! 집중력 더 좋아진다!'". 「동아닷컴」
(2015.8.17.), http://www.donga.com/news/article/all/20150817/73087463/3

"Facsimiles of Illuminated Manuscripts of the Medieval Period"
http://www.library.arizona.edu. "Mozarabs" Wikipedia. https://en.wikipedia.org/wiki/Mozarabs.